U0138861

凝煉知識品味閱讀

身心障礙社會工作實務手冊

林萬億、林惠芳　主編

王文娟、吳瓊瑜、林幸君、林惠芳、
林萬億、翁亞寧、張如杏、黃宜苑、
黃錦鳳、葉琇姍、謝東儒、藍介洲　合著

臺灣社會工作專業人員協會　策劃

五南圖書出版公司 印行

編　序

臺灣的身心障礙者福利是傳統社會救濟中最早的領域之一。早在清帝國統治臺灣時期的乾隆元年（1736年），即興建有彰化養濟院於東門外八卦山麓，以收容痲瘋與殘疾者為主，收容定員為46人，是當時臺灣唯一收容痲瘋病患的處所，故俗稱「癩病營」。此後，清帝國治臺對於廢疾者的救濟責任分工歸屬普濟堂。例如：清乾隆12年（1747年）於臺南市城隍廟邊設臺灣縣普濟堂。清乾隆52年（1787年），林爽文起義，地方騷亂，臺灣縣普濟堂中貧苦者悉避難離去。隔年事定，堂中僅剩盲人13名。地方遂以「十三寮」稱之，可證當時普濟堂有收容盲人。

日治臺灣時期，於明治32年（1899年）頒布《慈惠堂規則》14條，將清帝國統治臺灣時所興建的養濟院、普濟堂，改名慈惠堂，收容對象包括：(1)獨身無告者、(2)殘疾者、(3)病傷者、(4)老衰者、(5)幼弱者、(6)寡婦之守節者。亦即，殘疾者是慈惠堂的服務對象之一。

近代臺灣身心障礙者福利的興辦，與清末西方傳教士來臺宣教息息相關。1891年來自蘇格蘭格拉斯哥基督長老教會的甘為霖醫師（Dr. William Campbell MD）於臺南府城洪公祠開設盲人學校「訓瞽堂」，是為臺灣盲人教育的先驅。1897年臺灣總督兒玉源太郎下令在臺南慈惠院創立官辦盲人學校（後改為臺南州立盲啞學校，臺南啟聰學校前身）。隨著西方傳教士與西醫傳來，身心障礙者的照顧已從機構安置，跨出到教育與訓練的一大步。

國民政府遷臺後，歐美宗教團體持續贊助臺灣的身心障礙服務，並引進現代身心障礙服務機構。例如：1951年，在美國海外盲人基金會紐約總會的資助下，臺灣盲人重建院設立於臺北縣新莊鎮，迄今仍持續運作。隨後，身心障礙者福利團體或組織也陸續組成，例如：1953年，臺灣省聾啞福利協進會成立，會址設在雲林斗六，全省各地設有分會。自

1970年代起，各地方分會紛紛獨立成為縣市聾啞福利協進會。1953年12月，臺灣省盲人福利協進會創立，會址設在臺中市，全國各地亦均設有分會。1957年陳五福醫師在宜蘭縣羅東鎮設立「慕光盲人習藝所」，1960年易名為「慕光盲人福利館」，1974年改名為現在的「慕光盲人重建中心」，並遷至冬山鄉。

至於身心障礙者的福利優惠，則直到1971年5月4日臺灣省盲人福利協進會代表人張明樹請願，懇請修訂辦法補助殘廢者搭乘車船，之後才有《臺灣省殘廢者乘搭車船優待辦法》的公布，1976年修正為《臺灣省殘障者乘搭車船優待辦法》。此應是政府首次將身心障礙者補助納入施政。

因於1950-1960年代的小兒麻痺流行，臺灣的殘障養護機構大量出現，主要收容對象為小兒麻痺兒童。其中大部分是基督教或天主教會所設立，資金來源大多數是國外教會捐助。例如：1958年由德國基督教宣教士差會於花蓮下美崙創設的畢士大（Bethesda）盲女習藝班，專收盲女童，給以教養與職業訓練。時逢小兒麻痺大流行，該院增收小兒麻痺女童，並為其進行矯正手術、復健、指導手工製作、毛衣編織、洋裁學習等技藝。之後有基督教行道會捐設的屏東基督教醫院小兒痲痺兒童之家（1963年）、屏東伯大尼之家（Bethany Home）（1963年）、埔里基督教醫院小兒麻痺之家（1966年）、西德女教士差會屏東盲女習藝所兼收小兒麻痺女童（1968年）、天主教新竹寶山德蘭小兒麻痺服務中心（1968年）、臺北縣私立真光教養院（1970年）、宜蘭縣礁溪鄉文聲復健院（1970年）、臺東基督教阿色弗兒童之家（1971年）等。

1970年代臺灣也引進啟智教育與多重殘障者的收容照顧。例如：臺南天主教瑞復益智中心（1974年）、苗栗頭屋天主教主愛啟智中心（1976年）、基督教門諾會附設花蓮黎明啟智中心（1977年）、高雄市私立紅十字會育幼中心（1977年）、高雄市天主教樂仁啟智中心（1978年）、天主教澎湖教區惠民啟智中心（1980年）等。

1980 年的《殘障福利法》則是立法保障身心障礙者福利的開始。該法後更名為《身心障礙者保護法》（1997 年），歷次修法將身心障礙者的範圍擴大、分類也越來越複雜。直到再更名為《身心障礙者權益保障法》（2007 年）之後，參採國際健康功能與身心障礙分類系統（International Classification of Functioning, Disability and Health, ICF）；從 2012 年起，我國身心障礙者的定義、鑑定與需求評估作業悉依 ICF（愛惜福）規定。

1987 年臺灣解除戒嚴。同年，因於臺北捷運系統設計中並未有無障礙設計，中華民國傷殘重建協會、伊甸殘障福利事業基金會等團體前往捷運局溝通，得到極其荒謬的答覆。身障團體轉向市府陳情，此為殘障福利團體針對殘障議題發聲的頭一遭。接著，針對當時的大專聯考一半以上的科系設限殘障者不得報考，伊甸殘障福利事業基金會與導航基金會、陽光基金會聯名向教育部反映，得到的答案依然是以慈善之名行隔離之實。同時，發行了 37 年的「愛國獎券」宣布停售，當時靠賣「愛國獎券」為生的兩萬多名殘障者，頓時失去生計。這些事件引發身心障礙團體首次大結盟，73 個殘障團體組成「促進殘障福利法修法行動委員會」，這也就是 1990 年成立的「中華民國殘障聯盟」的前身，並促成《殘障福利法》第一次修正。

2006 年 12 月 3 日聯合國通過《身心障礙者權利公約》（Convention on the Rights of Persons with Disabilities, CRPD）及其任擇議定書（Optional Protocol），於 2008 年 5 月 3 日生效。我國除了於 2007 年 7 月 11 日修正《身心障礙者權益保障法》之外，也特別制定《身心障礙者權利公約施行法》，使 CRPD 具有國內法律效力。該施行法自 2014 年 12 月 3 日起施行。政府並從 2015 年起著手撰寫《身心障礙者權利公約國家報告》，邀請國際審查委員組成身心障礙者權利公約國家報告國際審查委員會，來臺審查。至今（2023 年）已完成兩次國際審查，並提出國家報告國際審查會議結論性意見，作為我國改進身心障礙者權益保障的重要參考。從此，我國的身心障礙者權益保障不只接受國際贊助，也納入國際社會監督，遵行 CRPD 的八大原則。

綜觀我國的身心障礙者權益保障，已從慈善施捨、隔離保護、復健與福利，到權益保障。其主要推手，首先，歸功於西方天主教、基督教傳教士的引進觀念、贊助資金、推動服務；接著，許多身心障礙者或家長組成的團體以自身的苦難經驗發聲爭取；進而，專業工作者的加入支持。身心障礙服務是一個高度跨專業的領域，其團隊工作組成除了醫學、護理、復健、職能治療、物理治療、語言治療、特殊教育、社會工作等專業人員外，還需要有廣大的教保員、就業服務人員、職業重建人員、訓練員、照顧服務人員、個人助理、同儕支持員、輔具評估人員、輔具維修技術人員等的加入。其中，社會工作者扮演身心障礙者及其家庭的需求評估、資源整合、服務連結、服務提供、組織與支持、倡議等重要的角色。因此，充實身心障礙社會工作者的知能，是提升身心障礙者權益保障的關鍵。

於是，臺灣社會工作專業人員協會策劃將身心障礙實施領域納入社會工作手冊之一。起初邀請林惠芳祕書長擔綱主編，作者群從 2021 年 7 月開始撰稿。然好事多磨，有部分章節作者因各種原因，無法如期交稿，致編輯工作拖延。眼見本書出版遙遙無期，臺灣社會工作專業人員協會取得惠芳同意，於 2022 年底，請我接手編輯工作。除了補寫章節之外，也協助調整章節順序、補充遺漏、修正文字等。因為出版在即，無暇補完欠缺章節，只好將少數章節割愛。

各位作者的大作，有部分被增補、刪減、修正。身為主編原則上，盡量尊重原作者的構思架構、書寫風格、內容鋪陳。但是，也必須從讀者的角度，將文字不夠通順、詞義不易理解，或是闡述不夠精準、知識引介落伍等明顯瑕疵，加以修改，讓這本書好上加好。

除了感謝惠芳於前期的規劃、邀稿的辛勞外，也要感謝各位作者配合撰稿，依期完工。你們的知識貢獻，將對我國身心障礙社會工作的發展有莫大的助益。另外，各位諮詢委員提供寶貴的建議，均一一交由作者修正，豐富了本書的內容，更吻合實務現場經驗。此外，臺灣社會工作專業人員協會的陳怡如小姐，從催稿到協助核對諮詢委員的建議是否被作者納入修正等，是本書得以趕進度順利出版的另一大功臣。最後，感謝五南圖書出版公司已退休的陳念祖副總編輯慨然應允出版本書，及新接手的李貴年副總編輯的接力協助，何富珊小姐費心編輯，讓本書主編換手之後，仍然順利進行。

即使經過主編逐字逐句閱讀核對，仍不敢保證完全沒有瑕疵。如果文章還有缺失，章節作者與我都要負責，還請讀者不吝指正。

林萬億 寫於 2023 年 8 月 1 日

作者簡介

第一章 How Do You See Me
第二章 YES I CAN
第十章 機構服務
王文娟
慈濟大學社會工作學系副教授
東海大學社會工作學系博士

第三章 自立生活
林萬億
行政院政務委員
臺灣大學社會工作學系名譽教授
美國加州大學（柏克萊）社會福利學院博士
曾任臺灣大學社會學系教授兼系主任、社會工作學系教授

第四章 無障礙環境
謝東儒
輔仁大學社會工作學系、元智大學社會暨政策科學學系、實踐大學社會工作學系兼任講師
美國密蘇里州聖路易大學社會工作碩士
曾任中華民國身心障礙聯盟祕書長

第五章 健康促進
黃錦鳳
財團法人臺南市私立天主教美善社會福利基金會副執行長
東海大學社會學系學士

第六章 經濟安全

林惠芳

中華民國智障者家長總會祕書長

中國文化大學兒童福利學系理學碩士

曾任實踐大學社工系兼任教師

黃宜苑

中華民國智障者家長總會社工督導

輔仁大學社會工作系學士

第七章 生活重建

藍介洲

中華民國視障者家長協會祕書長

實踐大學社會工作學系兼任助理教授

臺灣大學社會工作學系博士

第八章 就業

葉琇姍

財團法人職業災害預防及重建中心重建服務處副處長

臺灣大學社會工作學系博士

曾任臺北市勞動力重建運用處處長

第九章 社區服務

第十一章 性別、婚育及性需求

吳瓊瑜

財團法人心路社會福利基金會主任

實踐專校社會工作學科

第十二章 悲傷輔導

張如杏

臺灣大學醫學院附設醫院兒童心理衛生中心組員（社工師）

臺北大學、臺北市立大學、淡江大學兼任助理教授

臺灣師範大學特殊教育學系博士

第十三章 社會倡議

林幸君

中華民國智障者家長總會主任

東吳大學社會工作學系、長庚大學早期療育研究所兼任講師

東吳大學社會工作學系碩士

翁亞寧

中華民國智障者家長總會社工專員

東吳大學社會工作系碩士

實務諮詢委員名單

（依姓氏筆畫順序）

丁巧蕾高級專員　台北市智障者家長協會
尤詒君組長　衛生福利部社會及家庭署身障組
吳紫綺社工師　財團法人新北市私立樂山園社會福利慈善事業基金會附設樂山教養院
李英琪培訓講師　衛生福利部身心障礙者權利公約（CRPD）種子師資
汪育儒副主任　社團法人中華民國身心障礙聯盟
張弘人社工員　社團法人台中市自閉症教育協進會
許培妤社工督導　財團法人育成社會福利基金會
陳麗雲社工督導　新北市政府社會局
楊玉蓮主任　財團法人心路社會福利基金會高雄市新興啟能照護中心
楊美惠資深社工師　國防醫學院三軍總醫院北投分院社工科
廖怡貞社福主任　財團法人私立天主教中華聖母社會福利慈善事業基金會
劉瓊芬組長　財團法人天主教臺南市私立蘆葦啟智中心社區服務組

目　錄

圖表目錄

第一章
How Do You See Me?

王文娟

2016年世界唐氏症者日（World Down Syndrome Day）公益影片“How Do You See Me”，是部發人深省的短片，它用唐氏症者的視角提醒大眾，應採人權模式的角度看待身心障礙者。其實，不同世代、不同國家、不同理論觀點，對身心障礙者有不同的看見與思維，以下，將先介紹常見的三種障礙模式，再論《身心障礙者權利公約》（Convention on the Rights of Persons with Disabilities）對身心障礙者的觀點，最後再以此脈絡，介紹臺灣當今對身心障礙身分的認定。

第一節　障礙模式的思言行——談障礙三大模式

不同的障礙模式，對於身心障礙者的認定與看見，有所差異。關於障礙模式，有諸多的論述，Mary（2009）指出歐洲國家所使用的障礙模式，包括：道德模式、缺陷模式、醫療模式、社會模式、充權模式（Vaicekauskaité, Algènaitè, & Vaiciulienè, 2010）。而 Tichá、Telna、Šiška、Klapko, & Kincade（2020）則提出醫療模式、社會模式、交易模式、生態模式、人權模式。Ruskus（2002）指出，對於身心障礙者的看法，已從臨床－矯治（clinical-corrective）轉到社會－交互（social-interactive）（Vaicekauskaité et al., 2010）。這些不同的障礙模式，各有其歷史脈絡，也各有其立論焦點，其中，最爲人熟知與論辯的便是醫療模式、社會模式、人權模式這三大論述觀點。

醫療模式將焦點置於身心障礙者個人生理層面，認爲障礙是生理上的異常與缺陷，關注個體損傷及醫療處遇的置入，強調身心障礙者應調整自身狀況來適應外在環境。社會模式則將焦點放在身心障礙者所處的環境層面，認爲障礙是社會環境不友善所致，強調消除社會環境的阻礙與限制，以使身心障礙者能平等參與社會。至於人權模式，則是建基在社會模型的基礎上，除看見環境對身心障礙者的影響外，更進一步正視個別差異的存在，強調不論差異都應當享有實質機會平等的公民權。比較這三種模式，醫療模式認爲，個人的能力和機會是由障礙狀況或醫療狀況而決定（Tichá et al., 2020）；社會模式則認為，身心障礙者應是擁有充分社會參與權利的完整公民，因此應針對身心障礙者提供符合公民權與社會正義的相關措施（Sheldon & Macdonald, 2009；洪惠芬、王國羽，2019）；人權模式則強調人類多樣性與多元性的概念，強調差異下的平等公民權（王國羽，2019）。舉例而言，針對肢體障礙者，醫療模式關注的是如何透過醫療、復健，減緩其不便；社會模式則強調透過排除外部環境的阻礙，例如：藉由無障礙環境的改善，使肢體障礙者不因環境因素受限其外出，致無法享有平等參與社會的機會；至於人權模式，則提倡全面性的制度改革，也進一步看見不同性別、障礙程度、經濟條件等背景的肢體障礙者有不同的經驗，強調合理調整的作為。

前述三種模式觀點對身心障礙者的不同看法，影響了國家對身心障礙服務的政策走向。Waddington & Diller 於 2000 年，將障礙政策模式分為社會福利模式（the social welfare model of disability）與公民權利模式（the civil rights model of disability），前者認為一般的社會環境或制度是為非障礙者設計，因此，針對身心障礙者，必須另行設計制度提供之；後者則認為應該改革主流的社會制度，使身心障礙者能與非障礙者使用一樣的制度，而非設立例外的制度（林昭吟、張恆豪、蘇峰山，2019）。檢視臺灣對於身心障礙的思維，從 1980 年的《殘障福利法》、到 1997 年的《身心障礙者保護法》、到2007年的《身心障礙者權益保障法》，從「殘障」到「身心障礙」的更名與正名，以及從「福利」、「保護」到「權益保障」之施捨弱勢到尊重平權的概念，可見臺灣身心障礙思維、政策走向，以及衍生的服務措施，已逐漸跳脫傳統醫療模式的觀點，逐步置入社會模式與人權模式的觀點，強調身心障礙者的主體性、自立、表意、平權等。有關現階段臺灣身心障礙服務運用與落實社會模式和人權模式之具體實踐，將於本書其他章節介紹之。

第二節 《身心障礙者權利公約》的願與行——談《身心障礙者權利公約》精神與內涵

1948 年《世界人權宣言》揭示，人人生而自由，在尊嚴和權利上一律平等，皆有公民、政治、經濟、社會、文化的權利。立基於人權模式取向，2006 年聯合國通過《身心障礙者權利公約》（Convention on the Rights of Persons with Disabilities，簡稱 CRPD），宣示並規範身心障礙者應享有與非障礙者相同的人權保障。《身心障礙者權利公約》是 21 世紀第一個人權公約，計有 50 條，可分爲兩大部分：第一部分爲第 1 條至第 30 條，論及締約國針對保障身心障礙者權益的應然作爲；第二部分爲第 31 條至第 50 條，包括統計及資料蒐集、國際合作，以及規範聯合國與締約國相關的行政依循，例如：要求締約國每四年向聯合國提交國家報告，據以說明國家實施 CRPD 的狀況。以下，僅針對《身心障礙者權利公約》對身心障礙者權益保障作爲的部分加以簡介。

依據行政院 2020 年函送立法院之《身心障礙者權利公約》中譯本修正草案（衛生福利部，2020a），《身心障礙者權利公約》第 1 條揭櫫該權利公約的宗旨爲「促進、保障與確保所有身心障礙者完整及平等享有所有人權及基本自由，並促進對身心障礙者固有尊嚴之尊重。」第 3 條更直指一般原則，包括：(1) 尊重固有尊嚴、個人自主，包括自由進行個人選擇及個人自立；(2) 不歧視；(3) 完整且有效的社會參與及社會融合；(4) 尊重差異，接受身心障礙者是人類多樣性之一部分與人類之一分子；(5) 機會均等；(6)可及性 / 無障礙；(7) 男女平等；(8) 尊重身心障礙兒童逐漸發展之能力，並尊重身心障礙兒童保持其身分認同之權利。而有關身心障礙婦女、兒童的保障，以及平等及不歧視、意識提升、可及性 / 無障礙的原則，也於《身心障礙者權利公約》第 5 條至第 9 條再次宣示之。

《身心障礙者權利公約》第 10 條至第 18 條，則與其他人權公約一樣，重申對基本人權的關注，諸如生命權、風險情境及人道緊急情況、在法律之前獲得平等肯認、近用司法、人身自由及安全、免於酷刑或殘忍、不人道或有辱人格之對待或處罰、免於剝削、暴力及虐待、保障人身完整性、遷徙自由及國籍。《身心障礙者權利公約》第19條至第30條則明列關於身心障礙服務中應有的作為與不作為，即身心障礙者應擁有的具體權利，包括：自立生活及社區融合、個人行動能力、表達與意見之自由及近用資訊、尊重隱私、尊重家居及家庭、教育、健康、適應訓練及復健、工作及就業、適足之生活水準及社會保障、參與政治及公共生活、參與文化生活、康樂、休閒及體育活動。此外，《身心障礙者權利公約》也要求締約國，依據身心障礙者的具體需要，在不造成不成比例或過度負擔的情況下，進行必要及適當的合理調整。合理調整是一事後義務，尚有事前義務，消弭身心障礙者平等參與社會上所遇到的各種障礙（含制度、結構），提供無障礙環境、實質機會平等，並確保身心障礙者不因其身分遭受歧視及社會排除，而能與其他人一樣，在平等的基礎上擁有人權與自由。

檢視《身心障礙者權利公約》的精神與內涵。Minkowitz（2017）表示，經由形式性的平等，使社會成員擁有法律主體的平等地位，藉由實質性的平等，以達重新分配權力和資源，透過變革性的平等，使機會制度和系統能夠眞正的轉變，讓人們能夠不再受限於舊有的權力與生活模式框架。Fredman（2005）指出，CRPD反映了實質性平等的四個面向，包括：糾正劣勢（再分配面向）；去除刻板印象、標籤、偏見和暴力（認肯面向）；促進發聲及參與（參與面向）；包容差異，包括：透過改變結構（變革性面向）（White, Bornman, Johnson, Tewson, & Niekerk, 2020）。然而，Pho et al.（2021）卻也指出，CRPD雖確認身心障礙者應擁有不受歧視地獲得平等機會和參與社會的權利，以及獲得最高標準的醫療保健服務，但是，它並沒有解決不同文化與語言背景（culturally and linguistically diverse）的身心障礙者所受到的直接和間接的歧視。換言之，《身心障礙者權利公約》內含人權模式觀點，強調身心障礙者平等的權利，也含括社會模式觀點，強調社會態度與環境的改善，但未來應更細緻的保障不同差異情形下的平等公民權。

檢視臺灣推動《身心障礙者權利公約》的狀況，2007年臺灣依《身心障礙者權利公約》的精神，修正《身心障礙者權益保障法》，並於2014年通過《身心障礙者權利公約施行法》，朝向落實身心障礙者權益保障的方向邁進，也於2017年召開「身心障礙者權利公約（CRPD）初次國家報告國際審查會議」，並於 2022 年召開「身心障礙者權利公約（CRPD）第二次國家報告國際審查會議」。近年來，爲將身心障礙平權觀點落實於政策規劃與執行，在諸多措施上，亦不斷的修正作法，推動身心障礙者參與、消除對身心障礙者的歧視、促進平權，例如：2018 年將《身心障礙者權利公約》第 3 條一般原則轉化爲評估項目，建置「身心障礙權利影響評估檢視表」，該檢視表提供各級政府單位於制（訂）定、修正法規時，具以檢核是否符合《身心障礙者權利公約》原則（衛生福利部，2020b）。再者，政策的推動需要大眾的支持，因此，近年來也投入資源辦理相當多場次的相關課程與訓練，藉以提升專業人員與民眾對《身心障礙者權利公約》的認識，希望能建構出更爲友善的社會環境。

林昭吟（2015）指出，或許因爲近年來政府與民間團體對於身心障礙權益的倡議，且友善身心障礙者的設施逐漸建置，再加上傳媒對身心障礙者的報導也較少出現刻板標籤，因此，一般民眾大多認爲臺灣對身心障礙者的人權保障已有相當的作爲，但從學者專家的角度而言，身心障礙者的人權，特別在工作權、教育權、與社區融合及居住權等面向，仍有改善的空間。整體而言，臺灣推動與落實《身心障礙者權利公約》在公私協力合作之下，已漸有成效，身心障礙社會工作人員也在《身心障礙者權利公約》的薰陶下，戮力以人權爲核心，排除環境限制，實踐平權。誠然，在結構與體制面的變革仍有進步空間，但值得肯定的是，臺灣對身心障礙者的認定、意識與服務，無論是民眾對身心障礙平權的認知、態度與行爲，或是身心障礙政策制定與施行，均朝人權模式道路邁進。

第三節　誰是身心障礙者？——談身心障礙鑑定與需求評估

臺灣身心障礙的分類，始於 1980 年《殘障福利法》，當時主要以醫療模式思維，以疾病、損傷狀況作爲判定的基準。隨著時代潮流趨勢的轉變，2007 年臺灣對於身心障礙者身分的認定，有了大幅度的變革，當時，以《身心障礙者權利公約》人權模式概念爲基礎，修正《身心障礙者權益保障法》第 5 條，將身心障礙認定爲「身體系統構造或功能，有損傷或不全導致顯著偏離或喪失，影響其活動與參與社會生活」，此種認定方式係運用 WHO 所公告的國際健康功能與身心障礙分類系統（International Classification of Functioning, Disability, and Health，簡稱 ICF），請見圖 1-1。ICF 是將社會模式的核心理念納入該架構，認爲障礙經驗是個人與環境互動的結果，架構分爲兩部分，一是身體功能構造系統損傷與限制，另一則是以社會參與角度測量障礙狀態（嚴嘉楓、王國羽，2019）。

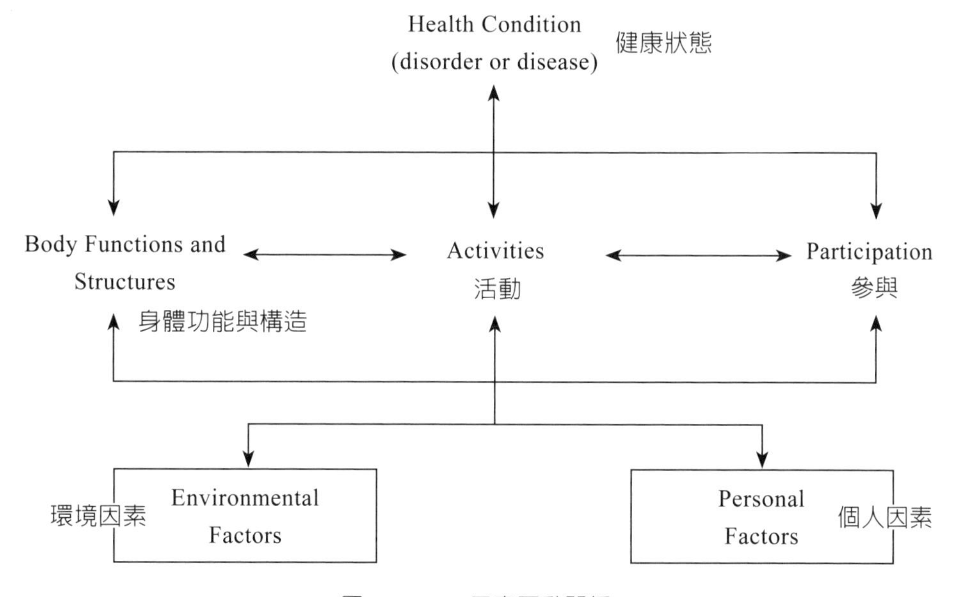

圖 1-1　ICF 元素互動關係

資料來源：修改自 WHO (2001)

從 2007 年開始，在歷經數年的鑑定流程規劃與試辦運行後，於 2012 年正式實施新制身心障礙鑑定與需求評估。自此，身心障礙身分的取得，不再只是單純的透過醫師鑑定，而是專業團隊鑑定加上需求評估的過程。申請人除了以一般流程申請身心障礙證明，於完成鑑定後，等候社會局（處）通知進行需求評估，也可以選擇併同辦理流程，也就是申請人在併同辦理醫院完成鑑定與需求評估作業。此外，全癱無法自行下床、需 24 小時使用呼吸器或維生設備、長期重度昏迷、其他特殊困難，經所在地直轄市、縣（市）衛生主管機關認定者，可依《身心障礙者鑑定作業辦法》第 11 條規定，申請到宅鑑定，免除前往醫院鑑定的不便。簡而言之，身心障礙證明申辦流程可以分為三個部分。

一、申請端：申請者至鄉、鎮、市（區）公所填寫身心障礙證明申請表，並領取鑑定表。

二、鑑定端：依《身心障礙者權益保障法》第 5 條所示，由醫事、社會工作、特殊教育與職業輔導評量等相關專業人員組成之專業團隊鑑定及評估之，鑑定面向除包括身體功能、構造面向外，亦加入活動參與及環境因素，請見圖 1-2。

三、需求評估端：由各縣市政府社會局（處）進行第一階段需求評估（判定四小福、一般性福利服務、收入狀況連結提供相關經濟補助）並核發身心障礙證明後，進行全面電訪，並視身心障礙者狀況及福利服務需求申請情形，主動到宅辦理第二階段需求評估，再經專業團隊審查會議核定後，依據需求評估結果主動提供服務或轉介相關資源。

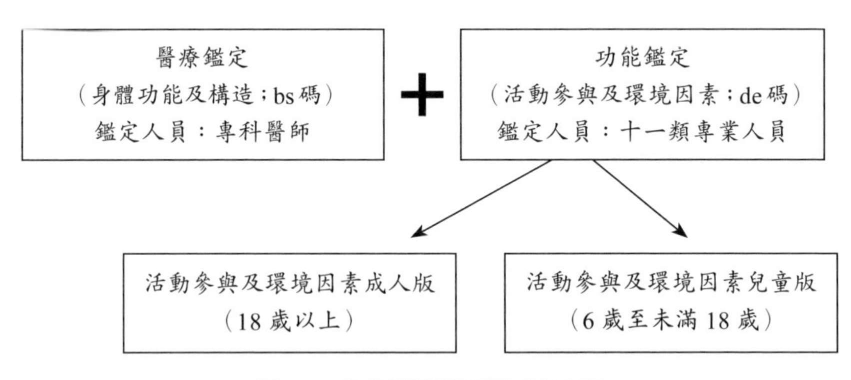

圖 1-2　身心障礙鑑定端工作內容

新制鑑定實施後，將舊制十六類的身心障礙類別，變更為八大類，藉以改善過往身心障礙分類無法含括所有障礙狀況的限制。新制八大類包括：「神經系統構造及精神、心智功能」、「眼、耳及相關構造與感官功能及疼痛」、「涉及聲音與言語構造及其功能」、「循環、造血、免疫與呼吸系統構造及其功能」、「消化、新陳代謝與內分泌系統相關構造及其功能」、「泌尿與生殖系統相關構造及其功能」、「神經、肌肉、骨骼之移動相關構造及其功能」、「皮膚與相關構造及其功能」。然若無法歸類於前述八大類之對象，身心障礙證明背面的障礙類別欄位，即以「新制無法對應舊制」註記之。再者，除了鑑定之外，亦加入需求評估的程序，依據《身心障礙者權益保障法》第 7 條「直轄市、縣（市）主管機關應於取得衛生主管機關所核轉之身心障礙鑑定報告後，籌組專業團隊進行需求評估。前項需求評估，應依身心障礙者障礙類別、程度、家庭經濟情況、照顧服務需求、家庭生活需求、社會參與需求等因素爲之。直轄市、縣（市）主管機關對於設籍於轄區內依前項評估合於規定者，應核發身心障礙證明，據以提供所需之福利及服務。」據此，福利資源不再單純依身心障礙的「身分」提供，而是視個人及家庭之「需求」而提供，透過專業團隊審視並核定身心障礙者現階段以及預估因著疾病、退化等可能因素，未來五年內可能需要的服務項目，除期使資源有效分配、避免資源浪費外，同時也實踐看見差異、提供個別化服務的專業作爲。而爲使需求評估省時到位，現行需求評估運作上，計有三種分流取向，請見表 1-1。

一般而言，鑑定完成後約莫三十五個工作天，即可拿到身心障礙證明。身心障礙證明有效期限最長爲五年，但若身心障礙狀況屬無法減輕或恢復者，免重新鑑定，由直轄市、縣（市）主管機關核發無註記有效期間之身心障礙證明，然而，即便無須五年重新鑑定一次，但基於身心障礙者的需求可能隨著時間的演變而有所改變，因此仍有定期重新評估服務需求的必要性，以利服務資源的介入或相關資源的連結。當然，若身心障礙者於領證期間障礙情況有所變化，身心障礙者可申請重新鑑定及需求評估，以使資源與服務能夠調整到位。臺灣身心障礙身分取得之新舊制度比較，請見表 1-2。

身心障礙鑑定與需求評估新制施行迄今，檢視現行實施狀況與原初基於社會模式觀點與人權模式觀點下的設計，仍存在著理念思維與實際執行的落差。以鑑定端而言，原初新制身心障礙鑑定的鑑定基準，並非以疾病或損傷作爲鑑定單一依據，而是以障礙是否影響生活與其影響程度加以判

表 1-1　身心障礙需求評估分流路徑表

分流路徑	資格條件	服務程序
分流一	身心障礙者無特定需求	1. 身心障礙者取得身心障礙證明後，即可以申請或使用一般性、普及式福利服務，例如：身心障礙者相關經濟補助、保費補助、稅賦減免等。 2. 經需求評估符合資格者，可使用四小福〔(1) 復康巴士、(2) 身心障礙者專用停車位識別證、(3) 進入公民營風景區、康樂場所或文教設施必要陪伴者優惠、(4) 搭乘國內大眾運輸工具必要陪伴者優惠〕，並註記於身心障礙證明。
分流二	身心障礙者有居家照顧或輔具需求	由身心障礙需求評估人員轉介，或身心障礙者（家屬）直接向長照及輔具評估單位申請居家照顧及輔具服務。
分流三	身心障礙者有《身心障礙者權益保障法》第 50 條個人照顧服務（不含居家照顧）、第 51 條家庭照顧者服務及第 71 條經濟補助需求	由身心障礙需求評估人員依需求評估訪談表進行評估，並籌組專業團隊確認評估結果後，以書面通知申請人評估結果，並依需求評估結果主動提供相關服務或進行轉介。

定。然而，這幾年在執行上，由於將活動參與及環境因素（de 碼）納入障礙等級之綜合等級判定有所困難，因此鑑定端仍以身體功能與構造（bs 碼）作爲身心障礙等級判定的依準。所幸，此種情況預計在來年有所變革，屆時，身心障礙鑑定的理念與實踐，便能跳脫醫療模式的作爲。以需求評估端而言，身心障礙需求評估原初的設計是看見需求、連結資源，但由於各縣市身心障礙需求評估人員的人力配置有限，再加上受評人數眾多，因此通常無法一一透過「眼見」的實地訪視，評估身心障礙者本身及其所處的環境狀況，往往僅能由需求評估人員先以電話訪談方式，「耳聽」身心障礙者的需求。然而，僅透過單次性、簡短的電訪評估，非常挑戰需求評估人員對身心障礙者需求狀態的敏感度，特別是當身心障礙者因

表 1-2　身心障礙身分取得之新舊制度比較表

	舊制	新制（現制）
實施時間	2012 年 07 月 11 日之前	2012 年 07 月 11 日起
證件名稱	身心障礙手冊	身心障礙證明
流程關卡	鑑定	鑑定＋需求評估
鑑定人員	鑑定醫院之醫師	鑑定醫院之專業團隊（醫師＋功能評估人員）
需求評估人員	無	完訓之身心障礙需求評估人員
鑑定面向	身體功能	身體功能及構造（bs 碼） 活動參與及環境因素（de 碼）
身障類別	十六類	八大類
身障等級	依身體功能鑑定結果 輕度、中度、重度、極重度	依身體功能及構造（bs 碼）鑑定結果 輕度、中度、重度、極重度
效期	無特別規定	最長五年（但若身心障礙狀況屬無法減輕或恢復者，則由直轄市、縣（市）主管機關核發無註記有效期限之身心障礙證明）

故無法或沒有主動表達需求時（例如：不知曉福利資源的項目、錯認福利資源的內涵，或對福利資源的使用有所顧慮等），將更考驗評估結果的精準度。此外，區域性資源的可近性、可及性與整合性，也考驗著需求評估人員，特別在資源較爲匱乏的區域，需求評估人員往往陷於「巧婦難爲無米之炊」的困境，無法連結到位的法定服務或非法定服務資源予身心障礙者。

第四節　結論

隨著時代的演變，近半個世紀，臺灣身心障礙服務的思維與路徑，也隨著國際潮流趨勢而有大幅度的改變。在社會模式觀點與人權模式觀點的核心概念下，透過CRPD的宣示與實踐，以及藉由新制身心障礙鑑定與需求評估制度的實施，臺灣身心障礙者從以往案主的身分，逐漸轉換成服務使用者的身分，從以往由專業人員主導，逐漸轉變成以身心障礙者爲主體，臺灣的身心障礙者逐漸與非障礙者一樣，開始擁有身爲「人」應有的權利，受到尊重、均等機會、參與社會的「應然」對待。誠然，在「實然」平權的路上，仍有努力的空間，但相信，這條持續倡議平權的路，不是一條寂寞的路。

參考書目

中文部分

王國羽（2019）。障礙模型發展與核心概念。王國羽、林昭吟、張恆豪（編），障礙研究與社會政策。高雄：巨流。

林昭吟（2015）。2015臺灣身心障礙者人權指標調查報告。臺北：社團法人中華人權協會。

林昭吟、張恆豪、蘇峰山（2019）。障礙立法發展與法律權益。王國羽、林昭吟、張恆豪（編），障礙研究與社會政策。高雄：巨流。

洪惠芬、王國羽（2019）。障礙理論與政策：分配政治與公民身分。王國羽、林昭吟、張恆豪（編），障礙研究與社會政策。高雄：巨流。

衛生福利部（2020a）。身心障礙者權利公約（CRPD）中譯本修正草案。取自 https://crpd.sfaa.gov.tw/BulletinCtrl?func=getBulletin&p=b_2&c=A&bulletinId=1425

衛生福利部（2020b）。身心障礙者權利公約第二次國家報告條約專要文件。取自 https://crpd.sfaa.gov.tw/BulletinCtrl?func=getBulletin&p=b_2&c=D&bulletinId=1452

嚴嘉楓、王國羽（2019）。世界衛生組織健康、功能與障礙分類及台灣身心障礙者鑑定制度設計。王國羽、林昭吟、張恆豪（編），障礙研究與社會政策。高雄：巨流。

英文部分

Minkowitz, T. (2017). CRPD and transformative equality. *International Journal of Law in Context*, *13*(1), 77-86.

Pho, J. N. Q., Tan, A. C., Chaudhary, K., Hines, S., Ellison, C., Isaac, V., & Lim, D. (2021). Health and support service needs of individuals with disability from culturally and linguistically diverse backgrounds: A scoping review protocol. *Systematic Reviews*, *10*(34). https://doi.org/10.1186/s13643-021-01587-8.

Sheldon, B., & Macdonald, G. (2009). *A textbook of xocial work*. London: Routledge.

Tichá, R., Telna, O., Šiška, J., Klapko, D., & Kincade, L. (2020). Choices, preferences, and disability: A view from central and eastern Europe. In R. J. Stancliffe, M. L. Wehmeyer, K. A. Shogren, & B. H. Abery (Eds.). *Choice, preference, and disability: Promoting self-determination across the lifespan*. Cham: Springer Nature Switzerland AG.

Vaicekauskaité, R., Algènaitè, I., & Vaiciulienè, J. (2010). The problem of relation between theory and practice in the studies of social work for people with disabilities. *TILTAI*, *2*, 145-158.

White, R. M., Bornman, J., Johnson, E., Tewson, K., & Niekerk, J. V. (2020). Transformative equality: Court accommodations for South African citizens with severe communication disabilities. *African Journal of Disability*, *9*. https://www.researchgate.net/publication/340384370.

WHO (2001). *International Classification of Functioning, Disability and Health*. Geneva: WHO.

第二章
YES I CAN

王文娟

2016年里約帕奧的宣傳影片“YES I CAN”，影片中，身心障礙運動選手，用其表現告訴世人，身心障礙者可以做他們想做的事，展現才能。身心障礙者如同非障礙者一樣，在生命不同的階段中，都有想望與自我實現的願景，但這些想望或許因爲處境狀況而有其瓶頸。因此，支持服務的介入尤爲必要。以下，將先簡介身心障礙者及其家庭的處境與需求，再論述身心障礙者生涯轉銜的概念，最後概述當今臺灣身心障礙相關權益保障措施。

第一節　身心障礙者及其家庭的日常——談身心障礙者及其家庭處境與需求

處境與需求並非靜態一成不變，而是動態隨時變化。身心障礙者及其家庭的處境與需求並非人人相同，不同障礙類別、障礙程度、致障時間、個人生命歷程、家庭生命歷程（包括：原生家庭或自組家庭）、所處的物理與社會環境等，在在都影響著身心障礙者及其家庭的處境與需求。然而，雖說身心障礙者及其家庭的處境與需求具個別化、獨特性與多元性，但仍可從中發現一些共通性的狀況，以下介紹之。

一、身心障礙者的處境與需求

McDaniel & Pisani（2012）提出的生物心理社會系統模型（biopsychosocial systems model），提供人們理解身心障礙者和家庭處境與需求的框架。若以生理、心理、社會三面向檢視身心障礙者的處境，在生理方面，普遍出現健康狀況不佳、老化速度較快；在心理方面，可能較欠缺自我接納與自信心，較少對未來的想望；在社會方面，往往面臨物理性障礙、制度性障礙、文化資訊性障礙、意識性障礙（社會大眾認爲障礙者是需要被保護的）（江亮演，2007）。此外，依據2011年《全球障礙者處境報告》（World Report on Disability），身心障礙者相較於非障礙者，經驗到更低的就業率與教育程度、更高的貧窮率與依賴性，及參與受限（WHO, 2011）。

若以個人生命歷程檢視身心障礙者的處境與需求，則聚焦身心障礙者於不同生命歷程中被期待的任務執行狀況。相較於非障礙者，兒童期的身心障礙者於遊戲權、醫療權、就學權的處境有待提升；青少年期的身心障礙者則進入自我認同的階段，面對包括：性的探索與自我抉擇的挑戰；成年期的身心障礙者則包括：自決（人格成熟後的理性判斷和抉擇）、自足（經濟上不依賴他人）和能力（完成事情的能力）這三面向的考驗（Turnbull & Turnbull, 2001）；中年期的身心障礙者則經歷提早退休與照顧議題；而隨著高齡化的趨勢，老年期的身心障礙者的需求也越發需要關注，當身心障礙者年齡越大，其對環境的需求就越大，障礙程度越重、生活品質較差的老人，在適齡改善居家環境的需求益發明顯（Li et al., 2020）。

若以臺灣每五年進行一次的全國身心障礙者調查研究來看，依據105年身心障礙者生活狀況及需求調查結果，臺灣身心障礙人口呈現高齡化趨勢，且因家庭小型化之趨勢，致身心障礙者生活照顧需求與困難增加；18歲以上身心障礙者中有近7%者表示，常常因他人態度而影響其社會參與；身心障礙者從事休閒活動最常遇到沒有無障礙設施，且無障礙計程車（現更名爲通用計程車）或復康巴士亦出現供需之間的落差；在經濟層面上，收支無法平衡之經濟弱勢窘境明顯，約有四分之一的就業身心障礙者從事非典型勞動工作（衛生福利部，2018a）。整體而言，身心障礙者在自我概念、身體機能、家庭關係、時間管理、社會參與 / 休閒、職業 / 經濟、未來規劃，這些面向的處境普遍呈現較爲弱勢的景況。

二、身心障礙家庭的處境與需求

身心障礙者的家庭在身心障礙者生命中，往往扮演關鍵的角色，這除了因身心障礙者大多數與家人同住，且如同 Hewitt、Agosta、Heller、Williams & Reinke（2013）指出，家庭通常承擔照顧角色（Burke &

Lakin, 2019）的情形外，臺灣社會文化仍強調家庭與家人的關係，也使得家庭在身心障礙者生命歷程中，占有舉足輕重的地位。因此，關注身心障礙者家庭的處境與需求，亦是支持身心障礙者的過程中相當重要的一環。

透過家庭生命週期觀點，可以了解特定時間點會出現的發展議題和家庭動力（McDaniel & Pisani, 2012）。當家中有先天性障礙的子女時，在孩子誕生與幼兒前期階段，有些家庭會經歷一連串挫折和悲傷的「悲傷循環」（grief cycle）（Turnbull & Turnbull, 2001）；或喪失悲傷循環（Loss-Grief Cycle）（Foley, 1983, 1986, 2006）。喪失悲傷循環的過程如下：(1) 懷孕：孕婦常處在懷孕影像與幻想生產的模稜兩可中。(2) 幻想中期待的嬰兒：懷孕的常態里程碑是形成嬰兒將來模樣的理想化表徵。(3) 身心障礙孩子生出：期待的孩子與眞實的孩子間的不一致狀態的突然跌落谷底。(4) 理想目標的失落：期待中的孩子夢碎的無意識失落，如跌落深淵的悲傷，啟動內在精神治療的機制。(5) 迷失方向與失衡：悲傷的第一個階段是迷失方向與失衡，也擴大家庭特徵的因應策略。(6) 尋求：一旦家庭從一開始的羞辱中穩定下來，就會開始期待盼望中的孩子，經常是拒絕或追尋不同的或不確定的診斷。(7) 承認：當追求失敗，父母必須面對當前情境的根本策略。此時，將有一段時間的情緒不穩、很強的壓抑、憤怒、罪惡感，無意義與疏離也經常出現在扶養身心障礙兒童的父母身上，常自問爲何發生在我身上？這代表什麼意義？當外來的干擾思考與投射的災難減少、情感麻木與情緒水平提升、視孩子是一個獨立的個體有其優勢與弱點的平衡與現實的評價、孩子被納入成爲家庭的一員、帶孩子出現在公共場所越來越感到自在、孩子帶來的喜悅越來越多、越來越高的識別能力與信心相信家庭有能力維持生活與促進孩子的發展、對孩子的介入目標與成果越來越有現實的評價、越來越有能量參與與因應家庭日常生活所需，及越來越高的主觀接納經驗與福祉感。(8) 復原：家庭更精確地現實考量與發現孩子如同其他孩子一樣是欣喜的、健康的。這樣的復原依賴兩種心理的建構：個人神話般地提供一種對現狀經驗的意義建構；對孩子出現的內在再建構，融合了期待中的孩子與現實的孩子。然而，復原的經驗有可能回到悲傷的第一階段，亦即 (5) 迷失方向與失衡。或者，(9) 維持：出現穩定、增加復原力、內化因應策略、從悲傷中擴大緩解。當孩子活下來時，眞實的解方不可能發生。一旦當孩子無法達成明顯的投資在社會與發展的里程碑時，例如：學校安排，悲傷循環就會經常重現。

此外，諸多研究指出，與育有非障礙兒童的父母相比，照顧障礙兒童的父母面臨更大的身心健康狀況不佳的風險（Gilson et al., 2018），Gilson et al.（2018）的研究也指出，障礙兒童的母親比非障礙兒童的母親，有更高的心理健康問題，儘管多數的母親認爲自己需要專業支持，但由於忙於照顧難以安排行程，以及沒有意識到心理健康問題嚴重到需要幫助，因此沒有獲得專業支持。而這樣的照顧負荷，不僅僅出現在照顧身心障礙兒童的階段，當身心障礙者年齡漸長，照顧時間逐漸拉長、照顧內容逐漸多元之際，照顧者的負荷也越發沉重。Carter & McGoldrick（2005）便指出，身心障礙者的家人在不斷變化的脈絡中經驗其角色和關係，照顧動力在不同的家庭生命週期有所不同（McDaniel & Pisani, 2012）。

在有關身心障礙者家庭的處境與需求方面，多數關注的是照顧工作帶來的挑戰，例如：照顧者的負荷與壓力、執行照顧所需要的技能，但除了照顧工作面向上的處境與需求，身心障礙家庭在經濟、資訊、社會互動質與量，以及角色執行方面，亦有需求，身心障礙家庭照顧者在承擔生理、心理、社會的壓力下，選擇放棄原本想望的生活樣態，是常見的狀況。依據 105 年身心障礙者主要家庭照顧者生活狀況及需求調查，照顧者平均照顧年數約十三年，每日約有半數的時間在提供照顧，此種狀況下，讓諸多主要家庭照顧者表示在照顧期間曾發生不適情況；約五成的主要家庭照顧者表示經濟困難，有財務上的壓力，此外，女性照顧者因要照顧而辭去工作的比例高於男性；三分之二的主要家庭照顧者指出因著照顧工作，影響了經濟、休閒活動與健康（衛生福利部，2018b）。

再者，以生態系統的角度而言，身心障礙者及家庭的處境與需求，與其所處環境有很大的關聯，而所謂的環境，除包含與其生活密切相關的社會環境外，也與全球環境息息相關。例如：COVID-19 疫情致身心障礙兒童無法到校上課，原本規律的生活被打亂、支持網絡瓦解、父母在無培訓的狀況下被要求做老師的工作，這樣的情況，使得大多數的身心障礙家庭覺得心理健康受到影響，照顧者在沒有支持、休息或喘息的情況下，除要滿足身心障礙子女特殊或額外的要求外，通常也需要同時滿足工作上以及家庭其他成員的需求（Asbury, Fox, Deniz, Code, & Toseeb, 2021）。總而言之，因著照顧文化、生命歷程與環境因素，身心障礙者及家庭的處境與需求有其共通性，但是，每個身心障礙者及其家庭，都是獨一無二的，因此，其處境與需求亦具有獨特性與特殊性。故，社會工作人員在面對身心障礙者及其家庭時，應立基於文化敏感度，透過多元面向與系統性的預估，了解身心障礙者及其家庭的處境，並針對其需求提供個別化的服務，及營造與倡議友善的社會環境。

第二節　「大隊接力」的服務──談身心障礙者生涯轉銜

身心障礙領域服務對象的年齡層廣泛，因此，以生涯歷程爲核心的身心障礙轉銜，對於身心障礙者及其家庭而言，格外重要。依據《身心障礙者權益保障法》第 48 條「爲使身心障礙者不同之生涯福利需求得以銜接，直轄市、縣（市）主管機關相關部門，應積極溝通、協調，制定生涯轉銜計畫，以提供身心障礙者整體性及持續性服務。」所謂身心障礙者生涯轉銜，係強調生命歷程且無接縫的銜接，透過身心障礙者本人及其家屬的共同參與，以及跨單位的協調與合作，提供「量體裁衣」的個別化服務 ICTP（individualized career transition plan）或 ITP（individualized transition plan），讓身心障礙者在進入新的（或不同的）單位或生命階段之前，可以有所預備與協助，以讓身心障礙者在不同的階段中，均能「適得其所」。

轉銜服務可分爲轉換不同發展階段之「垂直轉銜」，以及轉換不同狀態／環境的「水平轉銜」。垂直轉銜爲「轉大人」的接力賽，例如：不同教育階段的轉銜，以及離開學校教育階段轉銜至就業階段。水平轉銜爲「換生活」的接力賽，例如：身心障礙者出現嚴重困擾行爲，原本提供照顧服務之單位無法再繼續提供服務，轉換由另一個單位接手服務。依《身心障礙者生涯轉銜計畫實施辦法》，轉銜的運作涉及轉出單位、轉入單位以及直轄市、縣（市）主管機關，轉出單位應於身心障礙者生涯階段轉銜前一個月邀請轉入單位、身心障礙者本人、其家人及相關人員，召開轉銜會議確定轉銜服務計畫，並填具轉銜通報表通報所屬轉銜窗口。而轉銜服務計畫內容除身心障礙者的基本資料、之前服務的資料、轉銜原因外，亦包括：身心障礙者本身及其家庭的需求、能力進行分析，並針對未來服務進行服務建議。以下分述轉出單位、轉入單位以及直轄市、縣（市）主管機關在進行轉銜服務時的原則。

一、轉出單位

（一）啟動轉出

或因身心障礙者面臨個人生命週期的轉換；或因身心障礙者能力到位，可以嘗試使用更積極性、自立性的服務；或因身心障礙者功能衰退，需要更多支持力道的資源時，便是啟動轉銜的時機。當出現前述跡象時，正在提供服務的單位，一方面負有主動評估的責任，另一方面亦負有放手的義務，透過轉銜服務的啟動，讓身心障礙者可以轉換到更合適的單位。

（二）提早溝通

轉銜啟動，不論對身心障礙者或是其家庭，都將歷經生活的變化，因此，當轉出單位發掘身心障礙者有轉出的潛能或必要時，應提早與身心障礙者及其家屬溝通，讓其了解轉銜的優點，並即早進行心理準備與實質的安排，以順利轉銜。而之所以要將家屬納爲溝通的對象，除因許多身心障礙者與其家屬的關係緊密外，也因身心障礙者自立生活概念起步較晚，因此，身心障礙者的家庭成員在有關身心障礙者的生活決定上，往往扮演重要的角色。例如：Turnbull & Turnbull（2001）指出，家人是身心障礙兒童的資源，是促使障礙兒童接受服務的啟動者，也是與專業人員合作的夥伴。Burke、Lee、Hall & Rossetti（2019）研究發現，智能障礙者可針對日常生活進行選擇與安排（例如：吃什麼、穿什麼以及娛樂活動），但卻很少參與正式事件的決策（例如：就業、居住），多數的正式決策是由手足與父母決定之。周月清、李婉萍與王文娟（2018）研究也發現，智障者的居住與遷移決策權是在父母或手足手中。因此，如同林幸台（2019）指出，父母對身心障礙子女的成功轉銜具有決定性的影響力。而 Kim & Turnbull（2004）與 Achola & Greene（2016）也不約而同指出，在轉銜過程中，受到影響的不僅僅是身心障礙者個人，整個家庭都會涉入其中，尤其是較爲注重家庭 / 家族中心文化的家庭，任何異動均是家中一件大事（林幸台，2019）。Burke、Lee、Hall & Rossetti（2019）也指出，當身心障礙者的意願與其家人的意願不同時，計畫執行就很困難（Burke & Lakin, 2019）。當然，在轉銜服務進行時，除了關注身心障礙者家庭的期待與接受度外，更應了解身心障礙者的想法與意願，因爲，身心障礙者有權爲自己發聲。故，社會工作人員應引導與協助身心障礙者對自己的未來提出想法，並參與選擇與決定。

（三）再陪一段

轉銜過後，雖身心障礙者已由另一單位接手服務，然，轉出單位應持續追蹤六個月，期間除成爲轉入單位的重要諮詢窗口，傳承過往服務經驗，協助轉入單位服務接軌外，亦要持續關心身心障礙者及其家庭轉換單位後之適應狀況。

二、轉入單位

（一）勇於接手承擔

任何一位新的服務使用者，對於轉入單位而言，都是新的挑戰。在此階段，轉入單位應秉持轉銜服務的目標是讓身心障礙者能夠得到最適的服務，在接案評估時，勿出現「挑軟柿子」的心態。而若經評估無法提供服務，則應向轉出單位清楚說明無法提供服務的原因。

（二）給予調適機會

人們面臨新事件、新環境、新角色身分，或許會感到壓力，需要時間調適。對於身心障礙者而言，不論是垂直轉銜或水平轉銜，都是一個新的開始；對於身心障礙家屬而言，也要學習與另一單位的工作者互動。因此，轉入單位應給予轉入之身心障礙者及其家庭適應的時間，並提供相關支持，以協助其調適新的變化。Jones & Gallus（2016）便指出，當智能障礙者與其家庭面對去機構教養化、社會融合的潮流時，專業人員在此轉銜階段，應持續的提供服務與支持予智能障礙者的家庭。

三、直轄市、縣（市）主管機關

轉銜服務能否運轉順利，除了前述的轉出與轉入單位的配合外，另一個關鍵因素便是是否有合適、足夠的轉入單位。特別依據臺灣身心障礙人口群的分析，老化（身心障礙者、照顧者）以及中途致障的人數逐年漸增，直轄市、縣（市）主管機關應自辦或培力民間發展更多元的服務，以銜接身心障礙者的需求。再者，當轉出單位遇到轉出瓶頸時，直轄市、縣（市）主管機關也應協助排除轉銜的困難。

總而言之，在不同生命歷程與生命事件中，承接身心障礙者及其家庭不同的需要，讓身心障礙者從致障到往生，均能擁有適切的支持服務。從人權角度而言，即是呼應 CRPD 精神下的具體作爲，使每位身心障礙者不致因其障礙狀況，受限自我發展或自我抉擇；從效益角度而言，透過適性適所的支持服務，讓身心障礙者得以發揮與貢獻所長。誠然，身心障礙者其生涯發展與個人障礙限制（障礙類型及致障時間）、社會環境因素有關（林幸台，2019），但相信若能做好生涯轉銜規劃與作爲，身心障礙者仍能如其所願的走過不同生活階段。因此，身心障礙轉銜服務的工作者，猶如擺渡人，陪伴與支持身心障礙者、家庭，並與網絡工作者合作，讓身心障礙者可以順利的從一階段（單位）轉換到另一階段（單位）。

第三節　哆啦A夢的百寶袋——淺談身心障礙相關權益保障

因著響應 CRPD 潮流的外在拉力，以及回應國內身心障礙人口群變遷的內在推力，近年來，臺灣身心障礙相關權益保障措施越趨多元，包括：身心障礙者個人層面、家庭層面與社會層面，均有所觸及。本節將概略介紹目前臺灣身心障礙相關權益保障措施及核心重點，至於各項重要議題與措施之核心價值、法令依據、社會工作方法、社會工作角色任務、跨專業團隊合作、挑戰與反思等面向，將於本書其他章節論述之。

一、身心障礙相關權益保障措施

臺灣現階段有關身心障礙政策與措施之根本大法為《身心障礙者權益保障法》，該法保障內容面向多元，以章節論之，包含總則、保健醫療權益、教育權益、就業權益、支持服務、經濟安全、保護服務、罰則與附則，除對於身心障礙者於生命歷程各階段可能觸及的處境加以關注外，亦關注家庭照顧者的需求與社會環境面向的改善。整體而言，《身心障礙者權益保障法》是以微視、中介與鉅視層面的角度，推動保障身心障礙者的權益。

1. **醫療權益**：提供身心障礙者鑑定、健檢保健、醫療、復健所需之相關服務。
2. **教育權益**：確保身心障礙學生可以於友善適性的教育環境中學習，並在學習過程中獲得充分的支持。
3. **就業權益**：提供身心障礙者就業的軟硬體相關配套，提升身心障礙者的就業意願、能力與環境。
4. **支持服務**：確保身心障礙者個人及家庭獲得所需之多元連續的各類支持及服務，藉以提升生活品質，並促進參與社會。特別是《身心障礙者權益保障法》第 50 條及第 51 條，針對身心障礙者提供包括：居家照顧、生活重建、心理重建、社區居住、婚姻及生育輔導、日間及住宿式照顧、家庭托顧、課後照顧、自立生活支持服務，以及其他有助於身心障礙者生活品質、社會參與及自立生活之支持及照顧服務；針對家庭照顧者，則提供臨時及短期照顧、照顧者支持、照顧者訓練及研習、家庭關懷訪視及服務等協助，以提高身心障礙者家庭生活品質。而因著《身心障礙者權益保障法》延伸訂定的《身心障礙者個人照顧服務辦法》與《身心障礙者家庭照顧者服務辦法》，便是規範如何透過具體的支持服務，讓身心障礙者及其家庭照顧者能尊嚴過日、平等生活。

5. **經濟安全**：提供補助、保險、津貼、稅捐減免等方式，保障身心障礙者經濟安全。
6. **保護服務**：包括消極的規範任何人不得對身心障礙者有不當對待，以及積極的透過監護或輔助宣告、財產信託等措施來保護身心障礙者。

檢視前述的權益保障措施，長年以來，臺灣身心障礙預算編列，仍以身心障礙者三項補助：身心障礙者生活補助、日間照顧及住宿式照顧費用補助、輔具費用補助等項目經費，占整體身心障礙福利經費比率最高，顯見相較於福利服務項目，現金給付項目仍占身心障礙福利預算經費中很高的比重。至於法定服務項目之執行，依據 108 年度社會福利績效考核結果，各縣市政府均已配合辦理多數的法定服務項目，惟服務提供的細緻度與品質可再提升（衛生福利部社家署，2019）。故，社會工作人員提供服務時，應考量區域特殊性，亦應關注身心障礙群體中相對弱勢的對象，諸如文化或語言使用上屬於非主流的身心障礙者、女性身心障礙者、身心障礙兒童、身心障礙長者等，連結資源、使能與充權，促進其能得到適性服務，平等參與社會。再者，政府也應依國際潮流與民情文化，檢視權益保障措施的合宜性，例如：《身心障礙者權利公約》主張「支持決策制」取代「替代決策制」，據此，現行的監護或輔助宣告制度宜有所調整，以接軌國際趨勢。

二、身心障礙相關權益保障核心重點

身心障礙者本身除了是個獨立的個體，身心障礙者也可能是家庭中的一員，更是社會的一分子，因此，身心障礙相關權益保障應包括以下三個核心重點。

（一）重視身心障礙者的主體性

CRPD 的核心精神 “Nothing about us without us”，透過由下而上的身心障礙者自我發聲，讓身心障礙政策與措施，能滿足身心障礙者的需求。此外，Wehmeyer 於 2019 年指出，對身心障礙者的服務，強調個人能力、自我決定、選擇與控制的優勢取向，正逐漸取代限制取向（Stancliffe, Shogren, Wehmeyer, & Abery, 2020），因此，應以優勢觀點爲基礎提供服務，「相信、使能、充權」身心障礙者。

（二）關注身心障礙家庭的需求

身心障礙實務工作上，雖常以身心障礙者爲中心計畫（person-centered planning）加以規劃，但鑒於身心障礙者的生活品質往往與家庭生活品質相關，因此，如 Kim & Turnbull（2004）所言，應同步考量身心障礙者和家庭的需求，提供個人與家庭相互依存計畫（person-family interdependent planning）（Burke & Lakin, 2019）。此外，基於照顧者的負荷，應該注重支持照顧者的公共政策（Crews & Talley, 2012），特別是華人文化，將家庭承擔照顧之責視爲某種程度的應然，再加上臺灣現行的法律規範往往將照顧義務加諸於家庭，因此不論是政策、措施與實務思維上，家庭承擔成爲實然，故國家在制定以家庭爲基礎的照顧服務政策時，應特別關注經濟、家庭結構、社會資本處境弱勢的身心障礙家庭。McDaniel & Pisani（2012）便建議以家庭爲中心的障礙政策，可以透過增加照顧者的經濟和社區資源，來促進健康的家庭動態，包括：提供更好的居家照顧人員、喘息照顧、照顧經費，以及讓家庭照顧者在職場上能有所彈性和保障性，並提供身心障礙家庭跨專業照顧的醫療保健系統與照顧者負擔得起的心理健康服務，以及依據照顧者需求訂定專法。

（三）塑造平權無礙的社會

Stancliffe et al.（2020）指出，仍有許多社會對身心障礙者存有歧視，許多的歧視（或無視）被視爲正常且融於文化內，這使得身心障礙者持續受到貶低和限制，而當文化將身心障礙者定型爲無法發揮社會成員的功能時，身心障礙者會被邊緣化，其人權也會受到威脅。換言之，障礙仍存於鉅視層次，因此，在推動身心障礙平權的路上，應從基本的排除實體障礙與資訊障礙，到不同面向平權的倡議，透過概念宣導與具體作爲的爭取，讓改變的不僅僅是有形物理空間的無障礙，更是無形資訊平權、心理空間的無障礙，讓身心障礙者都可以在物理、活動、資訊、心理平等的參與社會。

第四節　結論

1980年《殘障福利法》法制化身心障礙福利，但該法之精神與用意，係將身心障礙者視爲是依賴者，爲家庭與社會之負擔。隨著時間的推移，臺灣解嚴前後，諸多身心障礙團體如雨後春筍般成立，身心障礙者主體意識提升，身心障礙權益也萌芽進展。近年，臺灣身心障礙服務，則接軌世界潮流，強調CRPD的精神，並具體爲之。總而言之，臺灣身心障礙相關權益保障，在歷經多年民間倡議與公部門正視，已有大幅度的成長與進步，但仍期許未來身心障礙服務，應以CRPD爲圭臬，在公平參與、機會平等、權益保障的原則下，持續推動更多元、光譜式、整體性與延續性的服務資源，以完成三種落實：落實生命歷程的轉銜、落實生活需求的支持、落實平權價值的展現。

參考書目

中文部分

江亮演（2007）。身心障礙者福利。臺北：松慧。

周月清、李婉萍、王文娟（2018）。兩代「三老」家庭照顧轉銜與老年遷移：老年父母、中老年智障者與手足。臺大社工學刊，37，99-149。

林幸台（2019）。身心障礙者生涯輔導與轉銜服務（第二版）。新北：心理。

衛生福利部（2018a）。105年身心障礙者生活狀況及需求調查報告第一冊綜合報告。臺北：衛生福利部。

衛生福利部（2018b）。105年身心障礙者生活狀況及需求調查主要家庭照顧者問卷調查報告。臺北：衛生福利部。

衛生福利部社家署（2019）。108年度社會福利績效考核建議表。取自 https://www.sfaa.gov.tw/SFAA/Pages/Detail.aspx?nodeid=65&pid=9101

英文部分

Asbury, K., Fox, L., Deniz, E., Code, A., & Toseeb, U. (2021). How is COVID-19 afecting the mental health of children with special educational needs and disabilities and their families? *Journal of Autism and Developmental Disorders*, *51*, 1772-1780.

Burke, M. M., & Lakin, K. C. (2019). The need for research about services and supports for aging individuals with severe disabilities and their families. *Research and Practice for Persons with Severe Disabilities*, *44*(4), 207-210.

Burke, M. M., Lee, C. E., Hall, S. A., & Rossetti, Z. (2019). Understanding decision making among individuals with intellectual and developmental disabilities (IDD) and their siblings. *Intellectual and Developmental Disabilities*, *57*, 26-41.

Crews, J. E., & Talley, R. C. (2012). Introduction: Multiple dimensions of caregiving and disability. In R. C. Talley & J. E. Crews (Eds.). *Multiple dimensions of caregiving and disability: Research*, *practice*, *policy*. New York: Springer.

Foley, G. M. (1983). The loss-grief cycle. In C. Amon & D. Smith (Eds.). *Parents encouraging parents* (p. 21). Denver: Colorado Department of Education.

Foley, G. M. (1986). The loss-grief cycle. In N. I. Anastasiow (Ed.). *Development and disability: A psychological analysis for special educators* (pp. 265-267). Baltimore: Paul H. Brookes Publishing Co.

Foley, G. M. (2006). The loss-grief cycle coming to terms with the birth of a child with a disability. In Foley, G. M. and Hochman, J. D. (eds). *Mental health in early intervention achieving unity in principles & practice*. Brookes Publishing Company.

Gilson, K. M., Davis, E., Johnson, S., Gains, J., Reddihough, D., & Williams, K. (2018). Mental health care needs and preferences for mothers of children with a disability. *Child: Care, Health and Development*, *44*, 384-391.

Jones, J. L., & Gallus, K. L. (2016). Understanding deinstitutionalization: What families value and desire in the transition to community living. *Research and Practice for Persons with Severe Disabilities*, *41*(2).

Li, L., Sun, N., Yu, L., Dong, X., Zhao, J., & Ying, Y. (2020). The needs of older adults with disabilities with regard to adaptation to aging and home care: Questionnaire study. *JMIR Rehabilitation and Assistive Technologies*, *7*(2).

McDaniel, S. H., & Pisani, A. R. (2012). Family dynamics and caregiving for people with disabilities. In R. C. Talley & J. E. Crews (Eds.). *Multiple dimensions of caregiving and disability: Research, practice, policy*. New York Springer.

Stancliffe, R. J., Shogren, K. A., Wehmeyer, M. L., & Abery, B. H. (2020). Policies and practices to support preference, choice, and self determination: An ecological understanding. In R. J. Stancliffe, M. L. Wehmeyer, K. A. Shogren, & B. H. Abery (Eds.). *Choice, preference, and disability: Promoting self-determination across the lifespan*. Cham: Springer Nature Switzerland AG.

Turnbull, A. P., & Turnbull, H. R. (2001). *Families, professionals and exceptionality: Collaborating for empowerment* (4th edition). New Jersey: Prentice Hall.

WHO (2011). *World Report on Disability*. Geneva: WHO.

第三章
自立生活

林萬億

看過日本導演前田哲執導的《三經半夜居然要吃香蕉》（2018 年）的觀眾，很難不被從小罹患肌肉萎縮症的男主角鹿野靖明追求自立生活的勇氣與堅持，努力生活的信念所感動。該片改編自紀實文學小說《三更半夜居然要吃香蕉？肌肉萎縮症．鹿野靖明與志工們》[1]。鹿野在 12 歲時被診斷為肌肉萎縮症，醫生診斷「這孩子只能再活 20 年啊！」電影以倒敘的手法，從鹿野 34 歲開始說起。鹿野靠著堅定不屈的意志，長期跟病魔搏鬥。他總是說：「不要畏懼向他人求助，做不到的事，就是要靠別人。」拚命地獨立生活，使得鹿野不管如何，不願待在醫院裡，「家中」就是他的戰場，一個努力想要證明自己能「自立生活」的地方。

鹿野 24 歲時（1983 年）決定不再與家人同住，冒著協助者可能短缺的生命風險從家中搬出來，在社區自立生活的原因之一，就是認為「不論障礙者自身，或者是家人，都是獨立的個體，都應該要有自己的生活，不應該因為要照顧障礙家人，而失去了自己。一段因（長久地）犧牲而得來的關係，不會為雙方帶來眞正的快樂。」鹿野前後由超過 500 位志工與居家服務員及個人助理（介助者、Helper）協助。從此，鹿野從一位被認為是社會負擔的極重度障礙者，轉而以自身為教材及實驗對象，培養的這些志工，多半後來進入了醫療領域及社會福利領域；當然其中也有因為擔任鹿野的協助者，從而找到自己的原形與人生新方向的志工。

有一天，鹿野向照顧他的志工美咲說：「自己勤練英文，是想要到美國，看到自己的偶像時，那股振奮，……。」鹿野所說的偶像就是於 1972 年於加州柏克萊創立世界第一個自立生活中心的羅伯茲（Edward Roberts）和黑斯樂（John Hessler）。

---

[1] 渡邊一史（Watanabe Kazufumi, 1968-）2003 年出版的紀實文學，該書為日本史上第一部同時榮獲大宅壯一紀實文學獎（35 屆）與講談社紀實文學獎（25 屆）的人氣小說。

第一節　自立生活運動

自立生活（independent living）或獨立生活，是一種運動、文化、方案。就運動言，自立生活運動搭著美國公民權利運動的列車前進，掀起身心障礙者追求自立生活的風潮。就文化言，自立生活是一種哲學與生活方式，身心障礙者追求自我選擇屬於自己的生活方式。就方案言，自立生活透過由身心障礙者規劃與運作的以社區爲基礎、跨障別、非營利的自立生活中心（Centers for Independent Living, CIL），協助身心障礙者實現自立生活的願望。

一、美國的自立生活運動

羅伯茲（1935-1995）14 歲感染小兒麻痺症病毒，頸部以下麻痺，需要鐵肺或呼吸器幫助呼吸。高中時因爲障礙而無法完成體育課與駕駛課，致不能畢業。經過母親的申訴後，學校終於同意授予學位。之後進入社區學院，過兩年，於 1962 年，成爲第一批進入加州（柏克萊）大學就讀的重度身心障礙學生。但是，大學註冊組在其申請入學時，並不了解他的障礙狀況，直到發現他的鐵肺無法適應宿舍生活，而拒絕讓他入學。經過據理力爭，學校總算讓他入學。進入大學後，他與黑斯樂發起「肢體障礙學生方案」（the Physically Disabled Students Program），提供輪椅修復、轉介照顧服務員、同儕諮商，及其他服務，以利身心障礙學生居住於社區。1964 年，羅伯茲獲得政治學學士學位，兩年後取得政治學碩士學位。

黑斯樂（1941-1993）於 1957 年因在游泳水塘跳水而傷到脊椎，需終身坐輪椅。他跟羅伯茲一樣成爲加州（柏克萊）大學首次招收的重度身障學生，因而跟羅伯茲一起發起肢體障礙學生方案、倡議成立柏克萊自立生活中心。

1972 年，羅伯茲、黑斯樂及幾位肢體障礙學生方案的同儕在柏克萊建立自立生活中心，他們倡議柏克萊市設置行人步道斜坡，以利輪椅行進。1976年，羅伯茲被任命爲加州職業重建部門的主管，從而倡議在全加州設立自立生活中心，黑斯樂則擔任首席副主管。他們也奔走各地，鼓吹設置身心障礙者自立生活中心，美國至少設置了400家。黑斯樂後來轉任加州衛生部的初級照顧方案主任，協助身心障礙者維持生活品質。

1983年，羅伯茲、休曼（Judy Heumann）、蕾翁（Joan Leon）合力創建世界身心障礙研究所（The World Institute on Disability, WID），是一個私立、非營利組織，從身心障礙者的觀點推動身心障礙政策。關切的重點包括：個人助理、公共教育、技術援助、自立生活訓練方案、資訊提供、健康照護、身心障礙老化研究、國際倡議等。

羅伯茲過世後，柏克萊市政府在該市南邊靠近捷運阿許比站（the Ashby BART Station）的阿德萊街（Adeline St.）3075號建築一棟通用設計的羅伯茲校園（Ed Roberts Campus），以紀念其事蹟（Leon, 2023）。該大樓爲挑高兩層樓建築，採光極佳，感應式自動門、中庭有一迴旋式無障礙斜坡，直通樓上各活動空間，包括：教室、會議室、手語視訊轉譯中心、視障電腦中心、盲人圖書資料室、諮詢室、表演空間、運動空間、休閒空間、辦公空間等，服務櫃檯均調低，更不用說無障礙廁所等設施，這是一個身心障礙團體分享自立生活運動的非營利組織社群。

單靠少數身心障礙倡議者，還是很難成就身心障礙權利的完整實現。自立生活運動其實是搭著1950-1960年代美國公民權利運動（Civil Rights Movement）的浪潮前進。受到公民權利運動及後續出現的幾項重要運動，帶動美國自立生活運動的萌芽與蓬勃發展，而有1973年《復健法》（The Rehabilitation Act）納入自立生活服務，不再侷限於職業復健。

（一）社會運動

1. 公民權利運動

這是非裔美國人爭取取消基於偏執與錯誤刻板印象對黑人在住宅、教育、交通及就業的恥辱對待。運動期間從1954-1968年。這是一個非暴力的社會抗爭運動，策略包括：杯葛、靜坐、示威遊行、不服從等。其影響包括：解除黑白種族隔離的學校教育、禁止種族、就業、住宅等歧視，及黑人擁有普及投票權等。該運動促成《公民權利法》（the Civil Rights

Act of 1964）、《投票權法》（the Voting Rights Act of 1965）、《公平住宅法》（the Fair Housing Act of 1968）等的通過。雖然身心障礙者權利沒有涵蓋在公民權利法案裡，但黑人爭取自己的公民權利，啟發了身心障礙者自己的權利自己爭取。

2. 去機構化（deinstitutionalization）運動

1960 年代精神疾病去機構化運動受到 1961 年美國社會學家高夫曼（Goffman, 1961）的《精神療養院：精神病人與其他囚犯的社會情境論文集》（*Asylums: Essays on the Social Situation of Mental Patients and Other Inmates*）的影響，高夫曼觀察精神療養院的病人，在警衛與監護下，努力維持可預測與常規的行爲，機構扮演儀式性的功能，讓病人知道其功能與社會角色，即是機構化（institutionalizing）過程。而精神療養院是一種完全機構（total institution），將病人從社區中隔離，在一個幾乎沒有隱私的情境下，吃喝拉撒睡玩都在受限的空間進行，且受到嚴密的監督。

身心障礙去機構化運動，企圖把發展性障礙者從機構中轉出，回到家庭與社區。其理念受到德裔美國心理學者伍爾芬斯伯格（Wolfensberger, 1972）的常態化（normalization）與社會角色增值（social role valorization）理論的啟發，認爲應該讓每位身心障礙者的生活模式與條件，盡可能與常態生活和社會環境條件趨近。亦即，每位身心障礙者均應享有與非障礙者一樣的生活條件與生活步調。據此，住宅、教育、就業、休閒、運動、自由選擇等都應該提供給身心障礙者常態的生活條件。伍爾芬斯伯格的立論基礎是文化常態化，才能建立與維持一個人的行爲與特質。即使，在社區常態生活中，個人可能會遭遇各種風險，然而，這是一種自我決定與承擔合理風險的權利，而不應爲了考慮保護身心障礙者，而限制其整合於社區的權利。整合於社區的常態生活，可以讓原本處在低社會地位的人們，增進其扮演社會角色的價值。

3. 自助運動（self-help movement）

自助是個人分享與其有相同問題或情境的人們，組成團體，稱自助團體，工作在一起，相互了解與改進彼此的情境，這是一種成員擁有、自行運作的團體，提供參與者經驗、知識、資訊、教育及情緒支持的分享與交流。自助運動最典型的是 1935 年的戒酒匿名團體（Alcoholics Anonymous, AA）。自助與同儕支持被認爲是影響自立生活的重要哲學基礎，相同障礙的人們，相互了解，透過互助，分享經驗。

4. 去醫療化（demedicalization）

醫療化（medicalization）是指將人類條件與問題的定義和處置，視爲是醫療議題，因此，讓人類條件與問題成爲醫療的標的與研究、診斷、預防、處置的對象。然而，醫療化將遊民、身心障礙、心理健康、同性戀、貧窮等議題解釋成偏差（deviance）、病理化（pathologization）。1970 年代社會學者開始關注醫療化是否會成爲社會控制的形式，透過醫療專業擴大到日常生活的每一個環節。據此，社會學者以自由之名反對將人類條件與社會問題醫療化（Conrad, 1975）。於是，就有去醫療化的興起，以更全方位的角度看待健康照護，試圖將醫療社區騙局揭穿（demystification）。去除專斷的醫療模式是自立生活哲學的另一基石，轉向讓個人充權與個人有責任定義和滿足自己的需求。就身心障礙言，社會模式的興起正是相對於醫療模式或個人模式的專斷定義（林萬億、劉燦宏，2014）。

5. 消費者主義（consumerism）

就經濟的角度言，消費主義指經濟政策強調消費端。簡言之，就是考慮消費者的自由選擇，強調消費者可以選擇其偏好的廠商所生產的產品，及如何生產。就消費者言，消費者主義強調消費者可以質疑生產的信用與價格。雖然，消費者主義被批評爲過度強調個人選擇，及帶動當代資本主義過度生產、成長導向、破壞環境等。但是，就身心障礙者言，個人有權選擇適合其需求的服務，如同消費其他產品與服務一樣。

（二）美國身心障礙者接近公共運輸（American Disabled for Accessible Public Transit, ADAPT）倡議

有自立生活的渴望，卻面對處處障礙的交通與環境，也是枉然。於是，倡議公共運輸無障礙，就成爲身心障礙者實現自立生活的基礎。布蘭克（Wade Blank）本身並非身心障礙者，早年曾參與 1965 年 3 月 9 日金恩博士（Martin Luther King, Jr）的阿拉巴馬州希爾瑪（Selman）

到蒙哥馬利（Montgomery）的抗爭遊行，支持公民權利運動。他在擔任照護機構主管的同時，開始參與協助被主流社會排除的人們的倡議。布蘭克於 1975 年在科羅拉多州丹佛市創立亞特蘭提斯社區（Atlantis Community），成爲第一個以社區爲基礎、消費者控制的自立生活模式。該社區提供個人助理服務讓住在機構的住民，可以自行控制其生活。首先由其任職的傳統之家（Heritage House）的年輕身心障礙者自由參與，讓其整合入社區，維持自由與尊嚴生活。

1978 年，布蘭克體會到要讓身心障礙者自立生活於社區，必須解決交通問題。於是，當年 7 月成立美國身心障礙者接近公共運輸倡議團體，邀集 19 位身心障礙者，扮成公共運輸的人質，諷刺美國公共運輸對身心障礙者的不友善。該團體是第一個推動身心障礙者交通無障礙的草根團體。其實，在 1970 年美國《都市大眾運輸法》（Urban Mass Transit Act）即有規定新的巴士必須有升降設備。但是，20 年過去了，沒有進展。直到美國身心障礙者接近公共運輸倡議之後，1990 年美國交通部總算落實強制執行新巴士必須有升降設備。同年，《身心障礙者法》（the Americans with Disabilities Act, ADA）修正通過後，美國身心障礙者接近公共運輸倡議團體轉變其倡議重點爲社區個人助理服務與反身心障礙者被隔離。美國身心障礙者接近公共運輸倡議團體幾乎等同於今日美國身心障礙者照顧方案（American Disabled for Attendant Programs Today）的縮寫（Shapiro, 1994）。布蘭克與羅伯茲爲身心障礙者權益推動的典範，常留人間。

（三）復健法

除了前述的幾個重要法案外，身心障礙者倡議團體的努力，也促使美國 1968 年的《建築障礙法》（Architectural Barriers Act）禁止聯邦政府所擁有或承租的建築有障礙。1975 年《身心障礙兒童教育法》（Education of All Handicapped Children Act），規定教育主管機關要提供免費、合適的，且最少環境限制的公共教育給身心障礙兒童。1978 年修正《復健法》設置使用者管理的自立生活中心。1983 年《復健法》再修正，納入當事人協助方案（the Client Assistance Program, CAP），依使用者需求提供職業復健與自立生活服務。1970年代，可說是美國身心障礙權益蓬勃發展的關鍵年代。

但是，上述《復健法》的立法過程並非一帆風順。1972年，美國眾議院通過《復健法案》（Rehabilitation Bill），自立生活倡議者無不雀躍。然而，尼克森總統（President Richard Nixon）否決了該法案，致該法案無法成爲法律。但是，身心障礙者並未因尼克森總統的決定而氣餒。全國性的抗爭活動於焉展開，而且比以前更激烈。在紐約市，休曼女士（Judy Heumann）糾集了80位抗議者靜坐在麥迪遜大街（Madison Avenue）上，一時交通爲之打結。再加上憤怒的民眾抗議信如潮水般湧向眾議員服務處，以及四處的抗爭，終於在1973年9月，眾議院不理尼克森總統的否決，《復健法》通過，自立生活入法。第5章第504條規定：美國任何有資格的身心障礙個人都不應因爲其障礙的原因，而被聯邦政府財務所支持的任何方案或活動所排除參與、拒絕提供給付，或歧視對待。

即使立法通過了，到了1977年，尼克森總統換成卡特總統（President Jimmy Carter），新任健康、教育及福利部長（the Secretary of Health, Education, and Welfare, HEW）卡里方諾（Joseph Califano）也拒絕在1977年4月4日法律生效前簽署法律文件，使立法無法執行。隔天，身心障礙者在全國9個城市發起抗爭，以舊金山爲例，150位身心障礙者聚集在聯邦辦公室前，抗爭到晚間拒絕解散。直到4月28日，卡里方諾終於簽署文件。抗爭者到5月1日才放心離去（DeJong, 1979）。

二、歐洲的自立生活運動

（一）英國的自立生活運動

英國的自立生活運動最早可回溯到1970年代末，身心障礙者覺察到當時的身心障礙服務本質上是父權、機構取向、過於醫療取向、次等階級，及與當事人的需求脫節的。於是，身心障礙者發起自立生活運動試圖克服這種窘境與生活條件。1980-1981年間，他們揪團前往美國考察，吸取自立生活的概念、理念、哲學，特別是到加州柏克萊的自立生活中心參訪。主要的人物包括：(1) 芬克斯坦（Vic Finkelstein），他是創立於 1974 年由障礙者發起的生理損傷者對抗隔離聯盟（the Union of the Physically Impaired Against Segregation, UPIAS），反對住宿型機構照顧，主張障礙者的住宅與個人協助服務，以利參與社會的要角；(2) 電視身心障礙節目主持人威京斯（Rosalie Wilkins）；(3)81 專案（Project 81）[2] 的倡議者伊文斯（John Evans），81 專案的訴求是幫助身心障礙者離開機構，回到社區生活。接續這 3 位先見者，後續有更多身心障礙者或倡議者，前往美國考察，尋找去機構化的替代方案（Evans, 2003）。

其中最值得一提的是原先住在英格蘭南部漢普郡（Hampshire）鄉間力斯（Liss）的切夏住宿型機構（Le Court Residential Cheshire Home）的伊文斯等人。他們發現當時被安置在住宿型機構的身心障礙者，不是因爲缺乏家庭支持，就是不希望造成家庭的困擾，或是缺乏經濟支持，在沒有其他選項下只好居住在機構。發起者是梅森（Philip Mason）、伊文斯、史考特（Philip Scott）、波考斯基（Tad Polkowski），及布里格斯（Liz Briggs），他們就以美國自立生活模式爲範本，融入英國的福利國家模式，肯認自我控制其生活決策、自我充權、承擔更多因自我選擇後的責任。經過三年的努力，他們終於成功地爭取到英國政府提供的財務包裹，讓他們可以離開機構，自立生活。亦即，主管機關提供一筆預算，同意他們經由評估之後，決定其需求，就可以用這筆錢，支付給他們雇用的個人助理，以滿足其需求。1984 年伊文斯等人創建英國第一個自立生活中心於漢普郡，成爲英國分享自立生活經驗的基地（Evans, 2003）。

約莫同時，德比郡（Derbyshire）的身心障礙者團體也得到當地住宅協會（Housing Association）的支持，爭取到離開機構進入社區居住的機會，該方案稱格羅夫路計畫（The Grove Road Housing Scheme），座落於礦業小鎮阿許菲德的沙頓（Sutton-in-Ashfield）。該計畫的發起人是戴維斯夫婦（Ken and Maggie Davis），他們起先是接觸住宅協會探詢

---

[2] 1981 年聯合國宣布爲身心障礙者年。

適合身心障礙者居住的住宅，發現很難覓得。直到修特牧師（Reverend Short）接觸戴維斯，願意提供土地，讓他們價購興建身心障礙者住宅，於是取得地方政府的建築許可，並得到住宅協會的興建協助。1976 年 9 月完工，計有六房，其中三房是輪椅可接近的住宅。這是英國建築史上第一處身心障礙與非身心障礙者混居的住宅。該處也成爲英國自立生活運動的一部分。戴維斯夫婦也在 1972 年認識於 1968 年因反種族隔離運動而從南非移入英國的難民芬克斯坦，後來共同創立生理損傷者對抗隔離聯盟（UPIAS）。戴維斯夫婦也於 1984 年把社區居住的經驗，發展成爲德比自立生活中心（Evans, 2003）。

漢普郡和德比郡的發展經驗不同，漢普郡經驗從個人助理發展起，透過財務包裹，讓身心障礙者得以聘用個人助理，實現自立生活，其服務項目多聚焦在提供諮詢、資訊、支持個人助理；德比郡則較像加州柏克萊的經驗，提供五項服務：住宅、個人助理、交通、諮商與同儕支持。此外，也提供技術與資訊設備支持。此後，於 1989 年英國就發展出自立生活的七個基本需求。漢普郡身心障礙者聯盟更擴大爲十一個基本需求，包括：教育、就業、訓練、所得維持與給付（Evans, 2003）。

之後，有兩個重要的政策支持英國自立生活發展。首先是，1988 年社會安全部設立自立生活基金（Independent Living Fund, ILF）。從 1984 年起，越來越多身心障礙者申請自立生活，其財源來自地方政府或中央政府的家庭照顧津貼（Domestic Care Allowance）。1986 年，英國政府決定取消家庭照顧者津貼，導致身心障礙者群起抗爭，迫使政府提出新的替代計畫，於 1988 年設立自立生活基金。而後續地方政府也分別提供直接支付（Direct Payment），補充自立生活基金的給付（Evans, 2003）。

第二是英國身心障礙者議會（the British Council of Organisations Disabled People, BCODP）的自立生活委員會（Independent Living Committee）。該委員會專門進行自立生活的倡議，特別是直接支付制度。英國身心障礙者議會是由全國性身心障礙者組織，透過民主程序，選出代表，爲身心障礙者發聲。其中自立生活委員會的組成，也促成歐洲自立生活網絡（European Network on Independent Living, ENIL）於 1989 年成立於史特拉斯堡（Strasbourg）（Evans, 2003）。

《直接支付法》（Direct Payments Act）於1996年通過，銜接1990年的《社區照顧法》（the Community Care Act），強調支持個人居住於家中，評估個人需求，並試圖盡可能滿足其個別需求。同年，英國衛生部出資成立自立生活中心，推動直接支付與促進好的實施（Evans, 2003）。

（二）瑞典的自立生活運動

瑞典的自立生活運動不能不提芮茲卡（Adolf Ratzka）[3]。1943年出生於德國的芮茲卡，因小兒麻痺於1961年起必須依賴個人助理、呼吸器、電動輪椅自由行動。22歲獲得獎學金留學美國洛杉磯加州大學獲得社會學學士、企業管理碩士、都市土地管理博士。1973年移居瑞典，有鑑於自立生活運動在美國、英國先後發展，開始推動瑞典的自立生活運動。美國的羅伯茲、休曼都前來支持。1983年芮茲卡在斯德哥爾摩舉辦自立生活研討會，邀請到美國的羅伯茲、休曼、英國的戴維斯夫婦，該研討會激發了芮茲卡推動瑞典自立生活運動的序曲（王育瑜，2023）。1984年組織斯德哥爾摩自立生活合作組織（Stockholm Cooperative for Independent Living, STIL）成爲美國自立生活運動斯德哥爾摩分會，並擔任主席一直到1995年。1989年到1992年也參與歐洲自立生活網絡的組成，並擔任創會主席。1993年與伯格佛斯（Rolf Bergfors）創瑞典自立生活研究所（the Independent Living Institute, ILI），並擔任主席。該所是瑞典自立生活政策發展的中心，特別是針對身心障礙者進行消費者導向的自由選擇、自決、自尊與尊嚴的推動。

經斯德哥爾摩自立生活合作組織及其他地區自立生活組織的倡議，1993年瑞典通過《支持與服務法》（the Support and Service Act）、《支持與財務法》（the Support and Finance Act），隔年實施，身心障礙者經由直接支付，可僱用個人助理，以支持自立生活（Berg, 2005）。

[3] 2017年，Adolf Ratzka獲邀擔任聯合國《身心障礙者權利公約》（CRPD）的國際審查委員來到臺灣審查第一次國家報告，至今仍持續關注臺灣身心障礙者的處境。

三、日本的自立生活運動

日本是亞洲最早跟進歐美國家腳步引進身心障礙者自立生活的國家。1981 年，國際身心障礙者年，被稱爲自立生活之父的美國羅伯茲先生受邀到日本現身說法；之後，帶動反尼克森總統否決復健法案的休曼女士，也受邀來日本暢談身心障礙權益抗爭理念，讓日本身心障礙界確信之前的若干身心障礙權益倡導是正確的（社團法人台北市新活力自立生活協會，2010）。

1970 年 5 月橫濱發生一起母親殺死即將滿 2 歲的身心障礙兒事件，事後地方居民委員會、身心障礙者家長會發起減刑請願活動。同年 11 月，爲抗議東京都府中養護中心惡劣待遇，院生發起絕食活動。之後，1972 年 9 月在東京都政府前搭帳棚靜坐，並演變成長達兩年的抗爭活動。事後東京都政府推出養護中心單人房政策，並創設重度腦性麻痺者個人助理派遣事業。1974 年起離開養護中心回到社區生活者，可以獲得服務。1975 年，厚生勞動省開始讓重度障礙者適用低收入戶生活扶助殘障加給特別基準。

1972 年，第一屆輪椅市民全國大會在仙台市舉行，仙台市爲此將有高低差的道路全鋪設斜坡。此後，這個大會每兩年舉行一次，接續在京都、名古屋、東京等城市舉辦。除了道路平整之外，也帶動在地年輕身心障礙者的草根組織活絡，社區營造的興起。1973 年呼應輪椅市民無障礙交通運動，社區營造協議會在東京成立，並邀請身心障礙者參與。同時，第一棟都營輪椅住宅，在北區桐之丘完工。同時，解決居住與無障礙交通議題。1977 年朝日新聞東京厚生文化事業團體贈送 50 部進口電動輪椅給身心障礙者，因而帶動電動輪椅研究委員會成立於東京。

1976 年，參考英國照顧住宅的經驗，東京都發起照護住宅研究會，倡議居住在社區集合住宅的重度障礙者可以獲得派遣個人助理到府服務。雖然，最後僅通過居住於 20 人以上集合住宅的重度身心障礙者適用。隔年，照護住宅研究會改爲照護型住宅建設協議會，興建第一家照護型住宅，1980 年啟用。但也發生定位與功能的爭議。

1986年6月，日本第一家自立生活中心由Human Care協會，在東京都八王子市成立之後，Human Care模式的自立生活中心陸續在各地設置。

四、我國的自立生活運動

我國的自立生活運動深受日本的影響。2005年7月，赴日參加第六屆「身心障礙者自立生活中心」研修的林君潔女士學成歸國後，隔年開始推動一連串自立生活活動，並與國內其他社福團體合作，舉辦爲期3天的跨國「中日身心障礙者自立生活研討會」。會後許多參與者有感於自立生活的精神理念應於國內推廣發展，因此於該年9月開始計畫籌辦「社團法人台北市新活力自立生活協會」，並在2007年1月底正式登記立案，並選出第一屆的理監事、理事長。2007年8月該會代表臺灣，參加韓國自立生活協會舉辦的「2007 ASIA TRY in Korea」，與其他亞洲各國自立生活協會交流，並取得2009年「2009 ASIA TRY in Taiwan」的主辦權。2008年，中華社會福利聯合勸募協會補助該會舉辦「個人助理試辦計畫」，藉以協助身心障礙者生活所需，提高生活自主權。該年共培訓50位學員，其中有14位學員開始提供服務。2010年11月20日至22日該會並舉辦「臺日韓障礙者自立生活研討會」。

2011年該會開辦「身心障礙者種子培訓營」，培育對自立生活有興趣的身心障礙者，期待全臺各地，都能有身心障礙者自發性的組成由障礙者主導、營運之自立生活協會，以利自立生活觀念，在全臺各地開花結果，而促成「高雄市向陽自立生活協會」、「嘉義市新世界自立生活協會」、「臺南市夢城自立生活協會」、「花蓮縣自立生活協會」、「臺中市喜樂心自立生活協會」等協會先後立案。2018年這些協會組成「社團法人臺灣身心障礙者自立生活聯盟」，成爲我國推動自立生活運動的全國性倡議組織。

在「中華民國殘障聯盟」倡議下，《身心障礙者權益保障法》於2011年修正時，第50條明訂直轄市、縣（市）主管機關應依需求評估結果辦理下列服務，提供身心障礙者獲得所需之個人支持及照顧，促進其生活品質、社會參與及自立生活。其第 1 項第 9 款爲自立生活支持服務。直到 2018 年，衛生福利部社會及家庭署首次補助臺北市、彰化縣、屏東縣試辦「自立生活服務中心」。然而，政府設置的自立生活服務中心重點在於提供服務，與傳承自美國加州柏克萊的經驗，或是英國、瑞典、日本的自立生活中心，強調由身心障礙者主導，而非由專業控制的障礙者同儕支持、自助互助、公民權倡議的精神相去甚遠（王育瑜，2023）。

依據聯合國《身心障礙者權利公約》（CRPD）第 3 條一般原則 (a) 尊重固有尊嚴，包括自由作出自己選擇之個人自主及個人自立。第 19 條自立生活與社區融合。本公約締約國體認所有身心障礙者享有於社區中生活之平等權利以及與其他人同等之選擇，並應採取有效及適當之措施，以促進身心障礙者充分享有該等權利以及充分融合及參與社區，包括確保：(a) 身心障礙者有機會在與其他人平等基礎上選擇居所，選擇於何處、與何人一起生活，不被強迫於特定之居住安排中生活；(b) 身心障礙者享有近用各種居家、住所及其他社區支持服務，包括必要之個人協助，以支持於社區生活及融合社區，避免孤立或隔離於社區之外；(c) 爲大眾提供之社區服務及設施，亦可由身心障礙者平等使用，並回應其需求。

經過兩次 CRPD 國家報告的國際審查，自立生活的理念越來越受到國人的了解與重視。

第二節　自立生活哲學

自立生活對身心障礙者來說，是一種共享奮鬥歷史、形成社區意識，進而影響政治決策的歷程。如同瑞典自立生活運動先驅芮茲卡（Ratzka, 2005）所言，自立生活是一種哲學，一種看待身心障礙與社會的觀點，以及身心障礙者爭取自決、自尊與機會均等的全球運動。

一、服務使用者選擇

自立生活重點是身心障礙者可以如非障礙者一樣自由選擇其生活方式，但並非表示身心障礙者一定要一人獨居（Takamine, 1998）。自立生活哲學假設身心障礙者是最了解自己需求的專家，必須個別的與集體的擔負起啟動的角色，以規劃與促進最佳的解決方法；同時，身心障礙者必須組織起來，展現其政治權力。

自立生活哲學強調消費者控制，彰顯身心障礙者是最了解自己需要什麼的專家，擁有與他人一樣的機會決定自己要如何生活、工作、參與社區、獲得相關服務等，這些都明顯地影響其日常生活與追求自立。

傳統思維認爲身心障礙者是身心受損傷，需要被醫療專業治療。據此，重度身心障礙者被醫療產業以疾病之名施以治療，使這些身心障礙者並沒有選擇權與擁有自我導向的照顧。這些是由社會高地位的醫療專業評價的結果，明顯低估身心障礙者的生活能力與品質，且嚴重侵害基本人權與公民權。

簡單地說，日本學者高峰（Takamine, 1998）認爲自立生活的基本原則有二：(1) 身心障礙者有權居住於社區。(2) 身心障礙者最了解自己的需求，身心障礙組織能提供配合其需求的服務。

二、去機構化

除了去專業化（de-professionalization）與自我代表（self-representation）之外，自立生活意識形態還包括：去除身心障礙醫療化、去機構化、跨越障礙診斷。自立生活哲學也包括：(1) 看待身心障礙者是公民；(2) 是健康照護、復健或社會服務的消費者。民主社會的公民都有同樣的權利參與、同樣範圍的選擇、同樣自由程度，日常生活的自我控制與自我決定，及如同所有公民視爲理所當然的生活期待。要實現這樣的目標，必須移除底層基礎結構、制度與態度上的障礙，及採納通用設計原則。個別的身心障礙者依靠支持性科技、所得支持或個人助理等支持性服務，才能達成機會均等。需求評估與服務輸送過程中必須讓使用者能控制其服務，自由選擇競爭性的服務提供者，以利其尊嚴地生活在社區裡。從使用者的生活品質與成本效率考量，現金給付被認爲是優於實物給付。

依據聯合國經濟、社會、文化權利委員會（the Committee on Economic, Social and Cultural Rights）的一般評論第五號（General Comment No. 5）（Office of the Higher Commissioner for Human Rights, 1994）定義，機構式照顧包括收住幾十人到幾百人群居的設施。即使收住 5-8 人的團體家屋（group home），如果在管理上也採隔離社區，且拒絕住民自我控制其生活，也都算是機構化。

機構住民被強制群居，隔離於廣泛的社區之外，無法有足夠的權力自我決定其生活方式，機構管理往往是組織的需求凌駕住民的個別需求。最糟糕的情況，往往嚴重的侵害人權，包括：低品質的治療、暴力或虐待。

對身心障礙者，特別是高支持需求者，機構化是高風險的。自立生活運動目的之一，是爭取從機構轉銜到社區爲基礎的照顧。每位身心障礙者可以選擇不再長期居住在機構裡，而接近支持其自立生活的服務。

身心障礙者居住在社區的難題在於社區缺乏可及的住宅、公共服務、公共交通，以及購物、餐飲等設施。身心障礙者要能在社區自立生活，必須導入各種服務，例如：個人助理（personal assistance, PA）、可負擔與可及的住宅。政府投資從機構式照顧中將住民轉出，進入小型設施，提供符合個人偏好的服務。

這樣的趨勢也需要改變心態。歷史上，身心障礙者被認爲最好進入機構接受照顧。許多專家、家長、服務提供者都接受醫療／慈善模式，支持身心障礙者繼續留在機構。要改變心態將照顧處境不利者，改爲讓他們可以有最佳的選擇其生活方式。

一旦機構式照顧不可得，又沒有社區支持體系接手，照顧的責任就會落在家庭成員肩上，尤其是婦女，必須放棄就業，成爲全職家庭照顧者，更可能讓家戶落入貧窮。其中，身心障礙兒童比非身心障礙兒童更常被安排入住機構，且一旦進去幾乎就是一輩子出不來。

去機構化是一個過程，在關閉機構前，必須有社區爲基礎的設施與服務跟進。但也不能因爲缺乏社區爲基礎的設施與服務，就成爲不執行去機構化的藉口，停止去機構化的腳步。同時，也要避免去機構化之後，又興建新機構，或是在機構間轉換，成爲再機構化（reinstitutionalization）。

三、社會模式

身心障礙者並不覺得問題出在自己，他們只是要求跟他人一樣的人權與公民權。但是，這種觀點尚未被社會普遍接受，醫療模式仍然深植人心，認爲身心障礙者應該終其一生生活在養護設施裡，其路程是曲折的，甚或被醫院拒絕治療，完全依醫療專業的自由裁量，有時視身心障礙治療爲無效治療而拒絕救命。

自立生活模式看待問題不一樣，認爲了解身心障礙者是基於社會建構的，身心障礙者的問題在於環境，而非個人。雖然，許多人有生理、智力、心理特質等異於常態，但是諸多卻是社會有目的之創造與維持物理、方案與態度所產生的障礙。

四、同儕支持

基於傳統流行的自助團體爲基礎的自立生活途徑，是將草根倡議，轉換到自立生活中心，藉由同儕支持、角色示範，讓身心障礙者經營與掌控該中心。以同儕爲例，由那些有相同情境的人，比非身心障礙的專業人員更能有力地介入、分析個人情境、承擔個人生活責任，以及發展因應策略。依據自立生活運動，藉由同儕支持，能學習更多倡議與控制其生活。例如：同儕支持在自立生活技巧課程中，不論是在家庭、機構，都可以學習如何管理日常生活，準備自立。依據社區的公共服務，自立生活中心會提供住宅轉介與適應服務、轉介個人助理、法律援助。中心由地方或區域政府提供基礎建設，提升障礙議題意識，及遊說立法，以利促進機會均等與禁止隔離與歧視。

自立生活並非要每一件事都由身心障礙者自己完全承擔，也不是要任何人孤立地生活。自立生活的意義是身心障礙者跟其非障礙者的兄弟姊妹、鄰里能擁有相同的選擇與控制其視爲當然的日常生活。亦即，身心障礙者能成長於家中，到鄰近的學校讀書，與鄰居搭相同的巴士，與相同教育背景和興趣的人做同樣的工作，及組成自己的家庭。身心障礙者與非障礙者分享相同的包容、肯認及愛的需求。

第三節　自立生活中心

自立生活中心是支持身心障礙者自立生活的基礎結構。如前述，身心障礙者自立生活是相對於機構式照顧的生活方式。就如同本章一開始引述鹿野靖明說的：「不要畏懼向他人求助，做不到的事，就是要靠別人。」自立生活中心就是要成爲身心障礙者追求自立生活的靠山。這也是當年加州大學（柏克萊）的羅伯茲、黑斯樂等人倡議「肢體障礙學生方案」的延伸。因此，自立生活中心有八項必備的服務。

一、資訊提供與轉介

身心障礙者要進行自我選擇，必先有足夠的資訊告知。資訊提供必須是可及的，例如，提供語音格式、點字、臺灣手語、放大字形等版本；同時，提供多種語言翻譯，特別是英語、越南語、印尼語、泰語等東南亞國家使用的語言，以利外籍移民家庭及移工知情。必要時，應提供轉譯與諮詢人員。資訊提供應包括聯合國《身心障礙者權利公約》、《身心障礙者權益保障法》、身心障者服務、醫療、教育、就業、住宅、交通、運動、休閒娛樂、文化、日常生活等相關資訊。

如果身心障礙者及其家屬無法獲得充分資訊，就不可能有正確的決策，讓自己擺脫被社區、社會及公平機會所疏離、隔絕，而獨立自主。

二、同儕支持

擁有充足與正確的資訊之後，身心障礙者能否充分理解，涉及到生命經驗、生活條件的差異，身心障礙者自身是最理解自己需求的人，有相同的生命經驗與處境的人，更能相互了解對方的處境與需求。因此，透過身心障礙同儕的知識與經驗交流，更能支持身心障礙者學習與實現自立生活。身心障礙者的同儕支持形式包括：透過身心障礙者團體或組織的參與、會所模式或類會所的協作模式、非正式組織、自助團體等。

身心障礙者共同經驗到社會的障礙，包括：歧視、障礙、隔離、不公平對待等。當身心障礙者沒有透過個人與集體的力量相互支持，就很容易被社區、社會邊陲化，無法獲得充分與正確的資訊、知識及經驗，就很難克服、排除各種社會的障礙。

三、自立生活技巧訓練

並不是所有身心障礙者都了解自立生活，習慣自立生活。反而是，大部分身心障礙者從兒童時期，或剛成爲身心障礙者時，被醫療模式或慈善模式的服務體系，視爲是需要醫療、復健及服務的對象。同時，家庭也大多以爲其爭取更多服務資源爲主要調適策略。亦即，大部分身心障礙者被社會化成爲服務的依賴者，不論來自家庭或機構。社會大眾也會以提供身心障礙者更多的現金給付或服務爲可以接受的價值。於是，身心障礙者要成爲自立生活的主體，需要經過心態的改變、能力的增強，甚至必須與家庭照顧者不斷地對話、爭取，家庭照顧者始能放心讓其自立生活。因此，自立生活中心負起很重要的角色，協助訓練身心障礙者各種自立生活的技巧，並透過同儕支持，增強自立生活的信心。身心障礙者實現自立生活之後，仍然會遭遇很多障礙、挫折，必須不斷地克服，自立生活技巧訓練是充權身心障礙者得以一步一步克服生活障礙的基本工。

四、住宅提供

住宅對每個個人與家庭都是重要的。對身心障礙者來說，住宅不只是有無的議題，而必須是可及、負擔得起，及適合身心障礙者需求，例如：平房或有升降梯的多樓層、輪椅可進出的寬闊門戶、通道、無障礙衛浴設備、身心障礙者可自行操作的廚具等。

可及的住宅讓身心障礙者得以生活在社區、融入社會，即使年歲漸增，也不必更換居住場所，實現在地老化。適合身心障礙者自立生活的住宅，包括：社會住宅、有協助的住宅（assisted living residence、assisted living facility）、租屋服務、房租津貼、購屋貸款利息補貼、社區家園、房屋無障礙設施維修服務等。

五、設備與輔具提供

設備、輔具及改裝可以讓身心障礙者不必靠他人協助而可以自立生活，例如：自動門、煙霧警報器、水壺穩定基座、水位計、起吊裝置、電腦替代鍵盤與輸入軟體、可調控桌椅等。

身心障礙者每天面對生活上的種種障礙，如果能透過科技的進步，提供適合身心障礙者使用的設備、輔具，或是改裝，必然能讓身心障礙者在生活上與工作上更加便利、容易接近，達到獨立、自尊、有價值。

六、個人助理

即使有輔具或設備，有些身心障礙者仍需要他人的協助。由身心障礙者掌控何時與何種需要他人協助。如此，可減低身心障礙者對家人、朋友、志工等非正式支持體系的依賴。個人助理的精神是身心障礙者選擇與控制自己的決定，而不是被其所僱用的助理強迫或被控制。例如：身心障礙者想吃香蕉，個人助理不能強制提供蘋果，而是尊重身心障礙者的決定，去買香蕉。倘若市場沒有香蕉可買，也必須說明清楚。個人助理角色是使身心障礙者可以更有能力完整地整合入社會生活。個人助理不只是協助基本飲食、清潔、盥洗，而且使身心障礙者能接觸廣泛的世界，例如：休閒、娛樂、教育、就業、社會活動等。

七、無障礙交通

可及的交通包括：公共汽車、火車、捷運、高鐵、計程車、飛機、自用車到站廣播、復康巴士等。到目前爲止，部分公車已經改爲低地板，方便輪椅上下。大部分公共運輸車輛也有到站廣播系統、螢幕顯示到站提醒等。但是，無障礙車輛不夠普及、轉乘銜接不夠順暢、司機員對身心障礙者的態度待改善等議題，仍然使身心障礙者交通有障礙。

便捷的交通是身心障礙者得以離開住所，進入社區，參與各種社會活動的基本條件。缺乏便捷的交通設施，身心障礙者會被社會隔絕，或者限制其社會生活的範圍。倘社會以非障礙者的角度思考，只認爲社會身心障礙者方便就醫、就學即可，就很容易想像，將身心障礙者的交通需求限定在醫院、學校範圍內，而忽略身心障礙者的休閒、運動、購物、就業等需求。顯示，有限的身心障礙專用車輛，無法滿足其完整融入社區、獨立生活的需求。

八、可接近的環境

可及的環境包括：道路、通道、建築物、公園、戲院、學校、車站、機場、商店、購物中心、醫療設施、就業場所、運動設施、休閒與文化設施等，都是任何個人生活所需，身心障礙者也不例外，不因身心障礙者的生理、心智發展、精神狀態、結構功能差異，而被排除在享有接近與使用這些設施的權利之外。身心障礙者能接觸與使用這些環境與設施，始能眞正融入社會，無歧視地被對待，成爲社會的一分子。

任何建築物都應該有平整進出口、有階梯者應同時設有斜坡道、門把高低也要調整、道路要平整、人行道要有斜坡銜接、導盲磚、鳥鳴紅綠燈、人行道與走廊不能有障礙物等，同時也要注意是否有適合身心障礙者的溝通、路標、指示、點字、放大字體、廣播等，以利身心障礙者使用。

第四節　結論

雖然自立生活運動已經展開超過半個世紀，然而，身心障礙者尋求自立生活的障礙仍然重重疊疊。研究指出，長的等候名單、缺乏法律支持、熟練的服務提供者有限，很難支持身心障礙者獲得需求滿足；再加上，不論是居家或家外服務的成本，都造成個人及社會的高成本負荷。此外，經濟條件相對不利、居住在非都會區的個人及家庭，也比較難有機會實現自立生活；個人接受幫助的負面經驗與汙名化，也造成自立生活的障礙。最後，身心障礙者覺得不想增加家庭的負擔，也常常選擇入住機構，而不是自立生活（DiGennaro Reed, Strouse, Jenkins, Price, Henley, & Hirst, 2014）。

要克服自立生活的障礙，必須做到以下準備：

1. 必須要有針對性的技巧訓練，教導身心障礙者自助與安全的技巧，消除焦慮與不安的恐懼，增強獨立生活的信心與能力。
2. 智慧住宅是支持身心障礙者自立生活的基礎設施，藉由生活科技導入、設備、輔具及居家生活用具的研發與改裝，可以讓身心障礙者不必靠他人協助而自立生活或半自立生活（semi-independent living）。
3. 普及的無障礙交通、可及的環境，才可能讓身心障礙者完整地融入社區生活。
4. 多元的社區支持服務，包括：資訊提供、同儕支持、個人助理等，讓身心障礙者感受到被尊重與支持。

5. 自立生活不是一天就可以學會的，因此，不可能限制資格從 18 歲以上成年才納入自立生活方案。18 歲成年依法被認定爲有行爲能力。但依《兒童權利公約》（CRC）第 12 條，締約國應確保有形成其自己意見能力之兒童，有權就影響其本身之所有事物自由表示其意見，其所表示之意見應依其年齡及成熟度予以權衡。據此，從特殊教育階段開始，學校與家庭就應該教導、訓練學童自立生活，而不是等到 18 歲才開始追求自立生活。社會工作人員要協助兒童了解自立生活的意義、價值、儲備知能與生活技巧、心理調適、社會參與、風險承擔等。

參考書目

中文部分

王育瑜（2023）。身心障礙者人權議題：自主、倡議與社會工作使命。臺北：五南。

林萬億、劉燦宏（2014）。臺灣身心障礙者權益與福利。臺北：五南。

社團法人台北市新活力自立生活協會譯（2010）。日本自立生活基本理念與歷史（日本東京 Human Care 協會日文出版）。臺北：社團法人台北市新活力自立生活協會。

英文部分

Berg, S. (2005). Personal assistance reforms in Sweden: Breaking the assumption of dependency? In C. Barnes and G. Mercer (eds.). *The social mode of disability: Europe and majority world*. Leeds: The Disability Press. pp. 32-48.

Conrad, P. (1975). The discovery of hyperkinesis: Notes on the medicalization of deviant behavior. *Social Problem*, *23*(1), 12-21.

DeJong, G. (1979). Independent living: From social movement to analytic paradigm. *Archives of Physical Medicine and Rehabilitation*, *60*(10), 435-446.

DiGennaro Reed, F. D., Strouse, M. C., Jenkins, S. R., Price, J., Henley, A. J., & Hirst, J. M. (2014). Barriers to independent living for individuals with disabilities and seniors. *Behavior Analysis Practice*, *7*, 70-77.

Evans, J. (2003). *The independent living movement in the UK*. Independent Living Institute. https://www.independentliving.org/docs6/evans2003.html

Goffman, E. (1961). *Asylums: Essays on the social situation of mental patients and other inmates*. Anchor Books.

Leon, J. (2023). Ed Roberts: American disability rights activist. *Encyclopedia Britannica.*

Ratzka, A. D. (2005). *Independent living*. www1.worldbank.org/devoutreach/article.asp?id=317.

Office of the Higher Commissioner for Human Rights (1994). CESCR General Comment No. 5: Persons with Disabilities, Adopted at the Eleventh Session of the Committee on Economic, Social and Cultural Rights, on 9 December 1994.

Shapiro, J. P. (1994). *No pity: People with disabilities forging a new civil rights movement*. Times Books.

Takamine, Y. (1998). The cultural perspectives of independent living and self-help movement of people with disabilities. *Asia & Pacific Journal on Disability*, *1*(2).

Wolfensberger, Wolf (1972). *The principle of normalization in human services*. Toronto, Ont.: National Institute on Mental Retardation.

第四章
無障礙環境

謝東儒

無障礙環境的推動目的，就是要創造一個友善的環境，以提升身心障礙者的生活品質。當環境越是可以支持障礙者，就意味著人民彼此不分差異地可以按照自己意願來生活。這樣的友善環境，包括：各種設施、服務人員的態度、法規等，都可以讓每個人無障礙地工作、生活，這其實就是一個人人可自由生活的通用環境，能接納多元與差異。

第一節　無障礙環境與通用設計的概念與發展

我國雖非聯合國成員國，無法成為聯合國《身心障礙者權利公約》（Convention on the Rights of Persons with Disabilities, CRPD）的締約國，無法將國家報告提交給聯合國進行審查，但我國仍於 2014 年立法通過《身心障礙者權利公約施行法》，將 CRPD 國內法化。依據公約施行法的規定，參照聯合國人權公約國家報告審查模式，建立國家報告審查機制，於 2016 年提出身心障礙者權利公約初次國家報告，2017 年 10 月 30 日至 11 月 1 日，邀請 5 位國際專家組成 CRPD 初次國家報告國際審查委員會。2020 年 12 月 1 日我國發布《身心障礙者權利公約》第二次國家報告，受 COVID-19 疫情影響，第二次國家報告國際審查會議延至 2022 年 8 月舉行。但徒法不足以自行，法的實踐與成形更需民力、各界關注，才能創造出我們想要的生活方式。

CRPD 前言，第（m）點「承認身心障礙者存在之價值與其對社區整體福祉與多樣性所作出之潛在貢獻，並承認促進身心障礙者充分享有其人權與基本自由，以及身心障礙者之充分參與，將導致其歸屬感之增強，顯著推進該社會之人類、社會與經濟發展及消除貧窮。」

同時在第（v）點也提出「確認無障礙之物理、社會、經濟與文化環境、健康與教育，以及資訊與傳播，使身心障礙者能充分享有所有人權與基本自由之重要性。」強調資訊近用也是基本人權與自由。

CRPD 也在條文中揭示有關無障礙與通用設計的原則，如第 2 條定義通用設計的意義、第 9 條可及性／無障礙、第 20 條個人行動能力、第 21

條表達與意見之自由及近用資訊等。

臺灣推動無障礙環境，源於輪椅使用者行經道路、進出建築物，以及搭乘交通運具過程中行不得也之深沉感受。雖然我國在 1980 年通過《殘障福利法》，但該法僅有第 22 條要求「政府對各項公共建築物及活動場所，應設置便於殘障者行動之設備。」沒有罰則，難以施行。中華民國身心障礙聯盟（昔稱中華民國殘障聯盟，簡稱身心障礙聯盟）（2015）〈回顧臺灣無障礙環境的改變〉一文，提及 1987 年伊甸基金會、中華民國傷殘重建協會於臺北捷運設計過程爭取無障礙設施，獲得回應；1988 年政府首度於《建築技術規則建築設計施工編》增訂第 10 章「公共建築物殘障者使用設施」，全文 11 條，定義公共建築物適用範圍共有十四類三十種，應設置之設施種類共有十一種。提出了方向，但仍缺乏實際操作規格。

身心障礙聯盟持續朝修法倡議方向努力，致有 1990 年修正《殘障福利法》第 23 條「各項新建公共設施、建築物、活動場所及交通工具，應設置便於殘障者行動及使用之設備、設施；未符合規定者，不得核發建築執照。前項設備與設施之規範，由中央主管機關定之。舊有公共設備與設施不符前項之規定者，各級政府應編訂年度預算，逐年改善。但本法公布施行五年後，尚未改善者，應撤銷其使用執照。」期待透過撤銷建築物使用執照之強制手段，督促各級政府逐年改善無障礙環境。

然而 1994 年五年期限到期，政府資訊顯示僅有 6.4% 公共建築物完成改善，59.6% 完成部分改善，33.9% 完全未改善，身心障礙聯盟因而發起 123 叮嚀請願行動，希望落實法規，同時也朝操作面思考，作爲協助各單位執行無障礙環境設施設備改善的資訊參考。

1995 年 12 月，身心障礙聯盟結合林敏哲等專家，以建築師李政隆[1]翻譯的《日本無障礙環境設計刊物》爲借鏡，完成《無障礙環境設計手冊》[2]。

---

[1] 李政隆建築師是 1986 年在伊甸基金會敦請下，參與爲基金會顧問，以其在日本學習建築專業，引入日本自生老病死無障礙環境的概念，參與伊甸推動臺灣環境無障礙。

[2] 由於從使用者角度出發，同時目的在催促政府部門應有法規制定加以規範，所以有些疏

無障礙環境是從生活中所生，也就是食、衣、住、行、育、樂各方面生活使用所需的議題，如每天起床盥洗、著衣、進食就開始的各項生活動作，所以無障礙環境的討論包括：身邊設施、使用的設備，以及後續會提到的運具、輔具、建物、休閒空間、動線等，其中也包含軟體無障礙，也就是涵蓋周遭人士的相處態度能否友善支持，這部分在就業支持措施中也將述及，如職場中能否從雇主、工作夥伴中培養出自然支持者。

早期推動無障礙環境是一個減法的概念，擬將生活中有障礙、阻礙的環境消除或減降。然而要從既存多年的生活環境推動減法的無障礙環境落實上有其困難。所以，當王武烈建築師引進國際推動的通用設計概念後，這種從源頭發展友善環境的作法深深吸引身障團體；通用設計概念是從源頭開始的加法概念，從源頭就提供即使體弱、不便者都能方便使用的設備、環境。

因此，帶動使用者與建築設計專家們逐步從建築物、交通、人行環境等層面的無障礙相關法令與政策開始建立與推動。從減法的消除環境障礙，希望創造一個盡可能讓所有人都可以公平、彈性的使用環境；進而從無障礙硬體環境擴展至各類日常生活用品的無障礙設計、公共資訊的近用性、文化生活的參與等；除了法規與政策的制定外，社會大眾對於無障礙與通用設計議題的認識，也是無障礙環境建構與實踐的重要關鍵。

當然軟體無障礙除了對待身障者的態度外，還包括：法規的訂定，國家規範可以從源頭就幫助身障者使用，例如：制定輔助器具的規範、洗髮、潤髮瓶的辨識、紙鈔與硬幣大小、資訊的無障礙等；增進生活的便利性及方便使用者辨識，環境可以改變得更加友善及便利。然而觀念與法規可以改變，但現實上，實踐與觀念普及卻是極大的挑戰。

又無障礙環境使用者雖然是由輪椅使用者帶頭開始爭取，但實際上是全民獲利，包括：高齡者、孕婦、意外傷害導致影響行動者、攜帶大型物件者、兒童功能性推車使用者等國民，都會需要友善環境。總而言之，每

漏、錯誤，例如：手冊封面所示右下角圖片即爲典型錯誤。步道的斜坡，一般第二類障礙視障夥伴，並不會使用斜坡，導盲磚設置於斜坡，反而導致輪椅夥伴等行進顛簸。

個國民都需要無障礙環境，使生活更加便利。在物理環境中考量不同使用者的行進、使用、移位、方向定位等需求，也進一步思考光線、溼度的設計調整，以防對人體產生負面影響。

除了這些物理因素，也需盡量考量時間因子，設施環境若要提升其耐用度，就要考量其使用者會隨時間的轉化而面臨身體的改變產生的需求。身心老化是不可避免的人生歷程，設施環境在時間因子考量下，若能提供可調整性的環境空間，那會更加友善。

第二節　無障礙環境設施

一、無障礙環境設施法源

無障礙環境的要求自《殘障福利法》規範開始，現已修正為《身心障礙者權益保障法》，於第 5 章支持服務部分，先從第 52 條標明協助身心障礙者的社會參與需建構無障礙環境，其後帶出資訊無障礙、輔助器具、補助及器具設計規範等要求。

法規中明訂公共資訊無障礙，規範多元資訊取得的友善環境設置；軟硬體產品的無障礙設計規範；政府機關網站的無障礙檢測；各類運輸營運的無障礙規劃；市區道路、人行道及騎樓的通行無障礙；市區道路之標誌、標線、號誌、識別頻率的無障礙化；停車空間的保留比例；新建公共建築物需符合規範，既有公共建築物亦需符合建築規範要求；既有建築物無障礙實施確有困難者，需提具替代改善計畫申報核定改善等具體條文要求。

同時，《建築技術規則建築設計施工編》於 1942 年制定，逐年修訂，現第 10 章規範了無障礙建築物，除了獨棟或連棟建築物為同一住宅單位、住宅專有或約定專用或建築基地面積未達 150 平方公尺等少數建築物外，需符合本章的規範。其中除建築基地地形、垂直增建、構造或使用用途特殊，設置無障礙有困難，得經當地主管機關核准者得不適用一部或全部該章的規定。本章規定居室出入口及具無障礙設施之廁所盥洗室、浴室、客房、升降設備、停車空間及樓梯應設有無障礙通路通達；至少要有一座無障礙樓梯；無障礙盥洗室數量除少數住宅或集合住宅外，建築物總層數三層以下者，要設置一處；每增加三層之範圍內要設置一處。大便器設置亦有數量比例之規範；每幢建築物至少應設置一處無障礙浴室；輪椅觀眾席位、無障礙停車位、無障礙客房數針對應設置的建築物亦有規範。由此觀之，法律逐步依照使用者端需求逐漸朝建構友善環境努力。

細部規範是執行者持續期待的規定，這部分內政部營建署於 2008 年制定了《建築物無障礙環境設施設計規範》，法源爲《建築法》。該法近期修正部分規定，內容除總則規範之定義適用範圍外，包含無障礙標誌、停車空間、無障礙通路、廁所盥洗室、升降設備、樓梯、浴室、輪椅觀眾席位、無障礙客房等相關規範。

從《建築物無障礙設施設計規範》總則之用語定義及各章節之內涵可見，我國規範主要關注行動不便者與視覺障礙者。但對於認知障礙者與聽覺障礙者之資訊閱讀需求，以及因燒燙燒而有溫度調控需求者等，較少著墨。

二、無障礙環境設施細部要求

由於一開始推動無障礙環境時，公部門對於身心障礙者的使用行爲與需求了解較少，導致早期設置的無障礙設施有不少不合用，甚至造成危險的錯誤案例。因此在身障團體的倡議下，1997 年立法院決議，各項新建公共建築物、活動場所及公共交通工具，在設置無障礙設施時，應由政府與民間團體共同成立專業團體進行勘檢工作。從此以後，無障礙環境的設置就開始納入以使用者的角度進行檢視。檢視一個公共建築物，身心障礙者會模擬自己從外地來，接近建築空間，然後準備進入，包含看標示進入空間、詢問處所等，以及進入空間後，使用相關設施，包含尋找盥洗設施、升降設施、樓梯出入口等，緊急避難之警示時的引導、離開。

以下就以使用者角度，從獨立到達、進出及使用建築物的「抵達處所」及「進入處所」兩部分，檢視各項無障礙設施的使用需求：

（一）抵達處所

首先透過車輛、輪椅或步行抵達建物，第一個需要取得停車位、出入口等基本訊息，引導標誌與引導設施是提供相關訊息的首要選擇。當無法滿足時，人員服務的諮詢臺則爲其後的次要選擇。地圖、指標系統的建立均要提供完整的無障礙設施動線及位置訊息，也要考量不同障別的閱讀需求（如字體、顏色、語音、圖示等）。

其中一種選擇爲觸覺平面地圖，能夠提供基本訊息，這些訊息也應考量來到這棟建築物的可能動線，如搭車、開車、步行等，將交通工具與建築物連結，才是完整立體的資訊。

目前我國對於視覺障礙者的引導設計僅限於建築物內與市區道路人行道路口，至於人行道至建築物間的視覺障礙者引導設施如何設計尙無具體規範，但仍可參考《建築物無障礙設施設計規範》附錄及《市區道路人行道路口導盲設施設計指南》，並可徵詢定向行動訓練師或視覺障礙服務專業人員及使用者意見後進行需求設計與功能性鋪設。

通路有高低差處就應設置坡道，除其寬度、鋪面材質要讓輪椅使用者便於通行外，也應設置扶手及防護設施。部分建築物的無障礙斜坡非位於主要通路旁，雖符合進入建築物的可及性，但欠缺融合性。

路面材質防滑也須考量其行走或輪椅推上順行的舒適平穩感受，坡道規定需要平整、防滑且易於通行。

停車空間或上下交通工具的空間，其停放雖要求須靠近建築物無障礙出入口或無障礙升降機等便捷處，但現有建築物無障礙出入口與建築物大門仍有段距離，其友善程度仍待改善；上下車的空間，除須留設行動輔具的上下車空間外，亦須確保上下車空間與人行道、建築物間是否有無障礙的銜接，才方便輪椅使用者的移行。

（二）進入處所

視聽警示設施乃是首要須注意，也就是須有聲光的警示設施來提醒有火警、濃煙、地震傾斜等災害危及建物，須對使用者提出警訊，並要注意到第二類障礙者（視障、聽障）的避難訊息取得需求。

其後進出大門出入口，寬敞平順的要求幾乎都沒問題。進入室內除須有足夠輪椅使用者進入的寬度與鋪面平整外，通道上應避免放置阻礙物及懸空的突出物，例如：飲水設備、消防設備、標誌牌等，這些都會危害視覺障礙者。（參見圖 4-1）

> 室內通路走廊突出物限制：室內通路走廊淨高度不得小於 190 公分；兩側之牆壁，於距地板面 60 公分至 190 公分範圍內，不得有 10 公分以上之懸空突出物，如為必要設置之突出物，應設置防護設施（可使用格柵、花臺或任何可提醒視覺障礙者之設施）。

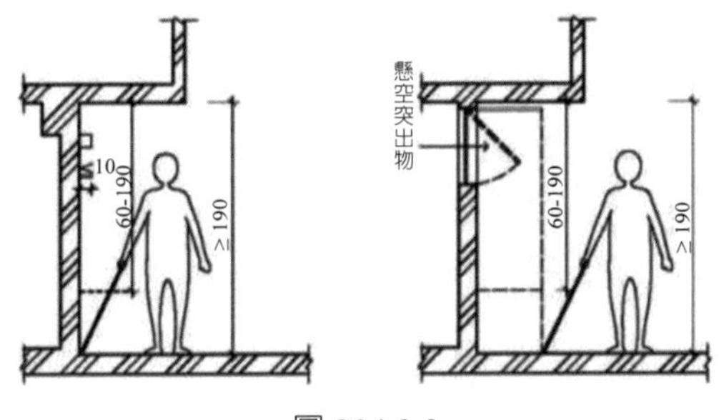

圖 204.2.3

圖 4-1　室內通路走廊突出物限制

資料來源：《建築物無障礙設施設計規範》

再來是廁所盥洗室，常有的問題是馬桶與扶手設置的位置不符合使用，尤其是扶手。所以身障團體常會要求管理單位身坐輪椅來測試其使用的便利程度，以利調整。現在由於進出廁所空間多半已經設置洩水設施，所以門檻問題逐漸減少。無障礙廁所使用雖然均有規範明確尺寸與圖示，但是實際設計仍常見馬桶旁扶手設置高度與距離不一，造成使用困擾或危險。而考量部分行動不便者須以躺姿更換衣物或尿布，身障團體也倡議應於無障礙廁所內裝設照護床，但目前僅納入規範附錄，未具強制性，設置並未普及。

在電梯按鍵前應設有不同材質粗糙面或警示磚顯示位置。按鍵旁設置點字之位置，經視障團體意見整合，決定設置於左側。進入無障礙電梯，梯間門寬及內深須容得下電動輪椅如《建築物無障礙設施設計規範》所示。門開應有鏡面，協助輪椅者控制進入深度。梯內側邊應有橫式操作盤供輪椅者操控選擇；並有語音引導視障者樓層及門關開說明，各樓層抵達亦應有明顯樓層顯示，鍵盤左側都應設有點字輔佐。升降設備的設計須考量行動不便者、視覺障礙者有哪些需求。

樓梯依規範要求扶手端部應做防勾撞處理、樓梯中間平臺外側扶手得不連續。須注意檢查處所樓梯扶手設置情形，有否在樓間轉彎處出現沒有連續而中斷的錯誤設置，這是容易出現的缺失。

以身心障礙者使用角度檢測，便是以「可及」、「可用」、「安全」三項重點來檢視，若設施都能達到這些要求，就較爲友善，讓環境更爲無障礙了。

第三節　運具、輔具及資訊無障礙

一、運具無障礙

交通運輸的無障礙需求，在公共建築物的便利設計，以及社會逐步進入超高齡社會，生活品質提升，人們使用各類交通工具的需求也相對增加。1999 年交通部依據《身心障礙者保護法》頒定《公共交通工具無障礙設備與設施設置規定》，訂定交通工具內身心障礙者輔助設施項目及適用範圍。經過歷次修正，於 2013 年修正爲《大眾運輸工具無障礙設施設置辦法》，且依公路及市區汽車客運、鐵路、捷運、空運、水運分章敘述。

以下就以該辦法，分述大眾運輸工具之無障礙議題。

（一）公路及市區汽車客運

公共汽車、公路客運自有低地板車輛出爐以來，似乎逐漸找到障礙者搭車限制的解決方案，然而因爲低地板車輛的數量限制，導致障礙者必須配合有低地板車輛的班次才能搭乘。未來將車輛數普及即可不必等有低地板的車輛前來，才能減少障礙。此外，公車進站的停車點也是考驗，若不能準確停妥，行動不便者必須快速移動就車門上車，倘乘客眾多時，通常障礙重重。進而，司機的素養與態度，也是關鍵。過去曾發生公車司機因拒載聽障學童而被投訴的事件，反映司機及服務人員除了工作知能的提升之外，對身心障礙者的認識與尊重仍須持續加強，了解身心障礙者的需求，才能維持友善的無障礙環境。此外，少數低地板公車的斜坡板拉開後仍不穩靠，司機反映不常使用，顯示車輛數普及的重要。

（二）鐵路

臺鐵適用《鐵路法》，然法規中並未提及無障礙相關措施，僅依據交通部《身心障礙者搭乘國內公民營公共交通工具優待實施辦法》訂定《身心障礙旅客優待乘車作業要點》，並依循《身心障礙者權益保障法》第53條相關規定。

臺鐵於2017年透過通用設計推動委員會的成立，協助其火車運輸無障礙環境之落實。火車的無障礙環境改善是需要長年、多年持續努力，才可能改善通路、車站、月臺、車廂等，貫通其進出、使用、車班、服務等諸多事項。各車站的逐步無障礙，才能增進民眾使用的意願。事實上，便利的空間方便了大件行李的旅客、嬰兒車、孕婦、體弱乘客等民眾，無形中也提升了臺灣的國際形象。國際旅客的使用經驗，確實反映在其回饋的美好旅遊經驗紀事。現在火車車班，已經能回應到每班次服務輪椅使用者的上下車，僅是車站的無障礙普及率仍離全面搭乘還有段距離。

臺鐵因車種繁多，無障礙車廂未固定位置，且月臺未與車廂齊平，導致行動不便者上下車均須通報後由專人鋪設渡板協助，也因而發生未收到通報而輪椅使用者無法順利下車的案例。近年臺鐵執行月臺與車廂無階化計畫、增設車站電梯等，反映其朝向無障礙普及的努力。

（三）捷運

捷運如前述，在身障團體的倡議下，修改設計後，包括：升降設施、通路、指標等，確實逐一回應使用需求，奠定臺灣捷運系統的優良環境，使民眾其後的使用經驗上能真正感受到友善與方便。加上閘門的規劃，也增加視障者使用的安全程度。

當然，仍有些缺失，例如：升降設施不足，各站應該逐步從一座升降設施開始增加爲多個通路均有此設施，須逐步再改善。因此《大眾捷運法》於 2014 年修正，將無障礙設施及設備列入規範。國內另一個不友善的態度，乃是不會優先禮讓給輪椅者使用升降設施，而是按先後順序，這是身心障礙者反映覺得較不足之處。目前雖然捷運站有分道設計，雖未有強制性，但明確的分道設計，讓民眾禮讓的機率也較爲提升許多。或許朝宣傳著眼，可形成國民的禮讓文化。

（四）空運

一般使用航空器搭乘，多半認爲其應該是最友善的運輸器具，因爲所謂以客爲尊，且花費較爲高昂。但是航空器也受到《民航法》的規範，在安全要求上，較一般運輸工具有更嚴格的規範。而臺灣也曾歷經爭取，才使身心障礙者搭乘飛機獲得較多尊重。前立委徐中雄曾針對航空公司要求身心障礙者必須有陪伴者才能搭乘的規範，表達強烈反彈，才使航空公司有所調整。然而至今，因爲航空器空間所限，所以輪椅乘客多得改乘航空公司所提供的較小型輪椅進出航站與航空器。在民間團體倡議後，民航局訂定非屬所訂安全因素不得拒載之規定外，航空公司均訂有服務指引、航空站檢視無障礙硬體空間、提供登機輔具、可於機邊託運輪椅、含電池之行動輔具託運規範等相關改善措施。

（五）高速鐵路

高速鐵路於規劃期則邀請障礙者與身障團體多次提供意見，不論是車廂或車站的無障礙設施都相對較爲完善。但每個車廂僅提供四席無障礙座位供行動不便者使用，使用上稍嫌不足；另，無障礙座位僅能以電話或至購票窗口才可預訂，也有所不便。高鐵的搭乘、停車、上下行進路線、購票、進入、登月臺、上車、下車等，身心障礙者使用多屬順暢。

前曾因網路購票的圖形驗證碼未提供語音播報功能，導致視覺障礙者無法自行訂票，經過反映後，目前視覺障礙者方可透過網站或 APP 自行購票。

（六）水運

船舶，這是目前仍須克服的交通方式，因為環境設施包含多種變數，如浪高低、水深淺影響碼頭靠岸高低，離島船舶、境內湖潭船舶、境外油輪等，所以這類交通是目前最不友善的大眾運輸服務。須克服的設施議題最多，且需要逐一檢視。

二、輔具無障礙

身障團體鑑於國內輔具相關法規與政策分散於各部會，除資源無法有效整合外，對於輔具產品、服務內容、補助制度、服務輸送流程、專業人員之教育訓練等各方面，都無法有一整體的政策方向，因而於 1990 年修正《殘障福利法》中要求國家應設置輔具研發中心，而後身障團體於 2010 年訴求應訂定輔具專門法，但因牽涉之專業領域與部會甚廣，並未取得立法共識。而政府則於 2011 年修正《身心障礙者權益保障法》時，將身障團體的相關訴求納入，除於第 2 條主管機關權責增列科技研究事務主管機關應主管身障輔助科技產品研發事項，及經濟主管機關對身障輔具國家標準訂定、產業推動等事項外，亦於第 20 條訂定輔具資源整合、研究發展之內容，並於 2012 年據以訂定《身心障礙者輔具資源整合與研究發展及服務辦法》。然該辦法第 11 條對研發提及「中央目的事業主管機關應獎勵、補助或支援民間共同參與輔具之研發、製作及生產，必要時應協助引進國外科技輔具技術、獎勵技術移轉、提供技術諮詢、教育訓練及其他相關專業技術輔導」，落實及實施效果有待觀察。

輔具依功能分為十一大類，例如：行動輔具、溝通輔具等，雖已訂定《身心障礙者輔具資源整合與研究發展及服務辦法》，但國內輔具市場規模太小，而國家資源又未能依身心障礙者需求提供支持，導致各類輔具僅能由需求的人口群自行關切，才會有所因應與調整。許多研發難以實際於國內生產，且資源整合成效仍待提升。

輔具相關政策與研發又依照類型分割，由不同的主管機關主責，其中生活輔具由衛生福利部社會家庭署主管，醫療輔具由衛福部醫事司主管，就業輔具由勞動部以職務再設計的角度管理，學習輔具由教育部主管。資源切割下，各目的事業主管機關決策層級低，可運用的資源更少，所以輔具服務難以滿足需求可以預期。

社會工作人員在輔具服務的場域中，是使用者與職能治療師（OT）、物理治療師（PT）、醫生、醫療工程等專業人員的溝通輔佐橋梁，社會工作人員協助各類專業人員了解身心障礙者的使用需求，協助清楚表達，也幫助專業人員了解身心障礙者及其家屬處境、需求，在其情境下最需要的支持及協助爲何。

身心障礙鑑定在引入國際健康功能與身心障礙分類系統（ICF）後，對障礙的認定從醫療擴及納入社會工作人員、特教、職輔評量等專業人員的參與。這樣的調整，要將社會模式觀點融入對障礙的認定。這是爲了避免相關人員只看到身心結構、功能的需求，而忽略使用者對器具、對用品的使用需要學習，並也提醒應讓使用者有足夠的時間思索、整理及表達自身需求。促進專業與使用者的相互理解，可以幫助輔具使用更貼近身心障礙者的需求。

社會工作人員在輔具領域的角色重要性在於幫身心障礙者精準反映，而且須在使用端代言堅持其意見的清楚表達，但由於在輔助器具的領域沒有完整的督導支持系統，不少社會工作人員淪爲行政角色，難以發揮應有的助人自助的充權效能。近年衛福部社家署對各縣市輔具中心進行查核，其中查核指標已經有關注社會工作人員服務效能，且也要求應有社會工作人員督導機制，期能改善原有困境。

尤其社會模式，在物理治療及職能治療領域，還是很容易落入醫療模式思考的指導角色，社會工作人員在這中間服務的過程，如何能幫使用者在其限制下，敏感思索找出其自身所需要的輔具支持，以及可連結哪些資源來找到這些輔具。同時，協助克服家人不必要的阻力，能取得自己好用的輔具，才有其降低障礙的意義。

三、資訊無障礙

溝通需求，如聽到、看到、理解，在社會環境中，身心障礙者的獨特需求常不易被理解。因此設計要能考量到身心障礙者需求，如通用設計就需要諮詢使用者的意見。這方面就是 CRPD 強調的資訊近用權，國家必須提供這方面的各項友善設施，才能確保國民於資訊取得上是能夠獲得平等對待。各種資訊的發送，如透過哪些平臺提供，就會產生相關的需求。

（一）電視近用

常見的是電視轉播，過往身障團體會反映總統於每年開國紀念日的談話、國慶談話等的電視轉播，應有字幕和手語翻譯的同步提供，如此才能確保每位國民皆能充分取得資訊。提供給視障的國民點字檔和音訊檔都是必要的作爲，因爲並非視覺障礙者就一定懂點字、聽障者就一定了解手語，每位國民依其狀況會有不同需求。這部分在公共電視頻道多有提供，有線頻道則還需拓展其服務層面。尤其對視障者，增加解說影片資訊，提供其完整收視資訊，這是未來可以努力的方向。

（二）電影欣賞

在電影院部分，有相關觀眾席安排上的規範，需注意其與陪伴者能否旁坐共同欣賞的需求，以及觀賞視野的無阻礙。影片內容除既有的字幕提供外，仍須視需求發展必要的溝通方式，視訊觀影支持措施應多元供選擇，如音訊節目解說、字體放大觀看、TXT 文字檔供點字設備讀取。

（三）圖書資訊

圖書閱讀的使用便利性，除發展有聲書的友善支持外，另按照世界智慧財產權組織（World Intellectual Property Organization, WIPO）於 2013 年通過保障視障者資訊接觸權益之《馬拉喀什公約》（Marrakesh Agreement），爲視覺障礙者規定了一系列著作權的例外與限制措施，條約中規定了「被授權實體」爲非營利性的中介機構給視覺障礙者獲取作品提供了國際法依據。所以視障者可以獲得讀取點字版書籍權利，這提升了視障者圖書資訊讀取上的友善支持。

（四）無障礙網頁

同樣的，供公眾使用的網站平臺也是必須達到無障礙等級至少 A 等級以上。無障礙網頁也是資訊近用權關注的部分，例如：購買車票，視障者能否透過網頁取得自己要的車票，有賴於網頁程式必須提供音訊檔，方便其點選所需。

至於網頁使用的方便性如何，皆須依法設計，符合《身心障礙者權益保障法》第 52-2 條無障礙網頁檢測的規範。權益是爭取來的，雖無法強求設計者都能夠完全了解使用者需求，身心障礙者在使用經驗上，要勇於提出使用經驗，這是必經過程。倡議要能清楚表達自己需求及困境，也需要聆聽設計者的處理來共同找出解決方法。

第四節　社會工作人員的角色與實務

CRPD 提出方向，我國《身心障礙者權益保障法》有具體規範，這些在環境型塑上給了條件。然而環境在支架上構造出來，還要有內涵補實。相處的態度、社區的敏感與體認、回到各類法規細項的規範，才是更大的工程。

既然有法爲依據，身心障礙國民可以依法要求國家政府落實執行法規，提供國民無障礙環境。社會工作人員可以做什麼？其實就在於協助法規落實，也就是幫忙更多障礙國民及其家人認識本項法規，進一步在自身生活面體會，有哪些未達到便利使用之處，學習向所處機構、所在地方機關主管、目的事業主管的單位反映生活有障礙之部分。在落實法規上，《身心障礙者權利公約施行法》提供身心障礙者、家屬可以尋求法律扶助基金會的諮詢協助，必要時，可以依法提出訴訟，對於應作爲而不作爲的單位加以規範。

經過兩次CRPD國際審查，經法規檢視找出國內法規中，持續使用殘廢、殘障、失能字眼，逐項修改爲身心障礙或合適的字眼。也是有不少社會工作背景的夥伴在這過程協助提醒點出，進行修補。法規持續要檢視之外，制度也是工程。由於資源的限制，現行包括身心障礙鑑定都還在一些框架下，尚未全面以參與碼、環境碼的指標落實鑑定。不少障礙國民身分仍還無法取得，例如：學習障礙仍須滿18歲後，才能申請鑑定。輔具補助也是無法按照需求編列預算，更不要談自立生活所需個人協助時所需的時數，現有政策能支持的遠不及身心障礙者所需。

當然資源的開拓，也應朝更多國人支持福利國家的理念，合理提高社會福利預算，這部分就涉及國人對國家義務、個人責任的憲法理念的理解。倡議這部分，就須提升對公民責任的認知，同時也須強化國家清廉體制，以取得人民對國家有更高的信任。因此回到社區，鼓勵國人多多參與公共事務，都有利於提升公民的責任感。從自身做起，社會就有改變的可能。

諸多倡議方向都在找出我們要共築的美好未來。這其中最困難的，其實也在多數身心障礙者在成長過程並沒有被鼓勵要講出困境，常常被家庭或機構馴服到只有順從。此外，身心障礙者及其家屬也必須理解只爭取更多現金給付，無助於提升身心障礙者的尊嚴、參與及自立，無障礙環境才是基礎。同時，人們也必須理解將身心障礙者弱化爲只是福利的依賴者，也不利身心障礙者追求成爲CRPD前言所揭櫫的「承認人類大家庭所有成員之固有尊嚴與價值，以及平等與不可剝奪之權利，是世界自由、正義與和平之基礎。」對家屬、機構從業人員進行溝通，認識使能，同時也給予空間成長，這中間有很多須學習與一起成長的議題。所以對服務使用者及家屬、工作人員意識覺醒的工作，是社會工作人員持續面臨的挑戰，但也只有克服這樣的內在不足，才可能向外找尋美好的春天。

參考書目

中文部分

中華民國身心障礙聯盟（2005）。回顧臺灣無障礙環境的改變（1980-2015）。身心障礙聯盟 Freemove123 部落格。http://league0630.pixnet.net/blog

中華民國殘障聯盟（1995）。無障礙環境設計手冊。

第五章
健康促進

黃錦鳳

健康指一個人在生理、心理與社會適應三方面處於健康良好的狀態。《世界人權宣言》第 25 條闡明：「人人有權享有爲維持他本人及其家屬的健康和福利所需的生活水準，包括：食物、衣著、住房、醫療和必要的社會服務。」由此可知，健康權是人人享有的基本人權之一。對於身心障礙者來說，因其身體生理條件的受限，比起一般人可以擁有健康生活的機會相對不易，而造成不平等的健康狀態。《身心障礙者權利公約》第 25 條強調「身心障礙者有權使其健康可以達到最高標準，不會因身心障礙而受到歧視。」締約各國應採取一切適當措施，確保身心障礙者能夠獲得生理條件、性別等因素的醫療保健服務，包括：與健康有關的康復服務。

目前國內醫療環境在身心障礙者就醫上仍存在許多障礙亟需改善，身心障礙者面臨健康不平等的處境，其可能因素爲：(1) 醫療環境不友善──無障礙設施 / 檢查儀器不適當。(2) 醫療人員缺乏對身心障礙者的相關知識。(3) 就醫時交通不便。(4) 醫療訊息不利閱讀與接收。(5) 經濟弱勢無法負擔自負醫療費用等，造成健康不平等的差距越來越大。即便如此，也期盼透過身心障礙領域的專業人員之協助，能運用各項健康促進的服務措施來協助身心障礙者維持良好健康狀態，預防身體機能提早退化，及擁有更多社會參與活動的健康生活品質。

第一節　身心障礙者常見的健康威脅

每一位身心障礙者因其身體健康的特殊性，會有不同面向的健康疾病，在評估身心障礙者的健康狀態時，社會工作人員須對其疾病議題多加研究，才能有效了解他們的健康問題及需求，進而爲其銜接適當的醫療資源與協助處理健康議題。

一、不同障別常見疾病介紹

國內許多研究報告發現智能障礙者常出現的健康問題，有心血管疾病、口腔疾病、肥胖、腸胃疾病、呼吸道及甲狀腺等問題，也有合併癲癇、精神疾病、感官與肢體障礙的風險（蔡豔清，2004）。另一方面，不健康的生活型態如久坐、運動量不足、偏食等，而使得他們的健康情形會比一般人來得差，也容易有慢性疾病如高血壓、高血糖、高血脂、高尿酸血症的發生。而唐氏症者除了外觀特殊、身材矮小、肥胖、肌肉張力低、第一和第二頸椎不穩定之外，常見有先天性心臟疾病、癲癇、自體免疫疾病之甲狀腺功能異常、腸胃道疾病及視力不佳、聽力受損、髖關節脫臼或骨骼發育不全、血液疾病、睡眠呼吸中止等問題，邁入老化後一樣容易罹患慢性疾病。肢體障礙者受限於肢體活動的障礙，較少運動也導致肥胖及慢性疾病的發生，常見有肢體攣縮、骨質疏鬆、退化性關節炎、高血壓、糖尿病、心臟病及中風等，而心理方面則以憂鬱症較常見。另外，必須關注的是肢障女性朋友因子宮頸抹片與乳癌篩檢率低於一般女性，因此，也錯失早期發現早期治療的成效。各障別常見疾病均有其特殊性，在與服務對象一起工作時，能掌握其可能面臨的健康問題，並關注疾病可能帶來的日常生活影響，提供專業服務時，即可更快協助服務對象解決健康的問題與需求。

二、身心障礙者老化的議題

隨著現今醫療科技進步與生活環境改善，身心障礙者平均餘命也延長了，但由於身體上的生理限制因素、缺乏復健、長期用藥、運動量不足、不正常張力等可能導致二度障礙，也令其面臨提前老化的危機。身心障礙者老化議題在相關研究中，常被提及比一般人提早老化十年，甚至平均餘命也縮短十年，尤其心智障礙者與肢體障礙者更有可能在 35 歲過後即陸續呈現老化現象。因此須及早規劃延緩老化的相關服務措施，以降低其老化的速度。

國內長期關注智能障礙者福利服務的中華民國智障者家長總會在2017年做過國內身心障礙機構服務對象的老化研究調查，發現安置於住宿型機構之障礙者，呈現中高齡化之趨勢。依據衛生福利部統計處資料，身心障礙福利機構服務使用者的年齡分布，45歲以上人口已占34.9%。而在身心障礙機構的障礙者因老化所產生的健康問題，如三高、心血管等慢性疾病、失智症及癌症等醫療照護需求均相對提升，這對於機構內的社會工作人員、教保員與護理師等相關照顧人員的醫療照顧專業知能均須再提升，機構也必須增加與相關醫療單位的合作，尋求專業醫療的協助。且爲預防身心障礙者的功能性退化，機構除了增加體適能活動設計與課程，並重視健康檢查的項目，包含骨質密度、癌症篩檢、血糖等常見疾病，或依其性別、障別增加高風險的疾病項目檢查，並且結合語言治療師或相關專業人員提供吞嚥訓練，以期延緩失能現象。由此可見，身心障礙者老化議題在社區與機構內都須提早關注與預防（林惠芳、馬海霞、黃宜苑，取自中華民國智障者家長總會官網）。

衛福部社家署也於2018年委託高雄醫學大學研發《身心障礙福利機構老化服務模式工作手冊》，該研究團隊訪視全國21家身心障礙福利機構，以及結合專家學者、各縣市第一線實務工作者的理論意見與實務工作經驗集結成冊。其主要內容闡述老化評估指標的內涵及操作說明、老化評估指標所對應之老化服務、老化專區、老化服務推動實例等，此手冊適用對象爲：年齡45歲以上者，若爲唐氏症者建議35歲以上即評估施測。希望建構機構內身心障礙者開始提早老化的年齡，以啟動延緩老化、機能活化服務。機構評估之衰弱高風險族群，也就是疑似有衰弱、老化徵狀者，但機構無法確定時，亦可使用此份評估資料施測。評估的頻率爲每年一次，且盡量於一週內完成或懷疑服務對象開始有衰弱跡象時施測。藉由每一年累積的評估數據及相關的體適能檢測資料，就可以建構機構內服務對象開始老化的年齡，以提供適合的老化活動設計，也可提供機構是否設立老化服務專區的依據。除此之外，由經營管理、日常作息安排、生理健康保健、心理健康保健及社會五個面向介紹老化服務推動實例，供各機構在提供老化服務之參考。機構的第一線實務工作者可以藉由此評估工具培養對於身心障礙者老化的敏感度，在照顧時發現服務對象在這些項目上異常，就要採取相對應的服務計畫，以求延緩老化或機能活化，維持服務對象的生活品質（衛生福利部，2018）。

由於心智障礙者的老化有別於其他障礙者，帶給家庭許多照顧上的衝擊，尤其主要照顧者也面臨老化時。心智障礙者（含智能障礙合併腦性麻痺患者）、自閉症者、精神障礙者或合併有上述類別之多重障礙者，因長期的生活自理能力受限，面對逐漸老化時，如年齡35歲以上，而主要照顧者爲60歲以上，共同居住在社區內，這樣的家庭稱之爲「雙老家庭」。雙老家庭的身心障礙者與父母隨著年齡增長，生理功能漸漸退化，容易罹患心血管疾病、肥胖、聽力下降、視力障礙、口腔疾病、精神疾病、癲癇或失智症等健康問題，行動能力也會變得緩慢，因此這些家庭將面臨醫療用藥、日常生活照顧、情緒支持與未來照顧規劃等需求。特別需要公私部門的協力合作，故各地縣市政府均設有「心智障礙者雙老家庭支持整合服務」，提供家庭支持相關服務。

第二節　身心障礙者就醫狀況與就醫問題

依據衛福部「110年身心障礙者生活狀況及需求調查報告」之統計發現，身心障礙者有定期就醫需求者高達77.8%，有定期就醫者占75.77%。需要定期復健者占18.73%，有定期復健者占10.88%。身心障礙者表示到達醫院或診所前遭遇困難占比，分別爲15.07%、7.20%。在就醫困難上與交通有關之因素，分別爲「缺乏人員陪同就醫（含沒人接送）」、「交通費用太高」及「缺乏接駁車往返」最常見。另外，身心障礙者在醫院或診所就醫過程時遭遇困難者占比，分別爲11.33%、5.82%。醫院就醫過程前三項困難項目，依序爲「就醫費用太高」（2.94%）、「相關文件說明了解困難」（2.51%）及「醫院內動線指引不清楚」（1.95%）；診所則爲「相關文件說明了解困難」（1.62%）、「缺乏與醫護人員溝通支持或輔具」（1.23%）及「就醫費用太高」（1.22%）。顯示，身心障礙者有高比率定期就醫需求；同時，又遭遇就醫的交通、費用困境（衛生福利部，2023）。

一、身心障礙者的就醫障礙

身心障礙者就醫障礙包含就醫次數高或自費項目多而造成經濟負擔、缺乏無障礙環境或設備，以及醫療人員態度與溝通問題。不同障別則面臨不同就醫障礙，如聽覺機能障礙、聲音或語言機能障礙及失智症常有無法與醫護人員溝通之困難，而心智障礙者與醫護人員溝通及認知困難上較其他障別來得高，肢體障礙者偏重於交通與移動方面，也常因醫院的無障礙環境設施不足及標準化的醫療器材不適用而產生就醫困難（林昭吟、鄭雅之、張恒豪，2020）。例如：女性輪椅肢體障礙者在婦產科就診時可能因爲無法上診療臺而作罷（陳仕凡，2011），進行乳房攝影時因無法站立而放棄檢查等。聽語障者也會因爲醫院無手語翻譯員或聽打員而產生就醫訊息溝通上的障礙。視覺障礙者則會面臨沒有視覺障礙者生活照顧輔佐服務人員（視協員）而於就醫過程中遇到困難，例如：找不到櫃檯、找不到診間、無法辨識藥袋等。

二、身心障礙就醫特別門診

（一）身心障礙者特別門診

依據《身心障礙者權益保障法》，爲提升對身心障礙者醫療服務，針對初診或複診之多重身心障礙者設立「身心障礙整合門診」以解決其多科就醫之困難。通常這些醫院提供單一窗口及專人服務，以整合病人就醫需求，藉由多專科醫護團隊，爲身心障礙者提供便利、適切之醫療服務，以提升身心障礙者就醫品質。服務內容依據各家醫院略有不同，常見項目有：身心障礙者就醫協助、就醫安排、轉介及諮詢、身心障礙者健康衛教、輔具評估諮詢服務、身心障礙鑑定諮詢服務、代領藥物、用藥指導、聽語障者手語翻譯服務、進行各項檢查及門診看診時由志工陪同、社工提供各項社會福利資源之諮詢、針對中重度視障朋友，提供藥袋字體放大功能、提供註記使用次數的點字貼紙，使視障朋友更清楚如何用藥等各項爲滿足不同障別朋友的就醫需求協助。

（二）身心障礙鑑定門診

身心障礙鑑定自 2012 年 7 月 11 日起正式改爲新制，此一制度採用 ICF 精神與架構，對於個人「身體功能」、「身體結構」、「活動及參與」、「環境因素」等四大面向進行鑑定，將身心障礙分類由舊制十六類改爲現制八大類，並且加入需求評估機制，以會談方式了解身心障礙者的生活狀況，依據身心障礙者個別化需求，提供適切之福利服務。在衛福部指定鑑定醫院均設有鑑定門診服務。而對於全癱無法自行下床、需 24 小時使用呼吸器或維生設備、長期重度昏迷，或符合醫院所在地之衛生主管機關公告的特殊困難情形，無法自行至鑑定機構辦理鑑定者，可向戶籍地衛生局申請指派醫療團隊鑑定人員到申請人居住地辦理鑑定作業。

（三）特殊兒童眼科特別門診

有些身心障礙兒童因爲先天或後天因素造成的散光、遠視、斜視、弱視等眼科疾病須及早接受治療，但常因特殊兒童看診時配合度低、檢查難度高，需要特別的協助。臺北市聯合醫院和平婦幼院區眼科即組成醫療團隊，結合眼科醫師、社工師、心理師、特教師、輔具師等專業人員，爲視力不佳的特殊兒童服務。林口長庚紀念醫院也於 2019 年獲得衛福部的補助計畫，成立國內第一個特殊兒童視覺中心，提供最完整的視覺檢查、診斷、評估、衛教、視覺復健和跨團隊合作的專業醫療服務。「林口長庚紀念醫院特殊兒童視覺中心」是由眼科醫師、驗光師、職能治療師、護理師等各專業醫護人員跨領域的合作，爲特殊兒童進行全面性的視覺檢查，設在眼科部，屬於特別門診。該中心設置門診區、檢查室和治療室，同時備有可攜式檢查儀器、特殊擺位輔具、特殊玩具和視覺訓練儀器等，除解決特殊兒童無法配合一般眼科門診進行檢查的問題，減少就醫次數外，也能早期發現視覺問題及早處置，搭配密集的視覺復健，以改善特殊兒童的視覺問題。

（四）發展遲緩兒童聯合評估特別門診

出生至 6 歲的發展遲緩兒童之診斷需由專業醫療團隊聯合會診，包括：兒童復健科、小兒神經科、兒童精神科、耳鼻喉科、遺傳代謝科、牙科等科別醫師，以及物理治療師、職能治療師、語言治療師、臨床心理師、社工師或其他早療相關專業人員。各縣市均設有「兒童發展聯合評估中心」，透過完整的評估鑑定以確認孩子在動作協調、語言溝通、認知學習、社會情緒、生活自理等領域的遲緩或障礙情形，協助家長在醫療、教育及社會三面向能獲得早期療育資源，達到早期發現、早期診斷及早期療育的目標，以避免日後身心障礙的發生或可以減輕障礙程度。

（五）特殊需求者口腔保健治療門診

在設有特殊需求口腔保健門診的大型醫院服務中，以臺南奇美醫學中心爲例：凡是領有身心障礙證明者，包含新制鑑定第一類障礙〔含智能障礙、植物人、失智症、自閉症、中度以上精神障礙、頑固性（難治型）癲癇症〕、第二類障礙（重度以上視覺障礙）、第七類障礙（限腦性麻痺及重度以上肢體障礙）、多重障礙、因罕見疾病而致身心障礙、染色體異常及發展遲緩兒童等身心障礙者，均可在特殊需求者牙科就診。適當的使用束縛板的方式，在包被的保護下接受治療。如果因身體情況無法配合一般門診治療，依情況可能會安排至手術室在全身麻醉下進行治療，爲預防哽嗆意外，於就診前最好空腹 1-2 個小時。此外，就診時可多準備一套衣物提供更換。假如身心障礙者能與牙醫師合作且自身障礙情況不複雜時，所進行的牙科診療與一般牙科並無太大區別，便可於一般門診獲得完善的診療。

（六）到宅牙醫服務

全國各縣市均設有到宅牙醫服務，以臺南市衛生局所公告的服務對象如：肢體障礙（限腦性麻痺及重度以上肢體障礙）、植物人、智能障礙、自閉症、中度以上精神障礙、失智症、多重障礙（或同時具備兩種及兩種以上障礙類別者）、頑固性（難治型）癲癇、因罕見疾病而致身心功能障礙者、重度以上視覺障礙者、重度以上重要器官失去功能者、染色體異常或其他經主管機關認定之障礙（須爲新制評鑑爲第一、四、五、六、七類者）、失能老人（非屬上述身心障礙者），服務對象只能維持有限之自我照顧能力，即清醒時，50% 以上活動限制在床上或椅子上。而到宅牙醫服務內容基於安全考量，以提供牙周病緊急處理、牙周敷料、牙結石清除、牙周病控制基本處置、塗氟、非特定局部治療、特定局部治療、簡單性拔牙、單面蛀牙填補等服務，其他治療應轉介到後送之醫療院所進行（取自臺南市衛生局官網）。每一個案以兩個月執行一次爲原則。以美善基金會所連結過到宅牙醫至中高齡智障者家庭，爲 50 多歲重度腦性麻痺障礙者提供洗牙與塗氟服務之經驗，對於外出就醫困難與不曾坐上牙科診療臺的身心障礙者而言，能在熟悉的家中就地接受牙醫的服務，確實爲口腔保健與後續的治療跨出一大步，減輕其就診的恐懼與不安感，在日後銜接至醫院進行更進階的牙科治療時可更加順利就診。

（七）唐氏症整合門診服務

唐氏症是一種常見的染色體異常症，主要原因爲第 21 對染色體多了 1 條，原本是成對的染色體，多出現了第 3 條。唐氏症是已知染色體異常疾病中造成智能障礙發生率最高的疾病。國內的中華民國唐氏症基金會在服務眾多唐氏症者家庭的實務經驗中，深知家長須跨科別就診的需求，爲減輕唐氏症孩子及家長在各個不同門診間奔波，分別於 2013 年與臺北市臺大醫院及 2015 年與臺中市中國醫藥大學附設醫院合作建制整合門診服務，每月一次，家長可陪同孩子在同一時段接受各種不同科別的服務，現場並有該基金會社會工作人員與志工提供關懷支持、親職教養建議及社福資源資訊。整合門診服務包含基因醫學、心臟、復健、皮膚、耳鼻喉、牙科、骨科、眼科、精神、神經等科別門診，提供唐氏症者專業醫療資源，並且蒐集唐氏症者就診資料，建立相關醫學資料庫，進行資料統計及協助醫學議題研發，共同守護唐氏症者之健康。也期盼這樣的整合門診服務能再拓展至其他縣市醫院，優化唐氏症者家庭的就醫品質（取自中華民國唐氏症基金會、臺大醫院官網）。

三、醫療及社福專業人員如何協助身心障礙者就醫的探討

醫護人員若缺乏關於身心障礙的相關知識、對身心障礙者抱持負面態度，且缺乏溝通能力與身心障礙者進行有效溝通，只依照標準化醫療服務流程來提供服務，將會帶給身心障礙者負面的就醫經驗，這或許會導致其害怕尋求必要的醫療照護因而延誤治療。一般人生病都免不了會害怕就醫，擔心醫療疏失、未知的侵入性檢查、發生感染問題等，但身心障礙者還要擔心無法獲得適當醫療照護、無法利用輔具行動、與醫療人員溝通不良，使得就醫障礙有著難以跨越的鴻溝。實務經驗上，醫療體系的醫師訓練也有相關的教育訓練課程在推動，稱爲「畢業後一般醫學訓練」，簡稱 PGY 訓練，此課程爲期兩年，其中一個月會安排初踏入醫院工作的住院醫師有機會親身到社福機構團體，去了解兒少、身障、婦女、老人、長照等人口群的特殊需求與相關福利服務，透過有系統的社區醫療課程安排，可以讓醫師們實際接觸身心障礙者，而有更多的認識，未來在爲身心障礙者執行診療時，可以有良好的醫病關係與醫療溝通，讓醫師們以全人醫療爲核心價值，提升醫界的健康照護品質。

社福專業人員在服務各障別的身心障礙者時，應掌握其生理與心理上的醫療需求評估，加上與服務對象專業關係的建立，熟悉其日常生活與行爲表現，才能在陪同就醫時運用醫療環境上的資源，令服務對象順利連結醫療資源。例如：(1) 社區日間作業設施／日間照顧中心社會工作人員在陪同智能障礙者與家長就診精神科時，可將服務對象平常的作業表現、情緒反應、參與活動的過程、特殊事件、同儕互動、用藥情形、親子關係等觀察記錄提供給醫師作爲調整用藥時的依據，適時補充說明服務對象平時的語言使用習慣或語意的理解，協助進行有效的醫病溝通，才能協助醫師精準診斷病情，正確用藥。(2) 協助女性肢障者進行子宮頸抹片檢查時，須考量醫院的檢查儀器設備是否能配合輪椅使用者的檢查需求；協助智能障礙者進行體檢時，事前檢查流程的演練，以增進服務對象的認知，如：照 X 光片與量血壓前需要注意的事情、視力檢查表的練習、抽血針頭的恐懼可以怎麼應對、情境的說明等。給予檢查前的個別化支持，有助於智

能障礙者與自閉症者順利完成健康檢查。

第三節　身心障礙者健康促進方案

近年來各縣市政府廣設國民運動中心以提升國人的健康體適能爲目標，鼓勵大眾培養良好的運動習慣，維持良好健康狀態及預防老化。而對於身心障礙者而言，擁有良好的健康體適能令其能對抗疾病、控制體重、提升工作體耐力、增加社交活動、獲得正向心理情緒發展等。身心障礙者如能養成規律運動，享受運動過程與發展良好的體適能，對於整體健康或全人健康促進更有助益。如何維持良好的心肺功能、肌肉適能、柔軟度與身體組成等，以適應日常生活或預防疾病亦是很重要的課題。《身心障礙者權益保障法》中第 5 章，對於身心障礙者需協助其在文化與休閒、體育活動等的社會參與。結合《身心障礙者權利公約》（CRPD）的精神在友善運動空間與器材的選用，能夠使各障別朋友在運動過程皆不受限制，並且期許能透過體適能中心的健康促進活動，令身心障礙者培養規律運動習慣，以提升良好體適能狀態。

目前國內已有專屬身心障礙者的健身中心或體適能中心，在臺北有陽光社會福利基金會所成立的「SUNVIS 陽光活力中心」——八德館，這是全國第一處專屬身心障礙者的健身房，也是陽光基金會所成立的社會企業之一。其場館配置有運動無障礙的軟硬體設計，和專屬身心障礙者運動後營養輕食、專業治療師及運動教練，以改善身心障礙者體適能不佳、提前退化的健康狀態爲目標。雖然陽光活力中心在成立之初針對的對象是身心障礙者和高齡者，但他們也希望社區的民眾也能一同來館內健身，共享運動器材，期望能增進與社區的連結，讓身心障礙者和一般民眾可以一起運動，建構友善的健身運動環境。另一單位是喜憨兒社會福利基金會，該基金會在全臺成立有三處健康中心，提供心智障礙者培養良好健身習慣與休閒興趣，提升其身體健康狀態的專業服務模式。藉由健康中心的服務，降低心智障礙者容易出現提早老化與退化的現象，建立良好活動習慣，以提升各項活動能力，降低出現運動功能障礙、代謝功能障礙等問題。結合職能與物理治療師為心智障礙者進行健康管理，藉由適切的復健服務與體適能活動設計，同時配合醫療服務系統，規劃體適能與口腔保健計畫，並定期健康檢查與異常追蹤處理，令接受喜憨兒基金會服務的心智障礙者在健康促進上獲得支持。

在政府部門針對身心障礙者的健康促進服務方案中，最早的單位是臺南市政府社會局所成立的「臺南市政府身心障礙者體適能中心」，以下便以此中心之服務為例，說明身心障礙者的健康促進服務方案。

一、維持健康體適能的服務方案——以臺南市政府身心障礙者體適能中心為例

當一位視障朋友在志工陪伴下，熟練的在跑步機上汗水淋漓跑步、肢障朋友正由運動指導員協助使用上肢重量訓練器材、社區日間作業設施的心智障礙青年由教保員陪同在伸展區的瑜伽墊上做著暖身操、在休息區還有剛運動完、擦著汗、喝著水的精障朋友正準備離開去上班……這是臺南市的身心障礙者體適能中心溫暖又和諧的場景。

位於臺南市的美善社會福利基金會在2013年11月，接受臺南市政府社會局之委託辦理「臺南市政府身心障礙者體適能中心」，這是全臺首創的服務，是一處專屬身心障礙者使用的運動場館空間。服務對象雖以領有第一類身心障礙證明者優先，但實務上第二類視障者、第七類肢障者及多重障礙者都是服務對象中人數比率較高的。多元障別的服務對象透過專業團隊來提供服務，由職能或物理治療師依據不同障別特性需求給予體適能評估、建立個別化體適能計畫到陪同進行體適能課程，進而培養身心障礙者規律的運動習慣，強化其身心健康與延緩老化。服務內容有體適能評估與諮詢、營養諮詢、個別體適能課程與功能性團體課程等。服務對象來到館內，會以標準化的流程，協助完成報名資料，再由專業人員進行個別體適能評估，依據評估結果規劃後續個別化運動課程，也鼓勵服務對象能

在開館時間前來自主運動或是參與團體課程。另一方面，陪伴前來的家屬也能一起使用場館設施，一起動一動，透過陪伴者間互相支持、鼓勵、資訊與經驗的交流分享，也促進家庭間的互動，建立良好的家庭支持網絡。

體適能中心十年的實務經驗累積產生六大成效：(1) 個別課程學習運動概念與技能，提升良好體適能狀態。(2) 團體課程提升人際互動及增進社交互動機會。(3) 陪伴者間相互交流形成資源連結網絡。(4) 協助相關身心障礙機構團體之體適能業務推展。(5) 推展友善運動環境。(6) 成爲全臺籌劃身心障礙者體適能中心的他山之石。

（一）個別課程學習運動概念與技能，提升良好體適能狀態

爲了提供身心障礙者一個友善、安全的運動機會，配置跨領域專業人員，提供身心障礙者體適能運動相關活動，由治療師規劃適合不同障別、適合年齡、適合項目的個別化運動計畫，由於身心障礙者的體能狀況不一，不論在運動強度、時間、頻率都需考量其不同障別、能力與狀況而設計運動計畫。再由運動指導員陪同服務對象進行運動，例如：運動前暖身活動、運動器材使用、居家體適能指導等，讓服務對象學習如何安全地執行體適能活動，而在四次的課程後會進行體適能複評，並於期末執行效益評估，經由統計結果發現在體重控制、心肺耐力、肌力與平衡四個項目均有顯著差異，可見運動成效帶給身障者個人體適能有更佳的狀態。

（二）團體課程提升人際互動及增進社交互動機會

體適能中心的團體課程分成體適能瑜伽課程、有氧運動課程及功能性團體活動課程三類，課程如禪柔、墊上核心階梯有氧、鼓棒有氧、跆拳品勢、氣排球、輪椅尊巴（Zumba）有氧舞蹈、視障尊巴（Zumba）有氧舞蹈專班、肢障瑜伽專班等，除符合第一類障礙朋友，也針對第二類視障與第七類之肢障朋友開設特殊團體專班，以更貼近其需求來設計團體運動課程。每次課程以三個月爲一期，團體參加人數爲 15-20 人，由專業治療師或瑜伽及有氧老師帶領，每次的團體班開設均獲得各障別朋友的熱烈支持，場場滿額，一群人一起運動的歡樂，促進身心障礙者同儕之間的相互交流，透過團體體適能活動亦獲得社交互動機會。體適能中心也自然成爲

以運動會友的交誼空間，猶如身心障礙者的第二個家。

（三）陪伴者間相互交流形成資源連結網絡

心智障礙者由於外出能力或情緒控制不佳的限制，需由家長或陪伴者一起參與運動，因此透過陪伴者學習課程，令其認識體適能的重要性與陪同使用器材的技巧，在不同家庭的陪伴者互相經驗交流下，體適能中心不僅提供家庭成員共同運動的空間，也為每個家庭自然地串起資源連結網絡，促成正向支持系統彼此互相支持。

（四）協助相關身心障礙機構團體之體適能業務推展

由團隊治療師或專業人員進入單位協助建置適合體適能活動空間，並提供一套完整的體適能計畫方案，針對單位內教保員、社會工作人員或內部工作人員進行種子培訓，使單位工作人員能運用原場地及器材來規劃並安排體適能課程，推展身心障礙者之體適能活動。

（五）推展友善運動環境

藉由身心障礙者體適能中心的設立與持續宣導身障朋友的體適能需求，逐步影響臺南市國民運動中心及一般健身房能重視身心障礙者的運動權利，提供特殊運動專案接納身心障礙者到場館使用或在運動場館的無障礙設施設計上，更朝向各類人口群的通用設計，讓身心障礙者和一般人一樣，可以在友善的運動空間裡自然融合，不受排斥，自在運動。

（六）成為全臺籌劃身心障礙者體適能中心的示範

此中心為目前全臺唯一公辦民營的身心障礙者體適能中心，故經常有各縣市政府或民間社福團體組織前來參訪交流，期盼回到自身縣市或單位內可以仿效設立，參訪主題有關於服務內容規劃、服務方式、器材設備及場地運用等面向，提供其他縣市進行觀摩學習。

二、社會工作人員在體適能服務上的角色

（一）運動動機激勵者

由於身心障礙者對於健康知識與自我健康情形的掌握度相較一般人不足，因此如何激勵與維持其運動動機以提升良好體適能狀態，須要社會工作人員的支持。透過擬定好的個別化運動計畫，依據治療師所建議的運動項目、強度、頻率等協助其維持良好運動習慣，不斷給予鼓勵與增強策略以強化運動的優點，讓身心障礙者得以產生運動動機持續運動。

（二）健康促進陪同者

在服務身障者時，社會工作人員在評估有陪同支持的需求時，也須採用陪同示範的方式以協助其完成健康促進的活動，這也是個案工作方法中經常使用的策略，在適當的時機與服務對象一起從事活動，可以拉近彼此的距離，培養互信基礎，也有助於建立專業服務關係。

（三）團體動力催化者

體適能服務中會有不同的運動團體，社會工作人員可運用團體工作之工作方法，協助凝聚團體動力，處理團體衝突，以協助服務對象產生團體認同感，持續參與團體，達成團體運動的效益，提升健康福祉。

（四）社會資源連結者

在身心障礙者使用體適能中心的服務時，依據個別需求會需要連結交通支持服務、陪同運動志工、營養諮詢服務、社區各類運動活動（例如：公益路跑、樂樂棒球、保齡球……）之連結等，社會工作人員需有掌握及妥善運用資源的能力。

第四節　健康促進的社會工作服務

在身心障礙的服務工作中，社會工作人員首先應看到的是「人」而非「障礙」，這是最核心的價值理念，秉持這樣的服務哲學，才能眞正協助其達成有尊嚴的自立生活。無論是因應個別化需求的個案工作，或是整合團體需求所設計的團體工作模式，抑或是進入社區與一般民眾、相關團體共同倡議及宣導的社區工作，都是社會工作服務的方法，也是社會工作人員的專業技能。實務工作上，無畏工作壓力壓迫，願意適當、適切運用，就能發揮專業素養，也是社會工作教育學以致用的體現。

一、在身心障礙者的健康促進議題上，社會工作人員應有作為的三大層面

（一）個案工作

在健康促進的議題上因其涉及個人隱私權，當健康出問題時更是令人感到挫折與無助感，社會工作人員與身心障礙者進行健康評估時，建立信賴的專業關係與同理心爲首要，用心與長時間的陪伴及觀察服務對象的日常生活與行爲表現，才能確實了解健康的問題與需求，進而擬定服務計畫，依序執行，以協助順利取得健康促進相關資源，提升其健康福祉。例如：日間照顧機構／社區日間作業設施的社會工作人員依據服務對象健檢報告所發現的三高異常值，都需敏感到此爲健康的警訊，應主動積極的介入，爲其連結外部資源，例如：營養師提供個別化日常飲食建議，也進行團體營養健康衛教，結合個別化服務計畫的執行，以達成健康福祉之目標。另一方面，與主要照顧者的溝通協調也相當重要，擬定共同合作的健康促進計畫，以期早日介入。當服務對象健康有異狀時，不僅會增加照顧者的照顧負荷，也會爲家庭成員帶來壓力，因此，也須關注照顧者的支持需求，適時給予相關資源。

（二）團體工作

當服務對象的健康議題與其他人相同可以採用團體工作模式進行時，社會工作人員必然需策劃各式團體活動，以令服務對象在團體中獲得同儕人際互動、健康知識、體適能提升等之功效。團體形式有各式病友團體、體重控制團體、團體瑜伽、團體有氧、核心訓練團體等。在團體成員招募時應先評估共同需求的一致性，聚焦團體目標、凝聚團體動力、協調團體衝突等。透過團體工作的成功執行，社會工作人員能有效與一群服務對象建立互動網絡，形成群體，又能爲服務對象或家庭建立彼此相互支持的系統，是很好的工作策略，在健康促進的服務上，團體活動具有顯著的執行成效。

（三）社區工作

身心障礙者生活於社區內，屬於社區的一分子，但因特殊的需求導致一般社會大眾可能因錯誤的認知而對身心障礙者產生負面看法，認爲他們是社會依賴者，必須耗費大量社會成本來提供照顧服務，尤其在健康議題上，會有醫療資源過度使用的迷思。因此，需要透過不同型態的社區宣導，才能讓一般人更認識身心障礙者在健康權上的不平等，宣導議題有關於無障礙就醫環境的概念推廣、身心障礙者體適能重要性的推展、多元障別就醫資訊的易讀、身心障礙者預防保健的宣導等，促使身心障礙者的健康議題讓醫療人員與社會大眾更加了解，也令政策制定上更趨完善，共同推展及創造對待身心障礙者更友善的社區環境，這也是社區工作的願景。

二、跨專業合作的重要性與工作技巧

在身心障礙領域的社會工作人員經常需要與不同專業人員合作，尤其健康面向。舉凡醫師、護理師、職能治療師、物理治療師、語言治療師、醫檢師、營養師、心理師、教保員等，社會工作人員都是很重要的溝通協調者，須將各方意見整合彙整給服務對象及其家屬，具備良好的整合協調能力，才能爲服務對象擬定具體可行的處遇策略。在各個專業本位主義間磨合與協商，是具有挑戰性的，也考驗社會工作人員跨領域協調能力，特別是擅長與身心障礙者的會談溝通技巧，與各專業人員間建立良好的互動關係更是有助於資源的取得。一位處處散發服務熱忱與專業的社會工作人員，就足以令人感受助人工作的良善，自然也形成正向專業團隊合作的工作氛圍。

三、社會工作人員理念與實務的省思

有一個耳熟能詳的古老故事──「三個磚匠」，在故事裡有人問 3 位正在砌磚的工匠，爲什麼要砌磚，得到三個截然不同的答案。第一位磚匠說：「我在砌磚啊！」第二位磚匠說：「我在砌一堵牆賺錢。」第三位磚匠說：「我正在蓋一座能撫慰人們心靈的教堂。」（陳亦苓譯，2019）第一位磚匠正在完成單純的作業，亦即被交辦的業務，工作只不過是重複的生活方式。第二位磚匠在謀生、幹活，完成每天被交辦或自己設定的任務（task）。第三位磚匠在實現夢想，達成抱負，將自己的工作成果（品）留給世人，砌磚不只是一個工作、任務、職業、職務，而是一種畢生的志業。從事社會服務工作的工作者如何看待自己的專業工作並賦予意義是很重要的堅持，擁有和第三位磚匠相同的承諾與工作視野，就能充分看見身心障礙者健康促進議題的重要性，進而努力不懈地給予支持，讓服務對象眞正獲得有尊嚴的生活品質，安心過生活。

參考書目

中文部分

林昭吟、鄭雅之、張恒豪（2020）。當「不標準的病人」遇到醫療專業體制：身心障礙者就醫經驗的質化分析。臺大社工學刊，38，99-146。

林惠芳、馬海霞、黃宜苑。如何幫助他們，好好的老去？──臺灣身心障礙福利機構之服務使用者老化照顧議題探討，取自 https://www.papmh.org.tw/node/891

陳仕凡（2011）。肢體障礙者子宮頸抹片篩檢：個案認知、利用情形及相關因素研究。國防醫學院研究所碩士論文。

陳亦苓譯（村山昇原著）（2019）。工作哲學圖鑑：以360度的全面性觀點來思考！我們為什麼工作？該如何工作？悅知文化。

蔡豔清（2004）。台北市某教養院智能障礙者健康特質、醫療利用與影響因素之縱貫性研究。國防大學國防醫學院公共衛生研究所碩士論文。

衛生福利部（2023）。110年身心障礙者生活狀況與需求調查報告。衛福部：臺北。

衛生福利部（2018）。身心障礙福利機構老化服務模式工作手冊。衛生福利部社會家庭署委託高雄學大學研究，臺北市。

財團法人中華民國唐氏症基金會認識唐寶寶。取自 http://www.rocdown-syndrome.org.tw/aboutbaby.php

臺大醫院唐氏症整合門診。取自 https://epaper.ntuh.gov.tw/health/201401/special_3_1.html

臺南市衛生局到宅牙醫醫療服務申請。取自 https://health.tainan.gov.tw/page.asp?mainid=%7B22C59163%2D208E%2D4DA5%2D9E83%2D2D1391009838%7D

第六章
經濟安全

林惠芳、黃宜苑

身心障礙者面臨的財務及經濟問題牽涉的範圍很廣，不單只是收入與支出，也不只是多與少的問題。在國內有少數探討身心障礙者與貧窮的研究、有部分討論身心障礙者工作所得的問題，但是卻少有系統性全面的檢討與分析身心障礙者所面臨的經濟議題。而我們也只能從政府定期進行的身心障礙者生活狀況與需求調查，得以窺見身心障礙者自陳的經濟處境狀況，以供討論及分析形成這些現象的原因。

第一節　身心障礙者的經濟處境

從 2021 年衛生福利部進行全國身心障礙者生活狀況調查報告顯示，身心障礙者的經濟處境面臨著以下的狀況（衛生福利部，2023）：

（一）身心障礙者個人最主要收入來源，有 71.13% 來自「本人收入或家人提供」，其中 18.39% 來自個人工作收入、27.97% 來自「政府補助或社會保險給付」。若與 2016 年調查比較，「本人收入或家人提供」增加 4.24%。

（二）以年齡別觀察，未滿 18 歲身心障礙者收入主要來自「家人提供」占 80.88%；30 至未滿 45 歲，主要來自本人「工作收入」；65 歲之後，有 43.2% 來自「家人提供」、21.57% 來自「政府補助或津貼」、12.43% 來自個人「退休金（俸）」以及「軍公教勞農國保」等社會保險給付。以工作狀況觀察，有工作者主要收入來源，84.24% 來自本人「工作收入」；無工作者，主要收入有 26.31% 來自「政府補助或津貼」。

（三）身心障礙者的工作狀況，15 歲以上身心障礙者目前有工作的占 20.79%，較 2016 年增加 2.26%。以性別觀察，男性有工作的占 25.05%，較女性 15.59% 高 9.46%。25 至未滿 35 歲是工作高峰，女性 48.49%、男性 47.24% 有工作。其次是 35 至未滿 45 歲，男性 48.12%、女性 36.48% 有工作。45 至未滿 55 歲，男性仍然有 44.77% 有工作、女性有工作的則掉到 33.74%。55 至未滿 65 歲，不分男女普遍出現提早退休，男性剩 30.31%、女性 19.28% 繼續在工作。

（四）身心障礙者主要收入來自工作收入的比率，18 至未滿 30 歲占 32.38%、30 至未滿 45 歲占 38.86%、45 至未滿 65 歲占 29.28%。顯示，身心障礙者有工作的比率不高，工作收入也低，導致收入來源依賴工作收入的比率偏低。

（五）身心障礙者家庭之主要經濟收入者，以「本人」占 28.62% 最多，其次爲「兒子（含媳婦）」占28.34%，與2016年調查比較，「本人」增加 3.05%。

（六）支出方面，身心障礙者個人一個月的支出，以「19,999 元以下」最多，占 67.18%，平均每月支出爲 18,035 元，較 2016 年調查高出 2,705 元。以居住地點觀察，住教養、養護機構平均每月支出爲 30,604 元，是住家的 1.8 倍。

（七）身心障礙者過去一年有支出「醫藥費」的占 80.45%，有支出「交通費」的占 74.66%，有支出「休閒娛樂費」的占 38.23%，有支出「照顧服務費」者占 25.77%。與 2016 年比較，有支出醫藥費、交通費、休閒娛樂費的比率均增加，約增加 5.76-7.21%。平均每月支出金額則皆減少，其中以「休閒娛樂費」金額減少 1,372 元爲最多。有支出「照顧服務費」者，每月支出平均爲 4,689 元，其中住在教養、養護機構者平均每月支出「照顧服務費」24,063 元。住機構的支出對身心障礙家庭的經濟負擔較沉重。

根據我國《身心障礙者權益保障法》經濟安全專章規定，主要是以生活補助、住宿照顧及日間生活照顧補助、照顧者津貼、社會保險費用補貼及年金保險作爲保障身心障礙者經濟安全的手段。而所有的生活補助都依循社會救助模式，須經資產調查。資產調查都與家庭總收入息息相關，且每月各項補助的總額不得超過基本工資，顯示我國在看待身心障礙者的經濟問題的解決時，仍依《民法》第 1114 條規定親屬互負扶養義務，認爲身心障礙者的家庭應負有經濟連帶責任，同時也期待身心障礙者應以進入勞動力市場爲經濟主要來源。政府擔心過多的現金給付會造成身心障礙者不願意投入勞動力的負面影響。對於無法進入勞動力市場的身心障礙者來說，基本生活的維持就變成是更艱難的事。

聯合國經濟與社會委員會指出身心障礙者比非身心障礙者更容易陷入貧窮，歸因於社會歧視、接近教育與就業的障礙，以及未被各種生計與其他社會方案所包容。以亞洲與太平洋國家的統計為例，2018 年，美國非身心障礙者貧窮率 11%、身心障礙者卻高達 29%，印尼則分別是 15%、19%，南韓分別是 13%、35%，蒙古分別是 21%、27%，各國平均分別是 13%、24%（Economic and Social Commission for Asia and the Pacific, 2018）。因此，聯合國 2030 永續發展議程（The 2030 Agenda for Sustainable Development, SDGs）的十七項目標納入身心障礙者，提供強有力的架構以引導地方社區、國家及國際社會，達成包容身心障礙者的發展。2030 永續發展議程目標是不遺漏任何一個人，包括：身心障礙者及其他弱勢群體，咸認身心障礙者議題是一個貫穿各目標執行的議題。

聯合國針對終止身心障礙者貧窮與飢餓的行動，包括：(1) 設計社會保障政策與方案應包容身心障礙者。(2) 移除身心障礙者近用全民共享的社會保障的各項給付之障礙。(3) 工作人員必須有關於身心障礙者近用社會保障可能的阻礙及協助其克服障礙的敏感性。(4) 促進身心障礙者近用銀行及其他金融服務，包括：行動銀行服務。(5) 進行身心障礙者的貧窮與飢餓的分別統計。(6) 建立國家監督與評鑑體系，定期評估各種社會保障方案對於身心障礙者的包容與影響。

國內的研究也指出，身心障礙者貧窮問題嚴重。身心障礙者落入低收入戶的比率在增加，年齡高且伴隨障礙的低收入戶及中低收入戶持續增加，而家戶有身心障礙人口要跳脫貧窮是有顯著性的困難（王玉如，2018；李政道、盧禹璁、吳景峰，2009）。身心障礙者可能因為障礙事實而面臨生活危機，再加上脫貧的困難，使得下一代貧窮的風險也高於其他人。社會環境的限制，加上社會排除的影響，使障礙者落入貧窮的機率提高。邱連枝（2019）指出，女性身心障礙者在雙重歧視之下，所得收入相較非障礙女性低，也比身心障礙男性低（周月清、潘淑滿，2017）。根據勞動部 2014 年身心障礙者勞動狀況調查指出，身心障礙者平均薪資低於非障礙者，而身心障礙女性又低於男性，顯見受僱身心障礙女性收入偏低。此外，工作貧窮的現象也出現在身心障礙者的身上，有工作的身心障礙者收入較非障礙者低，但為了工作的維持可能需要投入更多的輔具或是交通成本的支出，因收入少、支出高的狀況，即使有工作收入，仍有可能落入工作貧窮的處境當中。從家庭面來看，家庭成員可能也會因為照顧身心障礙者的需要而無法進入勞動力市場，使得家庭收入減少，身心障礙者家庭落入貧窮的惡性循環當中。姚奮志、賴宏昇（2020）分析新竹市生活狀況資料也指出，經濟安全與就業安全密不可分，且會因障礙類別、生命歷程及家庭支持的不同，影響身心障礙者個人的發展。低度發展、低自尊，就業機會限制，收入有限，就不斷落入貧窮的世代循環當中。

《身心障礙者權益保障法》立法要旨中闡明其立法的目的是要維護身心障礙者之權益，保障身心障礙者平等參與社會、政治、經濟、文化等之機會，促進身心障礙者的自立及發展。但在現實的狀況下，即使透過社會救助、社會保險等經濟重分配機制，距離保障身心障礙者最低健康文化生活品質的目標，似乎仍有一段距離。

第二節　從救助出發的現金給付現況與問題

經濟安全是指能獲得穩定的收入，確保目前及可預見的未來能維持一定的生活標準。我國透過《身心障礙者權益保障法》確保家庭所得在一定標準以下的身心障礙者可以得到社會救助、社會保險及福利服務的支持，以維持一定生活品質。目前我國身心障礙者經濟安全保障措施有狹義的社會福利給付（現金給付及實物給付），如生活補助費、日間照顧及住宿式照顧費用補助、醫療費用補助、居家照顧費用補助、輔具費用補助、房屋租金及購屋貸款利息補貼、購買停車位貸款利息補貼或承租停車位補助、社會保險保費補助等；財稅福利（免稅額、所得稅身心障礙特別扣除額、牌照稅減免、社會救助給付項目免稅等）。本節將就目前社會工作人員在工作現場支持身心障礙者時，會遇到的問題與議題，來進行討論及說明。

一、現行身心障礙者及家庭能運用的經濟支持協助與存在的問題

現行身心障礙者及其家庭可利用的經濟支持協助，來自社會救助、社會保險及福利服務不同的設計。社會救助及社會保險是基本生活支持的主要來源，福利服務支持是免於生活因照顧需要而陷入更嚴峻的處境。三種支持的設計各有不同。

社會救助主要的項目有生活補助及身心障礙者生活補助費，生活補助源於《社會救助法》的規範，支持家庭總收入在平均每人每月在最低生活費以下且不動產公告現值在縣市規定標準以下者，每月能得到現金發放的生活補助；身心障礙者生活補助費源於《身心障礙者權益保障法》，照顧家庭總收入未達當年度每人每月最低生活費 2.5 倍，且未超過臺灣地區平均每人每月消費支出 1.5 倍，且不動產公告現值在縣市規定標準以下的身心障礙者，每月能得到現金給付的生活補助。從身心障礙者生活狀況調查，身心障礙者的日常生活支出特別是在醫療照護、交通、基本生活飲食、照顧服務、輔助器具的運用支出是較多的項目，現行在身心障礙者生活補助的發給雖然已較社會救助多了家庭收入未達一定標準的 2.5 倍對象，但是否就足夠支持重度及極重度障礙者的基本日常生活所需，是較常會被提出的議題。

社會保險有因職業勞動相關規範的保險，如軍、公、教、勞等職業保險及失業保險；有因健康保障而來的全民健康保險；及保障一般無職業保險可參與的國民年金保險。身心障礙者與所有國民一樣，會依法強制納入社會保險的保障範圍。社會保險的設計，被保險人有繳交保費的義務，沒有先完成繳交保費的義務就無法申領相關的給付。身心障礙者因為就業率較一般國民低，且失業率較一般國民為高，因此主要利用的社會保險以國民年金保險為主，主要項目有身心障礙者保證年金、身心障礙年金給付及老年年金給付、遺屬年金、生育給付、喪葬給付。國民年金給付與社會救助最大的不同就是社會保險有繳交保費義務及領取給付的條件中，主要不是看家庭總收入而是個人年度總所得的定額[1]。身心障礙者只要年滿 25 歲

[1] 《國民年金法》第 31 條。

且無職業保險身分者，就要加入國民年金保險。加保期間鑑定爲重度以上身心障礙，且評估無工作能力則可申請身心障礙年金給付。而投保前已具身心障礙事實領有身心障礙證明，且重度以上並經評估認定無法工作，就可以申請身心障礙基本保證年金。原來領取身心障礙基本保證年金或是身心障礙年金者，在年滿 65 歲後可以改領老年給付。許多障礙者非重度及極重度障礙者，但職業重建服務中的職業輔導評量服務雖認定其在目前現行的就業環境下，障礙者是困難就業的族群，但這樣的評估報告仍然很難能被認定是無法工作的證明文件，以致許多無法工作者未能申請得到身心障礙保證年金的給付。

福利服務提供經濟支持的項目較多，但主要目的是在減輕家庭照顧負擔，所以多半依家庭經濟狀況爲考量的標準，也需要有服務使用的事實。福利服務的法源依據是《身心障礙者權益保障法》第 6 章經濟安全，提供的項目包括：社會保險保費補助、日間照顧及住宿式照顧費用補助、醫療費用補助、居家照顧費用補助、輔具費用補助、房屋租金及購屋貸款利息補貼、購買停車位貸款利息補貼或承租停車位補助等，要有使用服務的事實發生才會有相對應的補助支持。部分項目例如：輔具費用補助、日間照顧及住宿式照顧費用補助、居家照顧費用補助等需要經過縣市政府需求評估，依評估結果申請項目使用後申請補助，同時也會依家庭經濟狀況訂定補助的標準 [2]。其中日間照顧及住宿式照顧費用補助，有特別針對身心障礙者年滿 30 歲以上，其父母之一方年齡在 65 歲以上者，及一家有多位身心障礙者利用身心障礙照顧設施的家庭，提供更寬的減免，以降低高齡家庭照顧者的經濟負擔，但因受到照顧服務量能的限制，仍然有許多的家庭面臨有照顧需要卻沒有機會接受服務的窘境。

---

[2] 《身心障礙者權益保障法》第 70-73 條。

二、貧窮線計算下存在的多樣問題

依《社會救助法》規定，低收入、中低收入戶資格審查要件之一是家庭總收入與家庭人口的計算，這也是長期以來現金給付經常被討論的議題，也是造成近來每年扶養義務訴訟案件不斷增加的問題，因此，要探討現金給付的問題就要先來了解我國是如何計算貧窮線的。我國貧窮線的計算是以家戶總所得與家戶人口平均，未達最低生活費標準，同時家戶所有不動產公告現值低於政府訂定標準，才能取得低收入戶的標準。其中，最低生活費因應不同地區生活水準每年會進行檢視調整，各地的不動產公告現值標準也不同，每年會進行調整公告，也因此每年必須進行審核，以便取得國家的現金補助。目前通過審核符合低收入可取得生活補助費及各項保費及學雜費減免；中低收入戶之家庭可取得學雜費減免、社會保險減免，以及身心障礙者生活補助費的支持。

在實務工作中，身心障礙者或家屬經常會向社會工作人員詢問的是：「爲什麼是我要申請補助，卻要調查全家人的收入跟存款及不動產呢？」、「如果我的父母及子女都不想照顧我，那我該怎麼辦呢？」從立法面來看，目前除了社會保險如國民年金給付審查是看個人收入外，其他如低收入戶生活補助、身心障礙者生活補助、住宿照顧服務及日間生活照顧補助、身心障礙輔具補助……以社會救助爲出發的現金給付項目，在審查申請補助資格上，還是以家庭總收入爲計算的概念。在社會工作人員服務過程中，就必須考量身心障礙者的最佳利益，來思考可以做哪些協助與調整，如透過法律程序確認扶養義務關係、思考及尋找佐證來增加可能被排除的列計人口收入、輔導身障鑑定取得中度以上則可認列爲無工作能力者或檢附相關診斷證明書佐證、尋求民間經濟奧援……方式，來盡可能確保身心障礙家庭不至於陷入經濟困境。障礙的等級及家庭總收入的計算與分配，與補助的密不可分，造成當身心障礙鑑定新制試圖改變對障礙事實的看法時，連身心障礙者都不願意支持的窘境。

再者，目前國內貧窮線的計算，存在著即使有些身心障礙者已實際面臨經濟困境，卻仍無法得到國家支持的現象存在。張國偉（2009）指出與歐美相較我國的貧窮人口非常的低。世界銀行 2013 年貧困人口比率調查報告，臺灣生活在貧窮線以下之人口比率為全球最低，部分報導[3]也曾指出貧窮的問題在我國一直存在隱而未解的窘境，過於嚴格的貧窮線，使得貧窮率低於其他先進國家，導致出現貧窮率被低估的現象。以身心障礙者為例，只要年齡位於 15 歲以上未滿 65 歲的工作人口當中，輕度障礙者只要實際未就業或未能就業，還是會被計算有所得（虛擬所得）；部分有工作的身心障礙者為求生存而離開故鄉到都市謀生，但仍只能以戶籍所在地計算，未能以居住地計算生活所需；加上身心障礙者的生活費用支出，較一般國民需要支出更多，但卻用一樣的標準計算，導致身心障礙者雖已陷無法確保最低生活品質的處境，但仍無法得到國家支持。

目前我國社會救助標準是依據相對貧窮的概念訂出最低生活費標準，不是以人們實際基本生存需要計算出來的絕對貧窮為標準。因此社會工作人員在服務的現場，就不免遇到有部分身心障礙朋友，沒有現金而有自住的不動產，生活卻無以為繼、或不動產因為從上一代繼承出現共有的狀況被全數列計其中，以致無法通過資產的調查得到必要的現金給付。社會工作人員在服務過程中，如果遇到有實際困難的身心障礙者時，應嘗試協助服務對象將自己的處境狀況及調整改變的意圖努力表達清楚，如仍有實際困難也應可能運用《社會救助法》第 5 條第 3 項第 9 款「因其他情形特殊，未履行扶養義務，致申請人生活陷於困境，經直轄市、縣（市）主管機關訪視評估以申請人最佳利益考量，認定以不列入應計算人口為宜」的規定，或是運用第 5-3 條第 2 款「身心障礙致不能工作」的規定，確實做好實際處境的訪視調查與評估報告，或為服務對象進行必要的倡議爭取回應現實的環境障礙，並結合非政府資源以支持服務對象的可能性。

---

[3] 因擁房而更弱勢 你聽過「邊緣戶」嗎？（民國 110 年 7 月 29 日）。《經濟日報》。「隱形貧戶」的悲劇／一家四口走絕路　反思「防弊思維」下的低收入戶審核（民國 109 年 12 月 7 日）。聯合新聞網。取自：https://udn.com/umedia/story/12755/5072212

第三節　從人權角度出發的經濟安全保障制度相關議題

一、適足生活的各項介入是權利不是施捨

聯合國《身心障礙者權利公約》（CRPD）第28條指出適足之生活水準與社會保障，要求國家必須要承認身心障礙者就其自身及其家屬獲得適足生活水準之權利，包括：適足之食物、衣物、住宅，及持續改善生活條件，並應採取適當步驟，防護與促進身心障礙者於不受歧視之基礎上實現該等權利。國家要承認身心障礙者享有社會保障之權利，及於身心障礙者不受歧視之基礎上享有該等權利，並應採取適當步驟，防護及促進該等權利之實現。要確保身心障礙者平等地獲得潔淨供水服務，並確保其獲得適當與可負擔之服務、用具及其他協助，以滿足與身心障礙有關之需求；確保身心障礙者，尤其是身心障礙婦女、女孩與年長者，利用社會保障方案及降低貧窮方案；確保生活貧困之身心障礙者及其家屬，在與身心障礙有關之費用支出，包括：適足之培訓、諮詢、財務協助及喘息服務方面，可以獲得國家援助；確保身心障礙者參加公共住宅方案；確保身心障礙者平等參加退休福利與方案。在公約價值的引導之下，經濟安全保障應被視爲是權利而不是施捨。社會工作人員在其中要知道生存是基本的權利，透過分配正義來使得身心障礙者得到適足生活，消除外部社會歧視與不平等才能促進身心障礙者能享有平等公民權的開始，支持身心障礙者成爲主體，透過移轉支付讓身心障礙者無論就業與否也可以維持基本生活所需，會是社會工作人員應有的態度。

二、全民基本收入能否成為去除歧視的利器

在人權模式引領之下，有幾個議題正在被討論當中，社會工作人員不可自外於此。一是在經濟安全的衡量仍以所得爲主的時代，全民基本收入

或稱普及的基本所得（Universal Basic Income, UBI）的討論或許應更被重視。全民基本收入是什麼呢？全民基本收入是每個公民可以從政府那裡得到足夠支付基本生活的費用。謝世民（2017）指出全民基本收入具備現金原則，由政府定期發放一筆現金給個人；也符合個人原則，基本收入額度不受家庭成員的財富和收入影響，也不是以家庭爲單位；也具不排富的普遍原則，以及零義務原則，個人可以選擇離開職場卻不會失去領取基本收入的資格，也不用去特別增加利他工作來換取基本收入。全民基本收入面對全球化、科技化而造成工作機會的減少是一種補償。廖美（2017）指出沒有工作可做，但有收入可以維生，並不是人道救援而已，而是未來人類存續的關鍵。發放基本收入在低度開發國家和發展中國家是用來解決貧窮，在先進國家是在面對失業陷阱。當身心障礙者作爲全民的一分子得到基本收入的保障時，社會歧視差異或許就可化爲烏有，但這需要挑戰稅制政策的不公，讓富人能償還在國家保護下所得到的利益，是公平分配的議題。臺灣目前有部分障礙者自主團體正在倡議政府應改採基本收入取代傳統社會救助的措施，以落實去除歧視並保障身心障礙者個人適足生活的達成，未來仍可拭目以待各方的角力。

全民基本收入保障的普及實施是取代現有各種社會保險、社會津貼、社會救助制度，並不是並存或外加。其難以處理的議題有三：(1) 如何處理既有複雜的社會安全給付方案？其中非繳保費的社會津貼、社會救助相對容易處理，只要社會同意歸零即可，停掉所有稅收支應的給付，預算全部納入普及的基本所得方案。但是，社會保險屬繳保費的給付，很難說結清就結清。保費來源有受雇者、雇主、政府依不同比率分攤，受雇者自己繳交的部分結清領回較簡單；但雇主與政府分攤部分要結清還給雇主與政府嗎？還是轉入普及的基本所得方案預算，這就涉及公平性的議題。(2) 普及的基本所得方案無法回答爲何不同的社會人口群的經濟需求是一樣的？例如：重大傷病有醫療需求、失能老人有長照需求、退休老人有維持生活需求、身心障礙者有教育就業醫療需求、單親家長有經濟與兒童照顧的壓力。(3) 普及的基本所得方案也難以回應分配公平的質疑。既然財源來自稅收，依累進稅的原理，資產與收入越多繳稅越多，貢獻（繳保費）越多給付也應該越多，是所得分配的公平原則（林萬億，2022）。

三、個人預算制能促成落實身心障礙者自我決策及服務的多樣化發展嗎

除了基本收入之外，另一個障礙者自主團體積極爭取的想望就是個人預算制的實現。目前我國身心障礙者所需的服務，大多得經過專業的評估，符合政府規定好的服務使用門檻，通過標準的才能得到服務。在這樣的過程中，雖然立法精神不斷提倡身心障礙者本人的參與及意見的表達，但形式條件仍是以政府核定的計畫內容爲主，使得身心障礙者能參與決定的空間其實有限。國內障礙團體向國際社會學習，看見個人預算制給予身心障礙者本人參與決定與自己有關事務的機會，於是也開始討論及倡議，希望我國政府能將現行政府投入身心障礙者服務的經費，轉爲依身心障礙者使用個別計算出來的個人預算，讓身心障礙者自己依照自己生活上的需要，來選擇自己最需要的服務使用。也就是說，希望補助是跟著需要的身心障礙者走，而不是身心障礙者只能被迫配合資源的有無選擇使用。

個人預算制（personal budget）源於 1980 年代身心障礙者的自立生活運動。身心障礙者爭取現金給付讓自己可以決定要在何時、聘請何人來擔任支持自己參與社區生活的個人助理，而不再是透過政府或專家來決定自己需要的服務協助（王育瑜，2018）。個人預算制是政府將本來提供給身心障礙者的服務支出，轉變爲以個人預算爲基礎的財務和給付模式，讓身心障礙者有選擇他們所需要的照顧及支持服務的機會（周怡君，2017）。過去以服務提供者爲中心的設計，讓身心障礙者在使用服務的時間或是提供者的派遣、身心障礙者生活實際需要的滿足等，都需要向服務提供者妥協，因爲服務的申請、提供的確認、服務的方式都掌握在服務提供單位的手中。政府透過方案約定，將執行服務費用交予服務提供單位，只要單位通過招標評鑑，就可以確保服務有預算可以進行。在個人預算制下，服務將會翻轉，因爲預算跟著人走，身心障礙者的角色將更能從被動轉爲主動，政府將費用交給身心障礙者，由身心障礙者來選擇服務提供的單位、方式、配合自己的需要。對身心障礙者而言可提高自尊，也使身心障礙者更需要認眞面對自己的狀況及眞正的想望與想要的生活方式及

內涵，爲自己做出決定。

在個人預算制下，身心障礙者與服務提供者之間成爲一對一的關係，服務能更回應高度特殊性的需要，也能具有彈性因應身心障礙者經常面臨變動性的需要，讓服務更爲個人化。個人預算制讓可購買的服務超越過去以機構或方案提供的正式服務，但是也會遇到服務市場化、所想要的服務是否存在、自己是否有足夠資訊與知能監督管理服務提供等的問題。以英國的社會照顧（social care）個人預算制爲例，合乎社會照顧資格的身心障礙者，可以申請地方政府的需求評估，確認個人有哪些需求、成本多少、個人可負擔的財力有多少。政府就依此評估核算個人預算金額，讓身心障礙者自行決定如何運用這筆錢購買社會照顧。個人預算也有三種選項：(1) 要求政府幫你管理這筆預算。(2) 指定一家非營利組織幫你管理這筆預算。(3) 直接付錢給身心障礙者或身心障礙者指定的個人。當然，身心障礙者也可選擇混合套組（mixed package/mix and match），亦即，選擇對自己最有利的方式，各指定一部分預算由合適的管理人處理。如果身心障礙者本人及其家屬有意願與知能，身心障礙者團體也願意承接，需求評估項目與額度夠清楚，且具共識，個人預算制的實施就比較可行。

對臺灣來說，會不會是一個適合的制度呢？周怡君（2017）建議，個人預算制仍需要回到自己國家的福利服務脈絡來思考，以臺灣的政策條件及政治、經濟、文化的背景，看看社區資源及財務籌措的狀況如何，應先對我國障礙政策模型及服務資源有所盤點及分析，再來思考如何能貫徹在障礙者自我決策的價值下，發展出在地的經驗。

四、支持身心障礙者自立的社會工作人員

在身心障礙者倡議個人預算制的同時，社會工作人員的任務是支持身心障礙者了解自己的需求，由身心障礙者參與評估自己的需求及購買身心障礙者自己需要的服務。社會工作人員要調整自己的角色，把自己從定義身心障礙者需求的專家或服務分配者，調整成讓身心障礙者可以使用的資源。社會工作人員要發展出能接受並願意與服務使用者共同參與的夥伴關

係，同時確保身心障礙者在服務的過程能得到應得的知識。社會工作人員不能只是單方面努力，更重要的是要學會聆聽服務對象的聲音與經驗，和身心障礙者一起面對社會政策；去除自己對身心障礙者的刻板印象，挑戰社會大眾對身心障礙者的想法與概念；成為身心障礙者自主生活的催化者與支持者，讓身心障礙者取得主導權。同時也要和身心障礙者結盟，視身心障礙者為社會的公民，協助社區更了解與身心障礙者有關的訊息，一起對抗外部障礙。

第四節　身心障礙者財產信託制度中社會工作人員的角色與實務

身心障礙者財產安全的保障，往往是社會工作中最容易被忽略的一部分。社會工作人員除了服務經濟弱勢的身心障礙者，協助其申請穩定的社會福利津貼補助外，在服務的過程中也會面臨需要協助財務管理與經濟安全保障的身心障礙者，而其中又以心智障礙者為甚。

心智障礙者往往因認知能力或判斷能力的限制，容易成為被詐騙或侵占財產的目標，導致其財物的損失而影響生活。因此亟需有財產管理方法或工具，協助其管理財產，保障財產安全。而財產信託是目前能協助身心障礙者管理財產，並專款專用於照顧其生活所需的最佳工具，也因此《身心障礙者權益保障法》第 83 條明訂「為使無能力管理財產之身心障礙者財產權受到保障，中央主管機關應會同相關目的事業主管機關，鼓勵信託業者辦理身心障礙者財產信託。」

一、何謂財產信託

信託是一種財產管理的制度，起源於英美，可同時達到財務規劃及保障的功能。在臺灣，中華民國智障者家長總會（2020）因著身心障礙者家長的需求，於 1994 年開始研究並引進信託制度。而臺灣的《信託法》

與《信託業法》分別於1996年及2000年相繼公布施行，正式讓國內的信託制度的執行，有法可循。目前信託制度在社會工作服務上，常見運用於無法自行管理財產的未成年者、身心障礙者及失能長者，作爲協助服務對象管理及保障其財產安全的工具，並專款專用照顧其生活所需。

依據《信託法》第1條「所謂信託者，係指委託人將財產權移轉或爲其他處分，使受託人依信託本旨，爲受益人之利益或爲特定之目的，管理或處分信託財產之關係。」亦即透過委託人與受託人簽訂信託契約，建立信託關係，再由受託人依據信託契約的約定，給付信託財產於契約中要照顧的受益人。而可作爲信託財產的，包含現金、保險金、股票、不動產等可被轉讓的財產權。

例如：王先生的兒子小華領有智能障礙證明，王先生希望將名下一筆100萬的現金用於未來照顧小華的生活。因此，王先生找了大富銀行辦理信託，王先生（委託人）與大富銀行（受託人），簽訂信託契約，約定100萬的現金（信託財產）用於照顧小華（受益人）的生活，未來由大富銀行依據契約給付小華生活所需的相關照顧費用，可避免王先生留給小華的生活費遭人詐騙或無法實際運用於照顧小華。

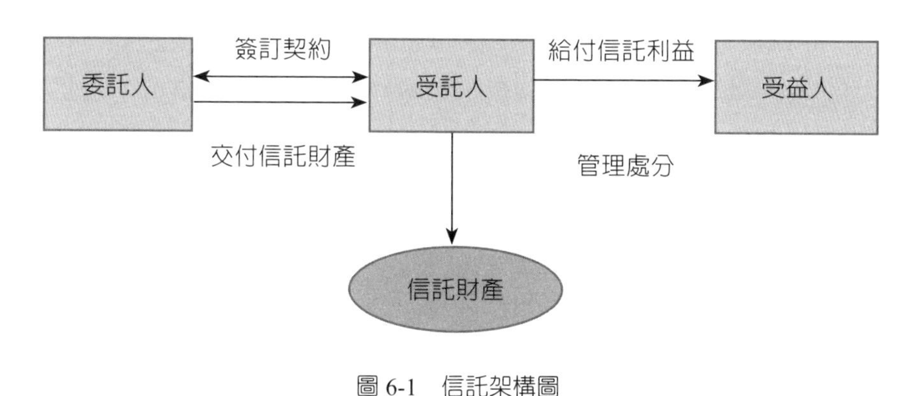

圖6-1　信託架構圖

資料來源：作者自行繪製

再者，委託人爲了監督受託人並保障受益人權益，可於信託契約中設立信託監察人。雖《信託法》針對私益信託未強制要求設立信託監察人，但若受益人爲心智障礙者，仍建議於信託契約中設立信託監察人，協助心智障礙者監督契約的執行，行使契約內容變更或支付因受益人生活所需的額外費用等同意權。

二、如何協助身心障礙者辦理信託

在社會工作服務過程中，當社會工作人員評估或家屬提出身心障礙者有財產信託需求時，可以協助身心障礙者規劃並辦理信託，除了轉介相關的信託業者或可提供信託諮詢服務的社福團體外，社會工作人員可以依據下列步驟，協助身心障礙者或家屬規劃辦理信託：

（一）諮詢

當社會工作人員評估身心障礙者有財產安全保障需求或家屬提出希望爲身心障礙者規劃財產信託時，社會工作人員可先向家屬說明信託制度，包含信託的目的、功能，以及需負擔的相關管理費用，協助家屬了解信託，以評估是否運用信託作爲家庭爲身心障礙者規劃財產保障的工具。

（二）評估

若家庭希望爲身心障礙者做信託規劃時，社會工作人員可先協助家屬評估：

1. 家庭欲規劃的信託財產，希望以現金或保險金（以身心障礙者爲受益人的保險身故理賠金），作爲信託財產。
2. 身心障礙者現在及未來的照顧安排或選擇，例如：身心障礙者需安置於全日型住宿機構，或身心障礙者可獨立生活於社區中。評估居住及照顧方式，將影響信託財產給付內容的規劃。
3. 家屬對信託給付的規劃，除了依據身心障礙者的居住、照顧方式規劃給付金額與方式外，家屬是否有特別的給付內容需求，例如：每年身心障礙者額外的生日禮金。
4. 信託監察人的選擇，家屬希望委託信賴的親友或社福團體擔任信託監察人。

（三）資源連結

1. 信託業者（銀行）：依據家庭欲規劃辦理的信託財產種類及服務需求，媒合適切的信託業者，依家庭需求進行信託契約的規劃。
2. 社福團體：若家庭希望委託社福團體擔任信託監察人，可協助媒合有擔任信託監察人之社福團體，提供家屬協助。

（四）陪同信託契約簽訂

依據身心障礙者家庭需求，可協助家屬審閱信託契約規劃，陪同家屬與信託業者及信託監察人，洽談及簽訂契約。

三、社會工作人員在信託制度中的角色

社會工作人員在信託制度中扮演直接服務、間接服務及合併服務三類型角色，其爲在協助身心障礙者或家庭規劃財產信託過程的諮詢者、支持者，或由社福團體擔任信託監察人的管理者，以及因著信託服務而提出的信託制度改善建議的倡導者。以下就各角色於信託制度中常見的實務工作逐一說明：

（一）諮詢者

在社會工作角色中，諮詢者是指提供服務對象所需的專業資訊，所以當服務過程中，家屬向專業人員提出希望爲身心障礙者規劃財產信託時，社會工作人員可藉由初步訪談，了解家庭生態、身心障礙者目前與未來的照顧安排，以及家長對信託的規劃期待後，依需求提供合適的信託規劃建議，或可提供諮詢的專業團體之資訊。

（二）支持者

當家庭決定爲身心障礙者規劃財產信託時，社會工作人員可扮演支持

者角色，陪同家屬尋找適合的信託業者及信託監察人，共同討論評估適合的信託財產、身心障礙者的生活及照顧方式，洽談信託契約的規劃；甚或可視家屬需求，協助家屬審閱契約、完成信託契約的簽訂。

（三）管理者

若社會工作人員任職於擔任信託監察人之社福團體，執行信託監察人業務工作，依法則需扮演善良管理人之角色。於接受委託並在信託契約生效後，由社會工作人員定期做身心障礙者生活訪視，並評估其生活品質與需求，視身心障礙者需求，適時的轉介或媒合相關資源單位。同時，亦須定時檢視身心障礙者之信託契約的執行，是否有需要調整的契約內容、受託銀行是否依據契約給付身心障礙者費用，以維護身心障礙者之權益。

（四）倡導者

倡導者係指爲了當事人利益，透過社會行動的方式，達到問題解決，滿足當事人需求。信託雖爲目前保障身心障礙者財產安全的最佳工具，但隨著社會變遷或福利服務的演進，社會工作人員仍須於服務過程中，不斷檢視身心障礙者對信託產品的需求，以及信託業者所提供的服務內容是否可滿足身心障礙者的多元化需求。透過服務過程的檢視與提出建議，呼籲信託業者推出更符合身心障礙者需求的信託服務，持續優化信託制度。

參考書目

中文部分

中華民國智障者家長總會（2020）。身心障礙者信託實務操作手冊（二版）。臺北：衛生福利部社會及家庭署。

王玉如（2018）。障礙者貧窮議題及生活保障政策議題之初探：以臺北市爲例。財務社會工作與貧窮研究學刊，1(1)，113-152。

王育瑜（2018）。自我主導的個人協助：歐洲國家經驗的啟示。社區發展季刊，164，22-37。

李政道、盧禹璁、吳景峰（2009）。貧窮家計的陷入與跳脫——以臺南市南區 2001-2007 年爲例。嘉南學報，35，820-834。

林萬億（2022）。社會福利（第二版）。臺北：五南。

邱連枝（2019）。身心障礙、性別與性自主權。於王玉如、王國羽主編，障礙研究與社會政策（初版，頁 321-348）。臺北：巨流。

周怡君（2017）。歐洲國家身心障礙個人預算政策比較分析：以英國、荷蘭、德國爲例。社會科學學報，25，57-74。

周月清、潘淑滿（2017）。照顧工作對婦女就業的影響：以新竹市爲例。社區發展季刊，160，245-263。

姚奮志、賴宏昇（2020）。身心障礙者經濟安全與就業安全的圖像建構：以新竹市爲例。臺灣健康照顧研究學刊，22，71-105。

張國偉（2009）。十年來臺灣貧窮趨勢分析——以 1994、2001、2004 年低收入户調查爲例。社區發展季刊，124，28-42。

廖美（2017）。全民基本收入是一種補償。思想，34，159-172。

謝世民（2017）。全民基本收入與正義。思想，34，147-158。

衛生福利部（2023）。110 年身心障礙者生活狀況及需求調查結果報告。https://dep.mohw.gov.tw/DOS/lp-5096-113.html

英文部分

Economic and Social Commission for Asia and the Pacific (2018). *Building disability-inclusive societies in Asia and the Pacific: Assessing progress of the Incheon Strategy* (United Nations publication, Sales No. E.18.II.F.4).

第七章
生活重建

藍介洲

「因一場意外創傷，導致我嚴重的腦損傷，我除了接受一連串的復健，盡可能恢復我原有的語言、行動與生活等功能外，但我還是有很多事容易忘記。很多我在意外前所建立的友誼，多難以繼續維持，我唯一的感受就只有孤獨。」（Rowlands, 2001）

「當一個人遭逢視力喪失時，連同其個人的生活能力、行動能力、及社會參與的能力也接著一併喪失，其生活便會陷入困境，處處需要旁人的協助，且增加家庭及社會的負擔。因此，若能讓視覺障礙者在失明後重建其原有的生活能力，提供完整的重建訓練課程及服務便是迫切且需要的。」（宜蘭縣社會處，2021）

從上述兩段摘要說明，可以了解到身心障礙者，因生理或心理功能的障礙現況，而限制其生活功能或社會參與，進而影響其自立生活與生活品質。然而，其障礙狀況是可以透過各種策略、訓練、輔具或調適等方式，進而減輕障礙所造成的限制，並回復或提升其原有生活功能，這即是身心障礙者生活重建（rehabilitation for people with disabilities）。如一名脊椎損傷的身心障礙者，雖因受傷後無法再直立行走，但可透過後續的復健、訓練或輔具等介入，當事人還是可以透過輪椅自由移動，或是可以獨立上下床、洗澡如廁、起居飲食等，甚至是可以重新外出參與各項社會活動（如就學、就業或休閒娛樂等）。

第一節　生活重建的目的及法規

因此，若以生活重建的觀點看待身心障礙者，則會用更積極、更正面的角度應對障礙本身，認爲障礙是可以改善、調適或修補，並非是消極不可挽回或坐以待斃的。而身心障礙者生活重建的服務使用者，則可包括有感官障礙（如視覺障礙、聽覺障礙）、行動障礙（如肢體障礙）、認知障礙（如心智障礙、精神障礙）或其他障礙（如顏面損傷）等。在障礙觀點方面，生活重建並非是全然的醫療模式觀點，而是會透過醫療模式、社會模式、生心理社會模式及權力模式等多元觀點，看待身心障礙者及其發展。

一、生活重建的法規

國內身心障礙者生活重建相關法規，其主要載於《身心障礙者權益保障法》（以下簡稱《身權法》）第 23 條，提到醫院應爲住院之身心障礙者提供出院準備計畫；在出院準備計畫中，即包括有「生活重建服務建議」。而在該法第50條[1] 提到，政府應依身心障礙者需求評估結果提供服務，應辦理的服務中亦包括有生活重建服務。所以若身心障礙者想接受生活重建服務，就須先通過需求評估。在《身權法》第 60-1 條提到，政府應辦理視覺功能障礙者生活及職業重建服務。在第 62 條則提到，政府應推動或結合民間資源設立身心障礙福利機構，提供生活照顧、生活重建、福利諮詢等服務。

另外，在《身權法》之子法《身心障礙者個人照顧服務辦法》（以下簡稱《照顧服務辦法》）中，第三章爲生活重建之相關政策法令。其中第 23 條，即界定生活重建內容包括：日常生活能力培養、社交活動及人際關係訓練及其他生活重建服務等。第 24 條則是載明生活重建服務形式，包括：居家式、社區式或機構式服務。第 25 條說明生活重建辦理單位，應結合資源辦理職業重建服務。第 26 條、27 條、28 條與 29 條分別界定生活重建之日常生活能力培養，包括：相關服務內容、提供單位類型、人力配置、空間規劃等。第 30 條、31 條與 32 條界定生活重建之社交活動

---

[1] 第 50 條：「直轄市、縣（市）主管機關應依需求評估結果辦理下列服務，提供身心障礙者獲得所需之個人支持及照顧，促進其生活品質、社會參與及自立生活：一、居家照顧。二、生活重建。三、心理重建。四、社區居住。五、婚姻及生育輔導。六、日間及住宿式照顧。七、家庭托顧。八、課後照顧。九、自立生活支持服務。十、其他有關身心障礙者個人照顧之服務。」

及人際關係訓練，相關服務內容、提供單位類型與辦理事項。

二、生活重建的理論

在生活重建的相關理論，較熟悉的有認知行為理論、社會支持理論、優勢觀點等。本文介紹由 Tuttle & Tuttle（2004）所提出的「個人調適模式」理論。該理論最初是以中途失明者為對象，探討其心理調適歷程。該理論亦可延伸，理解一名因故而導致後天重大障礙之當事人，其心理調適的轉換歷程。本文會介紹此一理論，主要是考量第一線社會工作人員，在面對生活重建服務的使用者，很多都正在面對後天重大障礙後的心理調適。透過了解服務使用者正經歷著哪些調適階段，才能提供更適切的服務及支持。

個人調適模式將後天重大障礙的調適，視為是一種類似面對其他生活重大創傷與危機的調適過程，如重大災難之受災戶。這些調適過程依序包括：(1) 第一階段的身體或社交上的創傷（trauma）；(2) 第二階段的震驚（shock）與否認（denial）；(3) 第三階段的哀悼（mourning）與退縮（withdrawal）；(4) 第四階段的屈服（succumbing）與抑鬱（depression）；(5) 第五階段的再評估（reassessment）與再確認（reaffirmation）；(6) 第六階段的應對（coping）與行動（mobilization）（Tuttle & Tuttle, 2004）。上述這六個階段是連續的、不分層的、彼此重疊及循環的。大多數經歷嚴重創傷的當事人，會經歷上述全部或部分階段。當事人若無法或不願意往下一個階段前進，而可能會一直停滯在某個特定階段。

第二節　生活重建服務概述

有關國內針對身心障礙者所提供的生活重建服務概況，本文參考統整臺北市、臺中市、屏東縣及花蓮縣等四個位處北、中、南、東之縣市的生活重建服務（臺中市社會局，2021；臺北市社會局，2021；花蓮縣社會處，2021；屏東縣社會處，2021）。另外，對於一名中途致障者而言，從醫院到社區，將經歷著一連串的生心理與社會重建。而當事人及其家庭的重建需求，往往是多元且持續的。如經濟、醫療、就業、家庭與社會生活重建及各項福利服務，都必須跨系統、跨專業加以整合，才能滿足身心障礙者及其家庭的重建需求（周月清、彭淑芬、舒靜嫻、鄭芬芳，2004）。因此，本節將以跨系統、跨專業的角度進行論述，並以《照顧服務辦法》第23條，所界定生活重建服務內容爲架構，以下將逐項說明與介紹。

一、日常生活能力培養

身心障礙者因自身的障礙限制，而影響其自我照顧、生活自理及居家生活等日常生活能力，但若透過適時適切的訓練培養，仍可提升當事人的日常生活能力。如一名精神障礙者長期罹患精神疾病，因症狀干擾而出現生活失序、缺乏動機等負性症狀，進而影響其個人衛生、儀容整理等日常生活能力。若能與該名服務使用者共同討論，如何改善日常生活能力，並藉由分解動作、反覆實作練習等訓練方式，亦可以逐步漸進提升當事者的生活能力或習慣（臺北榮總護理部健康e點通，2021）。

身心障礙者日常生活能力培養與訓練，除了須先評估當事人的障礙現況、意願動機、優劣勢能力外，也須結合各種可能的支持資源，如家庭、社區或輔具支持資源等。例如：一名脊椎損傷者，要培養自身如廁與沐浴等的個人衛生能力，除了訓練當事人如何運用力學原則及代償方法外，還要結合輔具使用、環境改造等支持資源。有關身心障礙者自我照顧、生活自理及居家生活等日常生活能力培養，因範圍與對象十分廣泛，以下將分別從獨立飲食、個人衛生、儀容整理、金錢管理、家事執行、資訊處理、交通行動、健康促進等能力訓練，逐一說明之。

（一）獨立飲食

主要是培養身心障礙者，能自行用餐、餐桌禮儀、餐後整理，甚至是自行備餐或烹煮飲食等能力。如訓練視覺障礙者，要如何安全用刀子切菜、切水果，及用電鍋、微波爐、氣炸鍋或瓦斯爐等，烹煮各種料理。

（二）個人衛生

主要是培養身心障礙者自行刷牙、沐浴、如廁或其他個人衛生清潔等能力。如教導心智障礙者學習刷牙此項技能，可先透過工作分析法，將刷牙此項自理技能分解成最小、最具體且最易學習之若干步驟，再配合訓練教師的逐步教導與適度獎勵措施，培養其刷牙的能力與習慣。

（三）儀容整理

主要是培養身心障礙者自行穿衣、穿鞋、刮鬍子或其他儀容整理等能力。如教導精神障礙者，如何判斷衣服清潔與否，並養成每天換穿乾淨衣服的習慣。

（四）金錢管理

主要是培養身心障礙者金錢觀念，如每日記錄金錢花費，養成儲蓄習慣，及避免過度消費等能力或行為。如教導心智障礙者若有採購物品的需求，則須先列出購物清單，要以購買生活所需物品為主，及確認自身所擁有的金錢數額，是否大於所要購買商品的價格。

（五）家事執行

主要是培養身心障礙者能自行從事家務，如掃地、拖地、洗衣、晒衣、倒垃圾等家事執行能力。如培養肢體障礙者晾衣服的能力，要先透過輔具或職務調整，選擇具升降功能的晒衣桿。

（六）資訊處理

主要是培養身心障礙者相關資訊處理能力，如教導視覺障礙者，如何使用盲用電腦、智慧型手機或點字摸讀。如推動「易讀板」，讓心智障礙者在閱讀重要文件時，能更明白文件資訊所要傳達的意思；或如推動「手語」或「聽打」等服務，如電視新聞節目加上字幕或手語，讓聽覺障礙者能了解新聞所要傳達的資訊內容。

（七）交通行動

主要是培養身心障礙者相關交通行動能力，如培養心智障礙者自行搭乘公共運輸工具（如公車、捷運），或行程規劃能力等。針對視覺障礙者提供定向行動訓練，透過白手杖與視覺以外之其他十一種感官知覺的應用，而讓視覺障礙者能有走出家門自由行動的能力；或是持續推動環境交通無障礙（或通用設計），讓身心障礙者在交通行動上，避免受到障礙環境的限制。

（八）健康促進

主要是培養身心障礙者相關健康促進能力，如培養精神障礙者規律的生活作息，按時就醫服藥，減少精神疾病復發；或是養成心智障礙者刷牙的習慣，保持個人口腔衛生。

二、社交活動及人際關係訓練

身心障礙者是社會組成的一分子，是社會的「主體」而非「客體」，更不是社會的「邊緣人」。身心障礙者就如同一般人一樣，想要且需要參與社會活動，並與他人建立良好的人際關係。此外，不管是居住在社區，還是安置於機構的身心障礙者，都需要有自己的社交活動及人際關係，而不應離群索居，被迫與社會隔離。有關身心障礙者的社交活動及人際關係訓練，以下將分別從人際關係與互動能力訓練、社交活動與社區生活參與促進兩方面說明。

（一）人際關係與互動能力訓練

主要是針對身心障礙者辦理各項人際關係與互動能力相關訓練，如語言表達及理解能力訓練、人際互動及社交技巧訓練等。例如：針對精神障礙者，除透過藥物治療，改善精神障礙者的幻聽、妄想等正性症狀外，再加上社交技巧訓練，可有效改善精神障礙者不佳的情緒表達、社會適應、或退縮等負性症狀。如針對聽覺障礙者，提供表情辨識或讀話訓練等。如針對心智障礙者，提供情緒表達、兩性關係或人際關係的訓練等。

（二）社交活動與社區生活參與促進

主要是針對身心障礙者辦理各項休閒文康或社交活動，藉以增加身心障礙者人際互動的機會。此項服務目的在於，透過社交活動的參與，提升身心障礙者積極參與社區活動的管道，同時也能強化身心障礙者與家屬、社區居民等的互動機會。如針對肢體障礙者，辦理輪椅籃球體驗活動。針對視覺障礙者，辦理口述影像電影欣賞活動。而針對精神障礙者，透過社區會所模式，提供各種社會參與活動。

三、其他生活重建服務

針對身心障礙者所提供之其他生活重建服務，因範圍相當廣泛，以下分別從心理支持與輔導、復健訓練服務、輔具評估與訓練服務等三項逐一說明。

（一）心理支持與輔導

主要是針對身心障礙者提供各項心理支持與輔導服務，包括：心理輔導、生涯輔導、成長團體、家庭輔導、同儕支持團體等。本項服務主要目的在於，協助身心障礙者或其家屬能順利達到障礙調適、自我接納，並能用正向、積極的角度，看待自己與未來發展。如針對中途失明的視覺障礙者、燒燙傷的顏面損傷者，或脊椎損傷的肢體障礙者，辦理障礙調適成長團體或同儕支持團體。透過團體工作的方式，及身心障礙同儕的正向經驗分享與支持，藉以提升當事人的障礙調適、因應與意識。

（二）復健訓練服務

主要是針對身心障礙者擬定個別化復健訓練計畫，並配合復健指導，目的在預防生心理功能的持續退化。此類服務包括：平衡訓練；移位訓練；重量訓練；肌耐力訓練；體適能訓練；行走（或站立）訓練；精細動作訓練；呼吸、吞嚥、語言訓練等。如針對燒燙傷之身心障礙者所提供的復健訓練，可避免攣縮及瘢疤組織過度增生，並在不影響皮膚及傷口的照顧下，訓練當事人的關節活動度及肌力的維持度，如此可避免關節與肌肉的功能退化。其復健項目，包括：擺位（positioning）、副木／護木／夾板／固位（splinting）及復健運動（exercise）等（長庚醫院，2021）。

（三）輔具評估與訓練服務

因輔具（assistive devices）或輔助科技（assistive technology）的持續發展與進步，身心障礙者可透過輔具或輔具科技，彌補障礙所造成的限制，提升其原有的功能表現。如聽覺障礙者可透過助聽器或電子耳，提升其聽覺能力。視覺障礙者可透過盲用電腦或智慧型手機，將視覺訊息轉變成聽覺或觸覺訊息，提升其視覺資訊處理能力。肢體障礙者可透過電動輪椅，提升其行動能力。此項輔具評估與訓練服務，主要是評估身心障礙者的個別障礙現況、期待與能力，並提供適合的輔具建議、配置或訓練，提升其功能表現。

第三節　生活重建社會工作人員的任務

社會工作師在身心障礙者生活重建的服務歷程中，其實是扮演著重要的關鍵角色，除了陪伴當事人及其家庭，共同面對障礙的調適議題外，還須跨專業、跨系統，爲服務使用者連結各種可用且有效的資源。每當社會工作師在提供身心障礙者及其家庭生活重建服務的同時，往往是須進行多項任務，而這些任務的完成與否，則會直接影響身心障礙者及其家庭生活重建之整體成效。以下將依服務流程順序，分別介紹社會工作師在生活重建服務體系中之主要任務，包括：需求評估、生活重建計畫擬定與執行、服務使用者管理與資源連結服務等。

一、需求評估

依《身心障礙者權益保障法》第50條規定，目前申請政府主辦或委託辦理之生活重建服務，都須先經過需求評估。由需求評估社會工作師進行訪談，依身心障礙者的個人基本資料、障礙現況、家庭現況及意願動機等，進行資料蒐集與評估，確認當事人有無進行生活重建需求。最後在經專業團隊確認評估結果後，將以書面通知申請者，同時社會工作師將依需求評估結果，提供相關服務或進行轉介。

社會工作師在評估服務使用者，是否有生活重建的需求時，若服務使用者不是很清楚什麼是生活重建，社會工作師有必要向他們解釋，生活重建的目的與方式，讓當事人可充分了解並做決定。但當事人近期才因疾病、意外或其他原因，導致重大障礙（如脊椎損傷、中途失明、顏面損傷等），且從未接受過生活重建，社會工作師就應敏感於當事人有急迫性的重建需求，應積極協助爲其連結所需的重建資源。相對的，如果當事人已很清楚且明確知道自己有生活重建的需求，若符合服務標準，也應尊重當事人的表達性需求。

二、生活重建計畫擬定與執行

社會工作師在提供身心障礙者生活重建服務之前，除了要有需求評估外，同時也要依服務使用者的現況、能力與需求，擬定個別化生活重建服務計畫。生活重建服務計畫的主要內容，包括：服務使用者之獨立生活期待與目標、其所須的支持與使用的資源爲何及優先順序，這之間分別有重建需求之評估、執行策略（含執行者）、執行優先順序、服務期程等。

另外，生活重建屬自願性服務，當事人的參與意願及重建動機，會決定整體生活重建的成敗。因此，當社會工作師在擬定生活重建計畫時，要邀請並鼓勵服務使用者一同參與並共同擬定，使服務使用者的聲音可以被聽見並納入其中。最後當計畫擬定完成後，還要跟服務使用者逐一確認，並請其簽名表示認同。所以生活重建計畫，可視爲是社會工作師與服務使用者，雙方共同所擬定的服務契約，社會工作師要依此合同提供後續的生活重建服務，服務使用者也要積極參與重建服務。

三、個案管理與資源連結服務

生活重建是以「服務使用者爲中心」（User-centered）的跨系統、跨專業團隊服務模式，而社會工作師在此一服務體系，多扮演穿針引線的個案管理角色，社會工作師要依服務使用者重建需求與計畫，進行各種重建服務之連結。如一名中途失明之視覺障礙者，在其生活重建計畫中，載明需求爲心理支持與輔導、定向行動訓練、生活自理訓練、文書資訊能力訓練等。社會工作師須依服務使用者的生活重建需求，爲其連結所需的訓練資源，後續追蹤其使用這些訓練資源的狀況。

在爲服務使用者安排（或連結）各項重建服務資源的同時，社會工作師也要依服務使用者的學習速度、外在支持、訓練狀況或實際表現，滾動式調整服務期程、強度或內容。例如：一名視覺障礙者雖經個別心理諮商服務，仍然無法調適自己的障礙現況，則社會工作師可試著連結成長團體或同儕支持資源，透過視覺障礙同儕的經驗分享與支持，協助當事人共同面對失明後的心理調適。

生活重建屬整體性的服務，社會工作師在提供當事人生活重建服務的同時，除了依服務使用者的重建需求，連結所需的重建資源之外（如日常生活能力培養）；社會工作師也要依服務使用者在其他方面，如經濟、家庭、居住、照顧、教育或就業等困境，協助連結生活重建方案以外的資源。例如：一名中途失明的視覺障礙者，因車禍導致雙眼失明，而被迫從職場退出，其經濟遇到困難。該名服務使用者又需定期至醫院進行回診，但因家庭支持有限，家人無法陪同至醫院就診。社會工作師除了連結既有的生活重建資源外，還要依服務使用者的需求，爲其連結經濟補助（如急難救助）、支持人力（如自立生活個人助理員）等資源，目的都是希望服務使用者能順利完成生活重建，解決目前所遇到的困境。

第四節　生活重建社會工作的方法與實務技巧

本節針對社會工作師上述的任務，選定個人與團體爲對象，分別闡述社會工作師在生活重建服務中的工作方法與相關實務技巧。

一、個案工作方法

社會工作師在生活重建所服務的對象，不管是在個人背景、社經地位、家庭現況，還是障礙現況（如障礙年齡、類別、程度……）等，都具高度個別化，所需的生活重建內容也有其個別差異。因此，社會工作師在提供生活重建服務的同時，不管是在需求評估、重建計畫擬定與執行、或是個案管理與資源連結等，都需大量應用個案工作方法與技巧。

個案工作指的是，社會工作師運用有關人和社會工作的專業知識，透過一對一的個別化方式，爲個人及其家庭提供支持服務，以幫助服務使用者改善其所遇到的問題。在生活重建服務中，社會工作師可依個人服務風格，及服務使用者的問題與能力，選擇單獨或混合應用心理與社會治療、問題解決、認知行爲、危機介入、存在主義、解決焦點、任務中心、生態、建構主義、人本主義、敘事治療、優勢、反歧視、充權等的社會工作理論與技巧。

假設我們是採取心理與社會治療模式，則我們會將「人在情境中」此一概念，納入生活重建服務中。將介入焦點同時放在服務使用者的心理因素和社會因素，不但要解決服務使用者在中途致障後的心理調適問題，同時也要培養其障礙後的生活與社會能力。若我們是採取認知行爲模式，則對於服務使用者的日常生活能力培養，如訓練心智障礙者刷牙、洗臉，就會採取工作分析、示範練習、獎勵增強等方式，訓練此一行爲的養成。

若我們是採取任務中心模式，則會與服務使用者共同擬定，想要處理的生活重建任務議題，如人際衝突、障礙調適、情緒問題或資源不足等。當社會工作師與服務使用者鎖定這些任務後，則將排出優先順序需處理的議題，並利用各種策略或方法（如資源連結），逐一改善這些問題。若我們是採取敘事治療模式，社會工作師的主要任務就是要協助服務使用者，突破現有的敘事束縛或框架（如障礙偏見），重新理解（如障礙意識）和建構自己的生活樣態，走出障礙後的心理、生活與社會困境。

在提供以個人爲對象的服務時，也不宜僅聚焦在個人如何適應社會，也必須同時充權（empowering）身心障礙者及其家庭，並針對個人、家庭、學校、社區成員進行必要的反歧視工作，否則單靠身心障礙者個人努力調適自己、適應社會，而社會環境不改變，歧視、障礙仍然持續存在，身心障礙者的生活重建還是會很艱難。

二、團體工作方法

在生活重建服務中，社會工作師亦可善用團體工作的方法與技巧，設計並帶領成長團體（如自我接納成長團體）、同儕支持團體（如同儕支持友伴團體）或任務性團體活動（如自我挑戰夏令營）等。社會工作師可善用團體動力或同儕支持的效益，協助服務使用者提升其自我接納與重建意願，達到生活重建計畫的目標。

團體工作是指社會工作師在各種團體中，透過團體成員互動與團體活動，達到個人成長或目標實現；或是透過有目的性的團體經驗交流與分享，協助團體成員增進其社會功能，以更有效地處理個人、團體或社區的問題。在生活重建中，社會工作師可選擇單獨或混合應用社會目標、治療、互惠等團體工作三個傳統模式與技巧，或是引進生態、女性主義、充權等理論，以配合服務對象需求。

筆者在此舉出自己過去曾針對中途致障之身心障礙者，設計並帶領爲期六次的成長團體爲例。當時的團體主題爲「自我接納與障礙調適」，有關該次團體的主題、目標與內容，請參見下表「團體計畫表」（表7-1）。

表 7-1　團體計畫表

次數	團體主題	團體目標	團體內容
第一次	當我們同在一起（相見歡）	1. 團體專業關係建立 2. 團體成員認識 3. 團體目標釐清與確認 4. 團體規範與協約擬定	1. 自我介紹與彼此認識（配合暖身運動：記憶大考驗） 2. 邀請並訴說自己對參加團體目標與規範的期待 3. 以共同參與及民主的方式決定團體的使命與規範 4. 本次團體回顧統整
第二次	心理突破與自我接納	1. 突破自己障礙的心理困境 2. 重新面對並接納自己的優點、能力與特質（優勢觀點） 3. 欣賞並認識其他成員的優點與專長	1. 上次團體回顧 2. 分享一位身心障礙者的故事（如何克服視覺障礙的衝擊） 3. 訴說自己在障礙後身心靈上的不同 4. 團體活動：動物農莊（用動物形容自己的優點） 5. 自我剖析：訴說自己的優點與特質 6. 簡述統整其他成員的優點 7. 本次團體回顧統整
第三次	互助與支持（問題解決）：生活篇（一）	1. 面對並認識自己的困境與解決能力：生活篇（含食、衣、住） 2. 共同思考如何解決自己的困境：生活篇（含食、衣、住）	1. 上次團體回顧 2. 自我剖析：描述自己因障礙後，在生活上所遇到的困境、經驗與解決的方式（含食、衣、住） 3. 同儕支持：共同討論解決困境的方法與資源 4. 介紹有用的技巧、資源與輔具 5. 本次團體回顧統整

表 7-1　團體計畫表（續）

次數	團體主題	團體目標	團體內容
第四次	互助與支持（問題解決）：生活篇（二）	1. 面對並認識自己的困境與解決能力：生活篇（含行、育、樂） 2. 共同思考如何解決自己的困境：生活篇（含行、育、樂）	1. 上次團體回顧 2. 自我剖析：描述自己因障礙後，在生活上所遇到的困境、經驗與解決的方式（含行、育、樂） 3. 同儕支持：共同討論解決困境的方法與資源 4. 介紹有用的技巧、資源或輔具 5. 本次團體回顧統整
第五次	家庭衝擊與支持	1. 剖析障礙後對家庭關係的影響 2. 強化家庭關係的支持與維繫	1. 上次團體回顧 2. 分享一位身心障礙者的故事（如何克服家庭關係上的困境） 3. 訴說障礙對自己家庭關係的衝擊 4. 討論改善家庭關係的策略與方法（從阻力化為助力） 5. 本次團體回顧統整
第六次	祝福與行動	1. 未來生活歷程與目標的擬定 2. 團體所學應用在未來的生活 3. 團體關係的結束與祝福	1. 上次團體回顧 2. 分享一位中途致障者的故事（如何讓自己的生活更有品質） 3. 成員訴說自己的目標及實現的策略 4. 成員相互回饋與祝福（優點大轟炸） 5. 團體總回顧與結束

第五節　生活重建服務的省思與展望

國內身心障礙者生活重建服務，最初開始是由多個民間組織主動提供，如在視覺障礙方面，有台灣盲人重建院、宜蘭慕光視覺障礙重建中心等；在肢體障礙方面，有伊甸基金會、脊椎損傷協會等；在顏面損傷方面，則有陽光基金會。而當《身權法》將生活重建納入，成爲法定服務之後，國內生活重建服務，背後在政府資金的挹注下，使該服務更具規模，並朝向制度性、全面性及完整性之發展。然而，生活重建服務至今，本文認爲仍有一些概念需討論與釐清。以下將從服務使用資格及服務流程等兩點，提出生活重建發展的省思與展望。

一、服務使用資格放寬

依照《身心障礙者福利與服務需求評估及證明核發辦法》第 7 條，有關福利服務標準表中生活重建之服務標準，提到須爲中途致障者。筆者認爲，中途致障者當然需要生活重建，但對於先天或早期身心障礙者，不代表就不需要生活重建。在評估生活重建需求與否，不應只看到當事人的障礙年齡，而是要以其障礙調適與因應現況，作爲評估的基準。

對於一名先天或早期身心障礙者，也有其生活重建的需求。例如：一名小兒痲痺患者，其障礙狀況會隨著年齡而不斷退化。而一名心智障礙者，也會因年齡增長或所處環境的改變，而須學習新的日常生活能力。另外，即使是一名先天的身心障礙者，如一名先天全盲的視覺障礙者，即使是從小就看不到，他們也會有障礙接納或心理調適的議題。因此，本文認爲生活重建的服務使用資格，不應只侷限於中途致障者，而應含括所有的身心障礙者。生活重建需求，是要依身心障礙者的日常生活能力、社交及人際關係狀況等，作爲評估的依據，而不應依障礙時間（如先天或中途）作爲服務使用資格的門檻。

二、服務流程彈性

有關生活重建服務流程之省思與展望，本文探討生活重建與職業重建兩者間的關係，或許可以將順利就業，作爲生活重建的目標之一。但每一個身心障礙者，對自己的生涯目標都有自己的期待與選擇，生活重建完成後，不一定就非得選擇職業重建不可，當事人可以選擇以其他方式參與社會。因此，生活重建與職業重建，其服務流程並非是前後的線性關係，生活重建完成後，不一定非得要進入職業重建。

另外，本文也認爲一名就業的身心障礙者，不代表就沒有生活重建的需求。就如前所述，有些身心障礙者雖已順利就業，但其障礙現況，還是會隨著年齡的增長或環境的不同，而跟著改變。所以身心障礙者的生活重建需求，並非取決於當事人是否有順利就業，而是要回到生活重建本質，當事人是否有日常生活能力培養，或社交活動及人際關係之訓練的需求。因此，本文認爲生活重建與職業重建的關係，不應只是僵固的上下游或前後階段的線性關係，而是彈性各自獨立或來回重疊的關係。

參考書目

中文部分

周月清、彭淑芬、舒靜嫻、鄭芬芳（2004）。中途障礙社會模式介入與生活重建服務整合——伊甸、新事暨陽光服務方案爲例。臺灣社會工作學刊，2，123-157。

長庚醫院（2021）。林口長庚燒燙傷復健。取自 https://www1.cgmh.org.tw/intr/intr2/c3390/burn_intro.html

花蓮縣社會處（2021）。身心障礙者生活重建服務。取自 https://sa.hl.gov.tw/Detail_sp/bf06d7a7649c4f71bb4e2ff440a32bcc

宜蘭縣社會處（2021）。視覺功能身心障礙者生活重建服務。取自 https://sntroot.eland.gov.tw/cp.

屏東縣社會處（2021）。肢體身心障礙者生活重建服務。取自 https://www.pthg.gov.tw/planjdp/

臺中市社會局（2021）。身心障礙者個人生活重建。取自 https://www.society.taichung.gov.tw/1018342/post

臺北市社會局（2021）。身心障礙者生活重建／訓練／支援及家庭支持服務計畫。取自 https://dosw.gov.taipei/cp.aspx?n=58AD92A8DB2B1952

臺北榮總護理部健康 e 點通（2021）。精神病人自我照顧訓練。取自 https://ihealth.vghtpe.gov.tw/media/862

英文部分

Rowlands, A. (2001). Breaking my head in the prime of my life: Acquired disability in young adulthood. In Priestley, M. (Ed.). *Disability and the life course: Global perspectives* (pp. 179-191). Cambridge University Press.

Tuttle, D. W., & Tuttle, N. R. (2004). *Self-esteem and adjusting with blindness: The process of responding to life's demands* (3rd ed.). Charles C. Thomas.

第八章 就業

葉琇姍

就業是成人生涯發展的重要任務，人們從學校畢業後，投入職場，到法定退休年齡之間，有長達三十至四十年的職業生涯。從就業獲得報酬，不僅使人們邁向經濟獨立的生活，同時在工作中也能展現自己的專業，獲得成就感，透過與他人互動，更建立起人際網絡，就業對人們的生活，確實意義重大。

但是，一般的生涯發展或生命歷程理論，都是以非障礙者的生命為基準而發展出來，身心障礙者的就學階段，可能因為障礙別特性，會延長學習時間，或減少學習的內容，甚至因為資源布建不足，沒有學習的機會；其次，絕大多數的職場空間或營運方式，也都是以非障礙者為職員所規劃，如辦公室座位的安排、建築物的空間設計，乃至於會議、文件或溝通方式，也鮮少考慮身心障礙的工作者，這些都增加身心障礙者就業的困難度。

社會工作人員經常將就業視為個人脫離貧窮、自立生活、建立社會網絡的處方，但在政府部門的分工中，社會福利與就業分屬兩個不同的行政體系，社會工作人員對於就業服務較為陌生，常認為就業可以改善服務對象的生活，但就業服務人員評估的結果，卻常認為服務對象尚未準備好，無法順利推介到一般職場工作。兩個服務專業因為目標設定不同，而有不同期待，但兩個領域的專業人員卻經常必須在成人身心障礙者的服務歷程中合作，因此亟需增加對雙方專業使命與知能的認識。

本章將簡介身心障礙者就業的概念及現行法令規定，並說明現有就業服務模式，讓社會工作人員對就業服務有更清楚的概念，並思考如何協同合作，提供整合性的服務。

第一節　身心障礙者就業的相關法源依據

一、《身心障礙者權益保障法》

有關身心障礙者就業的主要法令，見於《身心障礙者權益保障法》

（以下簡稱《身權法》）第 4 章就業權益，本章中對於就業的主要說明如下：

（一）建制職業重建服務爲推展就業之主要服務架構（第 33 條）。
（二）明訂三種主要就業模式，爲一般性就業、支持性就業、與庇護性就業（第 34 條）。
（三）明訂公私部門應定額進用之比例（第 38 條）。
（四）明訂視覺障礙者的就業保障措施（第 46 條、第 46-1 條）。

以上內容，明確建構我國的身心障礙者就業是以定額進用制度，要求雇主善盡僱用責任爲主要措施，並以職業重建服務作爲專業服務模式，提供個別化的就業服務。

二、身心障礙者就業轉銜

有鑑於身心障礙者各生涯發展階段，有特殊需求，不同服務體系銜接前後，應給予連續性之支持服務，故在《身權法》第 48 條明訂各地方政府應積極溝通、協調，制定身心障礙者的生涯轉銜計畫。其中從教育階段或社會福利服務階段銜接到就業階段，是一個重要的轉銜過程。勞動部另訂有《身心障礙者就業轉銜服務實施要點》，地方政府的勞工主管機關應協調社政、衛生及教育等單位提供轉銜服務，並至少每半年一次邀集社政、衛生、教育等單位及當地特殊教育學校（班）、高中（職）以上有身心障礙學生之學校、身心障礙就業服務及職業訓練之公、私立機構，召開就業轉銜聯繫會議，以整合當地資源辦理就業轉銜事宜，俾利身心障礙者提早就業準備。例如：當社會福利體系服務之身心障礙者，具備一定條件能力時，社政機關即可透過轉銜聯繫會議提出，使勞政機關銜接後提供職業重建服務。又如在精神醫療復健機構之服務對象，如病情穩定，且有就業意願或需要時，也應通報勞政機關，協力支持其逐步進入就業市場。這些銜接過程，除了系統間資料彙送，亦有不同專業體系直接服務工作者對身心障礙者的評估與協力合作。

三、庇護性就業相關法令

庇護性就業是身心障礙者就業中，獨特且較具爭議性的一種安置模式。就其爭議性而言，在身心障礙者就業服務發展的歷史中，庇護性就業常被認爲是一種封閉式，在機構內、無法與外界接觸互動的就業安置場所，違反了 CRPD 的諸多精神。臺灣有關庇護性就業的法令，也經過多次轉折，就該類型場所究竟應爲一個訓練場域、照顧場域、或就業處所，有諸多爭論。於 2008 年修法時，最後將其定位爲一安置就業的職場，既爲職場，其所有規格比照一般職場，有雇主、有員工，有上下班時間設計，亦需給付薪資，甚至都適用勞動相關法令，如《勞基法》、《職業安全衛生法》、《性別工作平等法》等，庇護工場的管理者與身心障礙者是勞雇關係。此一性質有別於社會福利的照顧或生活支持服務，身心障礙者不是被照顧者或被服務者，在庇護工場內是一名受雇者，具備勞工身分。

四、職業重建專業人員制度

由於《身權法》中明訂職業重建服務爲主要服務架構，因此相關從業人員稱爲「職業重建服務專業人員」。勞動部訂有《身心障礙者職業重建服務專業人員遴用及培訓準則》，範定有六類專業人員，分別是職業訓練師、職業訓練員、職業輔導評量員、就業服務員、職業重建個案管理員以及督導。除職業訓練師與職業訓練員外，其餘專業人員均開放具備社會工作師資格、或社會工作學系畢業者從事，惟部分具備資格者，仍必須有身障領域服務相關經驗，職業輔導評量員甚至必須先經過 160 小時以上的職業輔導評量專業訓練，職業重建個案管理員（以下簡稱職管員）也必須先完成 36 小時專業訓練，再經認證，取得證明文件始得從事服務。專業人員於取得資格認證證明後，每三年還應接受繼續教育，合計應達 60 小時以上，才能繼續更新認證資格。換言之，要從事身心障礙者的就業服務工作，必須經過認證程序，這與社福機構或組織的社會工作人員限制略有不同。

在就業服務員（以下簡稱就服員）一職上，視就業模式又可區分為支持性就服員與庇護性就服員，前者功能在協助推介身心障礙者至一般職場，如速食店、便利商店或一般公司行號事業單位；後者的服務範圍則侷限在庇護工場內，針對被安置於工場內之身心障礙員工，提供職場內的訓練與支持服務。由於庇護工場的經營內容具多樣性，如外界較熟知的餐飲烘焙業，或者手工品製作，如手工香皂、茶葉或咖啡分裝，還有清潔打掃、販售商品等，庇護性就服員為了輔導身心障礙員工，也必須對任職工場的產品有所了解，甚至必須熟知某些產品的製程、原料供應、客戶服務及出貨營收等，有時必須在職場中補位，擔任身心障礙者較不易完成的工作項目，如涉及複雜計算、與外部廠商（如訂購原料）或顧客的交涉，因此庇護性就服員有時會在收銀臺收銀，也有可能是製程的品管員，有時要設計產品組裝促銷，還要會煮咖啡、做麵包，更常必須陪同身心障礙員工參與一些販售活動。有些庇護工場會另僱用其他類型輔導員，專職指導生產技術，但規模較小的庇護工場，可能就由就服員一肩扛起。支持性就服員也有類似的功能，當就服員將服務對象推介到不同職場，就服員也必須協助指導身心障礙者熟悉工作，了解各職種需要的技術及社交能力，因此就服員也必須累積不同職種的核心技術知識，以便快速帶領服務對象適應工作。社會工作人員如投入這些領域工作，必須有所準備，有可能從事專業以外的各類型生產協助工作。

第二節　身心障礙者職業重建個案管理與就業模式

依據《身權法》第 33 條及第 34 條，範定我國身心障礙者就業的主要專業服務架構為職業重建服務模式，並將身心障礙者就業大致分為三種模式：一般性就業、支持性就業及庇護性就業。其中一般性就業指身心障礙者本身即具備求職能力，能自行求職、應徵就業，尚不須額外的專業人員協助。後兩種就業則是經由專業人員協助安置。勞動部勞動力發展署編訂《身心障礙者職業重建個案管理服務工作手冊》，可參考其詳細說明。

一、職業重建服務

職業重建服務（vocational rehabilitation）係以諮商服務爲核心概念發展出來，以美國職業重建服務爲參考架構，「美國的復健諮商師會運用諮商技巧以協助身心障礙者能夠在融合的環境中，達成其個人生涯、職業、行爲及社會上的成長或改變」（身心障礙者職業重建個案管理服務工作手冊，頁 8-9），雖然職業重建專業期許能在服務過程中，同時關注外部環境的改變，並能爲身心障礙者的需求倡議，但是不可諱言，這個服務的核心概念仍有相當程度聚焦於透過個人改變，以適應社會。而就業市場作爲一個外部重要的環境，也難被職業重建服務所撼動，如整個就業市場工作機會的發展、薪資條件的趨勢，或者雇主的用人期待等，因此職業重建服務要從環境面切入工作，有一定的難度。它的角色係介於個人與職場環境之間，透過專業諮商或行爲改變，使身心障礙者能找到進入就業市場的路徑，並透過有系統性的支持服務，專注於服務對象如何獲取足以留任職場的技能，以及創造職場內具包容與支持的氛圍，來促成成功的安置就業，因此也可以說，職業重建服務仍比較偏重對身心障礙者個人的支持協助，透過運用多種技巧，激勵身心障礙者的求職意願、設定目標提升身心障礙者的能力，以推介工作爲最重要的任務。另須注意的是，並非所有想求職的身心障礙者都須進入職業重建服務體系，依其個人條件能力，也可能只須些許支持即能自行求職，在社政體系接觸的身心障礙者，亦可依據其個別狀況，展開與勞政端的對話，建立適合該身心障礙者的就業協助模式。

二、就業服務實務

我國有關身心障礙者就業服務的發展，早期是先由傳統的社會福利機構，參考國外經驗引入，由社會工作人員或教保員化身爲就服員，自行摸索，以一對一的支持服務，帶著身心障礙者找工作，進入職場教導其工作技能，再支持其穩定就業。

隨著專業化發展，就服員的專業功能慢慢分化，包括：就業前運用職業輔導評量的評估、就業前準備，乃至就業期間的密集輔導、開發就業機會等，梳理出更有系統的操作順序及檢視，不同服務階段之間也更需整合與管理，才出現職業重建個案管理服務，明確設定各階段的任務，並發展該任務應操作的實務表單，從開案的晤談評估、發展職業重建服務計畫、爲身心障礙者做好職前準備，再進入尋職階段，由就服員開發工作機會、陪同面試、工作試做，最後推介就業上線，還有十天的密集輔導階段，支持身心障礙者能獨當一面執行工作，就服員再逐步退場，最終目的是使其在微小的支持及職場建立的友善氛圍下，能持續且穩定的就業，其服務流程參見流程圖（圖 8-1）。職業重建個案管理服務類似社會工作的個案管理，只是它的核心任務是支持身心障礙者穩定就業，爲達成此目標，所需要的專業知能與策略也有其獨特性。

當服務的目標是支持身心障礙者穩定就業，啟動服務的契機就是服務對象本身表現出就業意願。然而，徒有就業意願，並不能作爲展開服務的唯一要件，因爲就業市場有一定門檻，諸如執行工作需要的認知功能、身體操作物件的功能、協調溝通能力，更別提其他抽象性的能力，如判斷決策、團隊合作等，因此啟動服務的重要關鍵，在於評估服務對象是否具備進入就業市場的基本準備，如獨立行動的交通能力、以各種方式可行的溝通能力、操作工作的學習能力等。如因腦傷致記憶力受損的身心障礙者，學習能力受到破壞，無法記憶工序或品質的重點，甚至無法獨立往返工作職場，此時職業重建服務個管員必須評估找到其優勢，並從就業市場上找到適配的職種，才能展開後續服務，因此就業服務不保證能找到工作，但它可陪伴支持服務對象逐步的提升就業準備度，但專業人員也必須面對專業的極限，如果現有的就業市場尙無法包容特殊的就業者，專業人員必須調整目標，陪伴求職者經歷必經的尋職過程。

當求職的身心障礙者表達了就業意願，且經職管員評估，亦具備了一定程度的就業準備，就會依其能力分派至支持性或庇護性就服員手上，開始步上眞正的求職之路。

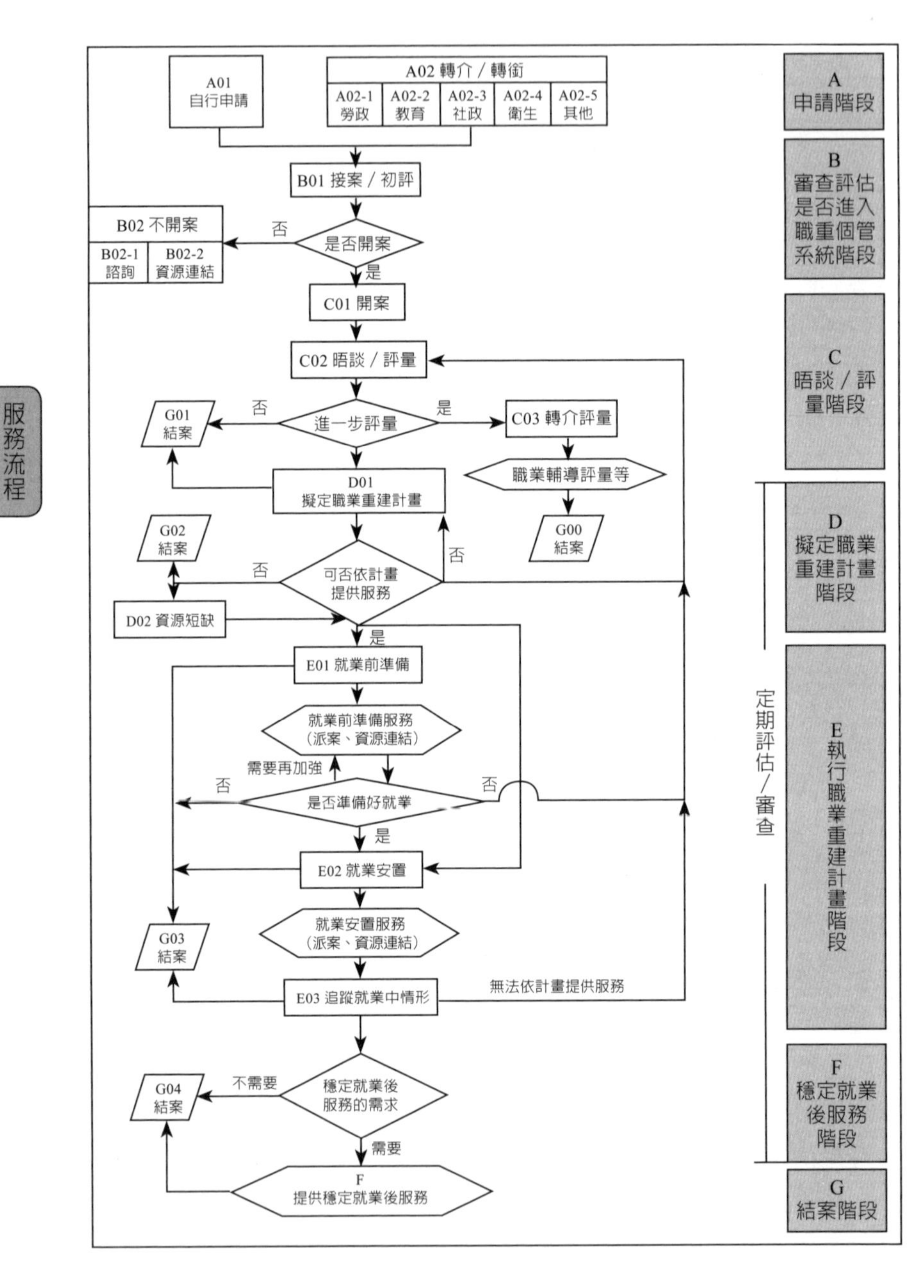

圖 8-1　身心障礙者職業重建個案管理服務流程圖

資料來源：《身心障礙者職業重建個案管理服務工作手冊》

三、支持性就業

支持性就業是針對具有就業意願之身心障礙者，如其就業能力尚不足以獨立在競爭性就業市場工作，由專業人員提供個別化之就業安置、訓練及其他工作協助等支持性就業服務，提供支持性輔導，以協助身心障礙者能穩定就業。

具體而言，支持性就業服務執行的內容包括：開發工作機會、評估工作職缺所須具備之能力、依據職管員對求職障礙者的評估，媒合求職者到特定工作職缺。在媒合的過程中，就服員必須熟知雇主的要求與期待、薪資與工時等勞動條件、以及該工作須要的技能，再以一個橋梁的角色，一方面說服雇主能給予身心障礙者一個機會試做，另一方面要指導身心障礙者學習此一工作須具備的能力，藉由做中學的方式，先安置後訓練，支持性就服員推介之工作，其工作時間、工資及相關勞動權益應符合勞動法規之規定，部分工時者至少每週工作 20 小時，以確保支持性就業者之權益。如爲《社會救助法》下安置的臨時性工作（一般稱爲以工代賑），係以社會救助領取津貼爲前提，安排臨時性工作，有一定工作期限，並不符合就業服務能長期安置穩定就業的目的，且經勞動部解釋此爲一種公法上社會救助關係，一般而言，並不會被就服員認定爲一個適合安置的工作機會。

四、庇護性就業

庇護性就業係針對有就業意願、但就業能力不足，無法進入一般就業市場的身心障礙者所發展出的一種安置模式。依各國政策目標不同，不同國家對於庇護工場的定位也不相同，有些單一目的、有些混合多種目的。庇護性就業的目的最常被提及的是社會、職業的整合與復健（Visier, 1998）。例如：澳洲、丹麥、瑞典等國家，提供工作給身心障礙者之目的即是讓身心障礙者整合於社會。某些國家，例如：比利時更直接說是找到工作。另外，有些國家，強調生產財貨與服務，例如：挪威、葡萄牙、南非等。瑞典的公營身心障礙有限責任公司 —— Samhall，也在乎財務成果，雖然不是優先選項。盧森堡則強調身心障礙者的自我實現重於產出。澳洲定位庇護性就業是爲了身心障礙者的福祉，例如：恢復其尊嚴。

有些國家，將庇護性就業當成是一種治療性處遇，例如：希臘。或是將庇護性就業當成是一種職業功能，補充身心障礙就業者的所得，這基本上是一種工作爲基礎的救助，例如：西班牙、南非即是。也有國家強調庇護性就業的職業訓練目的，例如：澳洲、挪威、蘇格蘭。此外，也有轉銜進入一般職場的過渡性質，例如：比利時、瑞典。有些國家將庇護工場視爲一種訓練場所，身心障礙者身分是受訓學員，在此進行強化職業能力。如果將庇護工場視爲一特殊職場，身心障礙者爲受雇者，領取薪資。我國庇護工場屬於後者，爲管理庇護工場，各工場均應向政府申請設立許可始可從事庇護性就業。

依據《身權法》及職業重建服務模式之設計，想尋求庇護性就業的身心障礙者，應先申請求職，經職管員的評估，無法或不適合進行支持性就業時，可透過評估或職業輔導評量，確認求職者本身能力或特質，並做成可安置庇護工場的評量結論，職管員始得依此結論進行庇護工場的安置準備。

目前全國有超過一百個庇護工場，其經營內容多元，包括：餐飲烘焙、清潔打掃、手工品製作、文具組裝、零售商店等，每種工場的員工也需具備不同的能力，因此當身心障礙者經職業輔導評量評定可安置於庇護工場，仍須依其專長能力向各工場求職，各工場同時也會考慮身心障礙者本身的興趣、意願等條件，由職管員與庇護性就服員合作，協助進行安置及安排後續之就業服務。

庇護工場與工作之身心障礙者之間爲勞雇關係，依《身權法》第 40 條規定，庇護性就業者依其產能核薪。換言之，庇護性就業者的薪資與基本工資脫勾，勞動部於 2011 年 5 月即訂頒「身心障礙庇護性就業者產能核薪注意事項」，明訂各庇護工場應詳列各項職務所需完成之工作細項及達成標準，並依身心障礙者工作勝任能力及生產能力逐項進行評量，再訂定出不同能力者之薪資水準，據以核發薪資，該薪資標準並應報請地方政府核備。因此不同的庇護工場，必須分析工場內可由身心障礙者擔任的職務所須能力，再依此去判斷身心障礙者能達到的程度，作爲核薪的依據。由於這類身心障礙者本身就屬就業能力較爲薄弱的一群，不論生產的速度、效率或品質，也相對較慢或較低，須要由庇護性就服員或其他技術輔導人員協助，才能達成標準，而每一名專業人員需協助 6 名庇護性員工，這也造成庇護工場多半不易大量出貨或快速製造販售產品。社政體系的社區小型作業設施（俗稱小作所）亦有類似生產產品或勞務的活動內容，並發放類似薪資的獎勵金，如每月發給 500 元，此種性質並非薪資，亦無明確依產能計算的標準，且小作所負責人毋需負擔雇主責任，如替員工加保勞健保、符合《勞基法》規範事項、計算員工休假等，雖然小作所與庇護工場都涉及某些生產勞務，但小作所的管理者與身心障礙者之間是一種服務關係，庇護工場作爲一個準職場，規範繁複，除了身心障礙者是經專業評估後才能安置，管理者與身心障礙者之間是勞雇關係，如一般職場，政府甚至也會到工場內實施勞動檢查。

五、職前準備與見習制度

許多身心障礙者因爲就業能力較薄弱，如久未參與就業，或在學階段未有效提升工作技能，想進入庇護工場工作亦有困難，因此勞動部訂有庇護工場見習制度，透過短期安置身心障礙者至庇護工場見習，以增進工作認知及態度、職場適應學習、工作技能訓練等爲目標，進行最長六個月的工作活動，如爲智能障礙、自閉症、精神障礙或併有前述障別之多重障礙者，經評估，其見習期間最長以一年六個月爲限。透過見習制度，可以協助這些身心障礙者，養成良好的生活作息規律習慣，學習簡單的工作技能，並能在職場與他人互動、合作生產，也提升他們的社交能力，這些基本的條件也是進入庇護性就業必要的能力。

至於具備一定就業能力，可進入一般職場的身心障礙者，也可能因爲長久未參與就業，部分能力退化或社交能力較弱，各地方政府則有不同的職前準備計畫，包括：用團體方式，增進身心障礙者的社會互動，並學習職場應對進退能力，同時增強其求職信心與適應工作的能力，針對其較弱的項目，可以加強訓練，凡此類似性質之活動，都可稱為職前準備。

第三節　職務再設計

一、職務再設計的基本概念

職務再設計係利用與職場有關事項的改善，達到提升身心障礙者穩定就業的一種專業服務。具體而言，職務再設計包括以下幾種內容：

（一）改善職場工作環境

指為協助身心障礙者就業，所進行與工作場所無障礙環境有關的改善。

（二）改善工作設備或機具

指為促進身心障礙者適性就業、提高生產力，針對身心障礙者進行工作設備或機具的改善。

（三）提供就業所需之輔具

指為增加、維持、改善身心障礙者就業所需能力之輔助器具。

（四）改善工作條件

指為改善身心障礙者工作能力，所提供身心障礙者必要之工作協助，包括：提供身心障礙者就業所需手語翻譯、聽打服務、視力協助或其他與工作職務相關之職場人力協助等。

（五）調整工作方法

透過職業評量及訓練，按身心障礙者特性，分派適當工作，包括：工作重組、調派其他員工和身心障礙員工合作、簡化工作流程、調整工作場所、避免危險性工作等。

二、職務再設計的實務運作

當就服員在媒合身心障礙者進入職場，或已經在職場工作的身心障礙者為提升工作效能，都是運用職務再設計的可能時機。身心障礙者本人或其雇主均可向政府提出申請職務再設計服務或經費補助，由政府指派專家至現場評估所需要的改善方式，經與身心障礙者本人或雇主討論出適切方案後，據以改善職場的設計。

在各種職務再設計的申請案件中，輔具運用為最主要的項目，包括：視障者（如弱視）需要的擴視機、報讀軟體、點字設備等，都有助於視障者能閱讀電腦中的檔案或書面文件。另如不同功能的助聽器，能提供不同聽力的聽障者適應不同的工作環境，其他如因工作地點交通往返或辦公室內移動所需要的行動輔具（如輪椅），也是就業者常需要的輔具。

部分的職務再設計涉及工序或工作方法的調整，當辦公室內的一些設備不易調整，或涉及與他人合作時，專業團隊亦可透過職務分析，將工作程序調整為身心障礙者方便操作的流程，可達到提高工作效能，又能減少職業傷害的效果。專業評估人員除應了解職場的工作內容，也要熟知常運用的解決策略，包括：主要輔具的功能、身心障礙者運用輔具的能力或限制，才能從使用者、工作與環境三方中找到適配的調整方案。

除了硬體設備外，手語翻譯、語音聽打、及視力協助員（簡稱視協員），則是由專門的人員提供的職務再設計服務，聽障者需要參加會議、訓練課程時，需要專門的翻譯或聽打服務。而視障者則是在執行工作時，需要將一些文件轉檔或掃描，以方便透過電腦軟體識讀，或者部分文書工作中涉及非文字的工作，如表格、圖形、排版、校對等，可由視協員協助完成。但值得注意的是，視協員並不是替視障者執行他的主要工作，如某一工作任務需要視障者上網蒐尋資料，這是主要任務，應由視障者本人執行；又如需要分析資料，視障工作者應具備這些分析能力，但在製作表格時，可由視協員協助。視障者與視協員之間仍應有一定的工作界線，視協員只是就視力無法兼顧的部分予以協助，不能取代視障者自己應執行的工作。

有關身心障礙者使用的輔具，經常同時涉及社政與勞政的補助行政，如肢障者使用的輪椅，常是往返於工作與居家，又如助聽器，也是全天候使用，不一定會區分工作中使用與生活中使用，此時職務再設計的評估，必須專注於在職場上使用的時間長短或發揮的效能，來決定如何提供申請人補助，而社政之輔具補助，則是以生活需求爲主，且許多輔具項目都採定額補助。當申請人的輔具可能跨越工作與生活領域共同使用時，申請人也可同時向勞政與社政申請補助，以分攤購買經費的概念，滿足當事人的使用需求。這是目前行政體系的運作方式，未來亦期待身心障礙者的輔具需求能整合評估、簡化作業，提高使用的便利性。

第四節　社會工作人員與就業服務人員的合作與挑戰

身心障礙者的就業服務專業，雖並不排斥具備社會工作專長者從事，但目前以職業重建服務爲核心實務模式的發展下，所有從業人員均須經過認證才能執業，如社工背景的專業人員，本身對就業市場的相關知識與資訊較爲熟悉，再接受職重相關訓練，也可較快的取得所需認證資格。社會工作人員應了解，在職業重建服務的過程中，社會工作人員不會是直接提供服務者，但他／她們仍可能在成年身心障礙者服務中，與職業重建服務專業人員有合作的機會，因此認識就業服務的專業亦有其必要性。本章提供基本的介紹，讀者有興趣深入了解時，可再閱讀勞動力發展署（2014 年 6 月）編印之《身心障礙者職業重建個案管理服務工作手冊》。

許多身心障礙者都是先由社政體系服務，如日間照顧機構、社區小型作業設施、或身心障礙者資源中心，再轉銜至勞政體系。兩個專業體系的對話，也在轉介期間密集發生。許多社會工作人員認爲，讓身心障礙者就業是可以促使其生活獨立，或提升生活品質、增加社會參與的方式，但實情是否如此？在此也對社會工作人員提出幾個提醒。

一、勞動市場之工作性質已大幅改變，就業並不一定能提高生活品質

從 1990 年代以來，人類的工作有了大幅度的改變，隨著全球化的發展，當今的商業組織變遷迅速，工作部門隨時調整，許多公司只保留核心的職務，直接聘用員工，其他非核心的工作都採取外包方式，零工經濟（gig economy）[1] 出現後，更多人運用多種技能、零散時間接工作，固定為一家公司工作的型態也改變了。科技的進步更是神速，很多工作都在電腦前完成，電子化取代很多紙張撰寫或影印，這些改變，使得工作變得不穩定與不確定。

就業能力較薄弱的身心障礙者，很難成為企業的核心員工，以心智障礙者為例，多半只能成為企業外包的清潔公司員工，在企業壓低成本下，這種工作的薪資也不會太高，而且在職場上，他們只是一個外包清潔工，很少有機會與他人互動。傳統文書傳送的工作也消失了，員工至少必須會使用公司設計的資訊系統收發文件或安排會議等。身心障礙者能從事的工作，很多都是勞力密集型，不容易有升遷發展，也很容易隨著年度招標而失去工作。因此就業亦會伴隨著職場各種變動，而有失業、勞資爭議、及壓力等問題，甚至面對消費者的要求，感到挫敗。藉由就業累積所得的效果，也不一定十分明顯，也就是說就業並不一定都帶來正面的生命經驗，部分身心障礙者在進入就業市場後，也有因為承受不了壓力而退出的情形，社會工作人員應對此有基本的認識，當身心障礙者有就業意願或想望時，如何務實的建立服務目標，不能一廂情願。

---

[1] 零工經濟指從事短期、獨立的工作安排，例如：自由工作者、顧問、獨立的承包工作者、短期（暫時）工作者、派遣工。

二、雇主追求利潤，不能以愛心推銷就業

在企業追求降低成本、提高利潤的經營目標下，任何員工都必須能爲企業組織創造利潤。因此就業市場有一定的門檻，尤其是工作技能。以臺灣目前服務業爲主的就業結構，員工需要更多抽象的能力，如溝通、應對、應變等。社會工作人員常會帶著他們判斷已準備好的身心障礙者，接觸職業重建服務體系，但經過職管員評估，卻又打回票，社會工作人員常不了解，爲什麼職管員不能鼓勵有就業意願的身心障礙者。然而，職管員面對求才雇主的要求，他們希望員工能上線工作，無暇應付太多的變動性。雖然透過支持性就業服務，可以爭取在安置就業初期，以密集的輔導，加速身心障礙者的就業，並使其穩定，就服員也深知職場的現實性，企業不會接受無法爲公司效力的員工。頻繁媒合就業，又被雇主回絕，也會造成身心障礙者的挫敗感，因此社會工作人員必須了解，有就業意願或動機，或許能啟動後續就業服務，但不表示身心障礙者已經具備職場所需的能力，也無法保證一定能就業。在這個轉介的過程，保持與職重專業團隊的溝通，如何增加對就業市場期待的了解，替身心障礙者做好準備，是必須努力的方向。

三、就業只是生活的一部分，不是全部

就業只是每個人生活的一部分，身心障礙者在下班後，還是有自己的生活，因此持續的支持與關心仍是需要的。身心障礙者就業初期，更需要鼓勵提升社交能力，並慢慢學習應變，他們也會結交朋友，也有休閒娛樂的需求，甚至成年後，也想獨立居住，領了薪水後，也須理財規劃，他們可能也會對異性感到興趣，有性方面的需求，或者渴望親密關係，也可能因體能退化，必須考慮是否要提早退休？這些生活多面向的需求，社會工作人員仍需持續關注，不要過度期待就業後可以改變身心障礙者所有生活的步調。

在這些基本認識下，社會工作人員可以從職前準備的階段，帶領身心障礙者認識不同的行（職）業。臺北市勞動力重建運用處（2020）製作有《我要上班了》的易讀本，可作爲職前準備的教材，社會工作人員可運用這些教材教案，協助身心障礙者發展出就業需要的基本能力清單，透過方案或課程，提升身心障礙者的準備度，同時運用家庭社會工作的技巧，使其家人能理解就業市場的期待，當時機成熟時，也能與職業重建專業展開協同合作。

在身心障礙者正式進入職場工作後，他們仍有許多生活需求，也需要在支持下進行社交活動，建立生活圈，這也代表社會工作人員的工作仍有繼續存在與發揮的空間。如心路基金會就業服務中心，每年舉辦就業者回娘家活動，讓已就業的身心障礙者回到機構分享，關心他們就業後的改變。當身心障礙者有能力賺取薪資，對自己的生活期待會有所調整，也可能因爲有收入，成爲詐騙者易下手的對象，包括：辦手機、信用卡、儲蓄、上網購物等，這類的生活能力，也會隨著工作進程需要再發展或增強，這時社會工作人員需要與身心障礙者重新建立目標，也有更多服務待倡議發展。社會工作人員可以發揮的功能，不會因爲身心障礙者就業，就完全終止，反而要更加認識就業後的身心障礙者可能需要的生活支持服務，而能適時提供陪伴與協助。

參考書目

中文部分

勞動力發展署（2014年6月）。身心障礙者職業重建個案管理服務工作手冊。新北：勞動部勞動力發展署。

臺北市勞動力重建運用處（2020）。我要上班了（易讀本）。臺北：臺北市勞動力重建運用處。

英文部分

Visier, L. (1998). Sheltered employment for persons with disabilities. *International Labour Review, 137*(3), 346-365.

第九章
社區服務

吳瓊瑜

第一節　社區照顧與社區支持服務

身心障礙者照顧的機構化（Institutionalization）由來已久，例如：漢生病（Leprosy）於西元 4 世紀傳入英國，1050 年左右大流行，從 11 世紀到 1350 年，至少有 320 家收容當時稱爲痲瘋病人的宗教機構出現。1087 年的坎特伯里大主教藍佛蘭克（Archbishop Lanfranc in Canterbury）在肯特郡（Kent）興建第一家收容窮人、老人、病人的醫院，後來又興建了類似的機構給痲瘋病人。直到 14 世紀，痲瘋病消失後，這些機構改收肢體障礙者、盲人、小兒麻痺患者。此外，興建於 10 世紀的救濟院（almshouse），除了收容窮人、老人之外，也收身心障礙者。至於精神病院（insane asylums）則興建於 17 世紀的歐洲。

臺灣最早收容痲瘋病人的機構是 1736 年興建於彰化八卦山下的彰化養濟院。此外，興建於 1747 年的普濟堂，當時除收容老人、身心障礙者外，兼收鰥寡孤獨與痲瘋病患。到了 1950-1960 年代小兒麻痺流行，臺灣的殘障養護機構大量出現，收容小兒麻痺兒童（林萬億、劉燦宏等，2014）。

機構式照顧提供 24 小時照顧，目的在於減輕家庭照顧的壓力，替代家庭教養功能，尤其以肢體障礙教養機構與心智障礙者啟智教養機構爲代表。當時對身心障礙者的觀點是負向的、貶抑的，是殘病、可憐、慈善的，甚至是可怕的，對身心障礙者沒有抱持期待，只求一個隔離空間提供照顧。這樣的模式總在人煙稀少、交通不便之處興建些建築物，所有身心障礙者所需要的醫療、復健、居住、休閒全部在這些建築物中完成。爲了運作方便，統一的作息節奏、統一的飲食與用品，機構中的居民因此過著制式化的生活，同時也失去與原生家庭的連結及參與社區正常化生活的機會。

1960-1970 年代人權意識興起，「機構式服務無法符合人性照顧」的議題漸漸被關注，進而形成「去機構化」（Deinstitutionalization）運動。聯合國亦於 1971 年通過障礙者與智能障礙者權利宣言，宣示「障礙者與一般人一樣有與其家屬或父母同住的權利」。1980 年代對「社區居住」

有了具體的定義，開始在正常化原則下逐步移轉機構住民至社區中生活，自此開啟了強調「最少限制」、「正常化」、「以社區為基礎」，以及「社會整合」、「社會融合」之新的身心障礙「社區照顧」模式。

就身心障礙與失能者的社區照顧（community care）言，其發展是為了串接急性的醫院服務，擴大照顧服務的範圍，將服務輸送到社區，以滿足生活在社區中的居民需求，亦即在社區中被照顧（care in the community）。但是，不能把社區照顧理解成由社區（或居民）來提供照顧服務。而是，為了支持越來越多身心障礙者尋求自立生活，偏愛住在熟悉的社區與家中，而發展出有別於機構或醫院的多元服務。社區照顧的目的是減少不適當的住院或入住機構，或不必要的長期住院。同時，聚焦於復健，以銜接長期照顧需求評估，避免不必要的住宿型機構照顧。社區照顧的服務人員包括：家庭照顧者、志願工作者、居家照顧服務人員、中期照顧（過渡期照顧）服務人員、住宿服務人員，以及各種社區支持服務人員。自立生活方案則透過直接支付，讓服務使用者選擇購買適合所需的社區照顧服務。

臺灣有關社區照顧的討論，最早起於1993年臺灣社會工作人員參加香港「社區照顧與華人社區研討會」。1994年臺北市成立「社區照顧推動委員會」，並開始試行多項社區照顧實驗方案。1995年「全國社區發展會議」，正式提出「推動社會福利社區化」之概念；同年召開「臺港社區照顧研討會」，開始探討本土化社區照顧模式。在西方國家去機構化、正常化、社區化的趨勢下，我國身心障礙組織也朝向社區型發展，最早是心路基金會辦理的「社區家園」在1990年成立，倡議推動小型化社區照顧的服務方式，取代大型教養院的收容方式。1996年內政部提出「社會福利社區化實施要點」，自此「小型化」、「社區化」、「正常化」成為身心障礙服務的核心價值，影響服務的變革。社區型的福利服務亦應運而生，逐步發展成為替代機構教養的主流模式，也支持身心障礙家庭，讓身心障礙者能安居社區過著有尊嚴、有品質的正常生活。

福利社區化的推動除了緣起於西方的「去機構化」運動，在臺灣也正逢民主化的過程。歷經政府扁平化組織變革行政效率、解嚴後民間團體興起爭取自身權益，之後倡議型的非營利組織藉著公設民營契機，紛紛轉型與公部門合作發展直接服務，相對於「機構」，「異質」、「多元」社區型方案逐漸成為臺灣身心障礙福利服務的資源樣貌。

第二節 社區資源

福利社區化的過程中，除了政府的政策、補助與輔導，服務的供給與輸送仍需要社區大量的參與，因此福利社區化有一重大任務就是整合與啟動社區資源，建立社區福利服務網絡、促進資源間的協調合作，運用各自的優勢共同有效的滿足社區居民的需要，來落實社區照顧。從社會工作的觀點認為，凡是社會中對於社會工作有協助作用的人力、物力、財力、方案和組織都稱為資源。資源一般分為「正式資源」與「非正式資源」。正式資源通常由組織及專業人員所提供，服務輸送過程依循一定的程序與規範。正式資源又可分為公部門資源，由公部門編列預算依法行政所提供的資源。私部門資源包含由民間組織、企業所提供的付費型或免費服務，以及贊助型的資源。非正式資源指的是服務對象周邊系統，如親人、朋友、同學、鄰居、社區熱心人士所提供的服務；提供服務者不要求付費與回報，通常是透過情感上的回饋與滿足來維持。這類的資源不會因為付費時段、契約關係而影響，最親近服務使用者，又稱為「自然支持系統」，是推動社區照顧的重要資源，也是最接近社區支持網絡的系統。在支持身心障礙者自立生活、促進社會融合，推動社區化服務的工作中，社會工作人員須致力於啟動與運用社區自然支持，以彌補正式資源的不足，並且應該盡力促進將社區中一般人使用的設施轉化成有利於身心障礙者社區生活的資源，例如：社區診所、復健中心、運動中心、便利超商、美容院、大樓管理員、公車司機、捷運站保全、街角的摩托車店、早餐店……。如果身心障礙者生活圈中的相關資源越友善，身心障礙者經常能正常使用這些資源，產生正向關係，則自然能發揮彼此互助、基本的社區照顧功能。

專業型組織必須進行社區資源管理，包含資源盤點與評估、開發、連結運用以及資源的維繫。資源盤點源自於需求，指依據服務與組織所須檢視資源供需滿足的狀況及合作運用的品質，通常於年度更替或新方案發展時進行。盤點發現的缺口即是資源開發的目標。資源評估須以服務經驗為考量，品質不佳、成效不彰時需檢討改善合作關係或予以汰換。資源開發可透過服務議題跨單位合作、共同建構支持網絡、轉銜轉介、諮詢與被諮詢、聯繫會報、實地參訪、個案研討、志工參與、合作計畫……方式開啟關係，透過實質服務上的連結運用、經常交流互動、尊重與保持雙方利基及榮譽共享來維繫。組織形象、服務績效、組織能力與專業能力直接影響資源取得的機會，回應資源合作的能力與速度，以及合作是否能達平等互惠，也是非營利組織能廣結資源持續獲得協助的關鍵。

跨專業合作也是身心障礙領域非常重要的工作。服務使用者的需求可能涉及醫療、復健、精神、心理、輔具、經濟、特殊教育、行為輔導、建構支持，絕非僅靠單一專業就能因應，社會工作人員需要能夠與多元專業共同工作，除了運用資源開發維持的相關技術，更要能建立「專業團隊工作」模式。早年機構服務模式中，服務使用者的服務規劃與執行主要為教保人員，常依循某個服務綱要建立服務。如今服務導向以個人為中心，更重視服務使用者的參與與自決，在服務使用者主導的服務需求下，需要更多元的資源介入。社會工作人員必須跨專業多元學習，最起碼要能理解各個專業的特性與主要觀點，居間溝通串聯以利合作，使服務使用者能獲得最佳利益。

社會工作人員應為其所屬組織建立資源手冊，依服務實務進行分類管理。分類的方式若更能貼近服務輸送所需，在開發運用上就會更順暢。例如：以生活品質為導向的服務，透過生活品質的八大面向規劃服務，服務所需資源同樣以生活品質的八大面向來建構、管理。資源完成連結使用後要安排互惠或回饋，如致贈感謝狀或重要活動邀約出席體驗互動、公開表揚等。在自然支持資源的開發上，也應去激發人群善的本性，在情感面回饋鼓勵其善行善意，及賦予助人的意義與價值。社會工作人員可擔任橋梁者角色協助資源方與服務使用者的正向友好關係。社會工作人員也要有意識的與各資源方保持合適的聯繫、互動，以維繫關係。

第三節　社區型服務工作實務

社會福利的建構常常是透過政府補助來引導發展重點，政策走向常影響身心障礙專業服務的布建，「社區型服務」近年來也在政府的鼓勵下快速發展，主要是配合長照社區服務網絡的建構，陸續布建各種「日間照顧」服務，以及針對身心障礙者自立生活與照顧者所提供的社區支持性服務。除了政府補助發展的服務外，亦有許多民間組織爲了促進社區化支持結合如聯合勸募、企業贊助型資源等自行辦理之實踐社區照顧相關服務。表 9-1 爲現行之各項社區型福利服務。

表 9-1　現行各項社區型福利服務

	服務項目	服務對象	服務內容
照顧服務類	社區式日間照顧 在社區的服務據點，通常較為小型，提供身心障礙者社區式在地化日間照顧服務。	提供 18 歲以上，經需求評估建議使用日照服務之身心障礙者。	1. 增進生活自理能力。 2. 促進人際關係及社交技巧。 3. 休閒生活服務。 4. 健康促進服務。 5. 社區適應服務。
	失能長照日間照顧服務	經長期照顧管理中心評估，符合失能等級第 2-8 級之失能身心障礙者。	1. 身體照顧服務。 2. 日常生活照顧能力。 3. 辦理預防及延緩失能程度惡化之各項活動。 4. 餐飲及營養服務。 5. 依服務使用者或家屬需求提供或連結交通接送服務。
	社區日間作業設施（小作所） 提供身心障礙者作業活動為主，自立生活與休閒文康相關活動為輔。作業活動每日 4	1. 15 歲以上，領有身心障礙證明，經需求評估建議使用者。 2. 未安置於社會福利機構、醫療或護理機構、精神復健機構者。	1. 作業活動：簡易代工、包裝、清潔及手工創意產品等。 2. 自立生活：居家生活學習、生活法律、自我倡導等。

表 9-1 現行各項社區型福利服務（續）

	服務項目	服務對象	服務內容
	小時，每週 20 小時為原則。	3. 接受夜間型住宿機構服務者不在此限。 4. 有意願且經服務提供單位評估可參與作業活動之身心障礙者。	3. 文康休閒：體能活動、藝文活動。 4. 社區參與：促進社區生活、社會參與與社會融合。
	臨時及短期照顧服務	1. 身心障礙者及家庭照顧者符合下列規定者，家庭照顧者始得接受臨時及短期照顧服務： (1) 家庭照顧者未接受《長期照顧服務法》第 13 條第 1 項第 3 款所定喘息服務。 (2) 家庭照顧者未領有政府提供之特別照顧津貼或其他照顧費用補助。 (3) 身心障礙者同一時段未接受日間及住宿式照顧服務或居家照顧服務。 (4) 未聘僱看護（傭）。 2. 依《就業服務法》相關規定聘僱之外籍看護工有下列情形之一者，家庭照顧者得接受臨時及短期照顧服務： (1) 無法協助照顧身心障礙者持續達 30 日以上。 (2) 無法協助照顧領有重度、極重度身心	以陪伴身心障礙者，受托期間之安全為限，有特殊情況經評估確有實際需要者，得提供下列服務： 1. 協助膳食：臨時照顧僅提供餵食協助；短期照顧提供餵食協助、烹飪協助或代購外食。 2. 簡易身體照顧服務：協助如廁、換尿布、翻身、拍背、肢體關節活動、上下床、個人清潔等。 3. 臨時性之陪同就醫。 4. 其他符合臨時及短期照顧服務精神之項目。 前項服務不包括到學校陪讀、訓練、到機構照顧或接送之服務。

表 9-1　現行各項社區型福利服務（續）

	服務項目	服務對象	服務內容
		障礙證明之身心障礙者，並有下列情形之一： A. 身心障礙者僅與外籍看護工同住。 B. 主要照顧者年滿 65 歲以上。 C. 與身心障礙者共同生活之配偶、直系血親、直系姻親或二親等內旁系血親，其中一人亦為身心障礙者。 D. 外籍看護工需要臨時或短期間請假。	
	家庭托顧 托顧服務員於自宅住所內，提供身心障礙者身體照顧、日常生活照顧與安全性照顧服務，及依受照顧者之意願及能力協助參與社區活動。	18 歲以上之身心障礙者且申請服務時段未接受全日型住宿機構服務、日間照顧、居家照顧服務或其他同性質之照顧服務、未聘僱看護（傭）、未領有政府提供之特別照顧津貼或其他照顧及教育費用補助，且經需求評估結果建議使用者。	1. 身體照顧：協助如廁、沐浴、穿換衣服、口腔清潔、進食、服藥、翻身、拍背、上下床、陪同運動、協助使用輔助器具等。 2. 日常生活照顧：文書服務、膳食服務、文康休閒及協助參與社區活動等。 3. 安全性照顧：危機事故處理，異常、緊急通報。 4. 每日收托時間以 8 小時為原則，不得提供夜間住宿服務。

表 9-1　現行各項社區型福利服務（續）

	服務項目	服務對象	服務內容
	居家照顧	經長期照顧管理中心評估，符合失能等級第 2-8 級之失能身心障礙者。	1. 身體照顧服務。 2. 日常生活照顧服務。 3. 家事服務。 4. 營養餐飲服務。
支持自立生活	身心障礙者資源中心	7-64 歲，領有身心障礙證明者。	1. 個案管理服務：依身心障礙者鑑定及需求評估結果訂定個別化服務計畫，提供服務使用者及其家庭個別化專業服務。 2. 身心障礙者生涯轉銜服務：協助身心障礙者在轉換不同生涯階段時，連結所需之就學、就業、就醫、就養相關資源。 3. 個別化支持與家庭支持性活動：辦理專題講座、成長性或互助團體、才藝課程、體驗性活動、健康體適能活動或心理輔導等。
	自立生活支持服務 以身心障礙者為主體，與社會工作人員、同儕支持員共同擬定自立生活計畫，連結資源，協助在社區生活及參與社會。	18 歲以上經需求評估有機會透過服務促進社會參與，並有意願選擇在社區自立生活之身心障礙者。	1. 自立生活能力增進及支持，包括個人生活協助服務、擬定自立生活計畫等。 2. 社會參與，包含參加活動、健康支持等協助。 3. 同儕支持。 4. 資源連結。
	個人助理／同儕支持	1. 需求評估有使用自立生活支持服務需求者。	1. 共同擬定自立生活計畫，依計畫提供於社

表 9-1　現行各項社區型福利服務（續）

	服務項目	服務對象	服務內容
		2. 使用個人助理，需未接受機構安置、未聘僱看護（傭）、未領有政府提供之特別照顧津貼、日間照顧費或其他照顧費用補助者。接受衛生單位機構喘息服務補助者，不限。 3. 使用個人助理，需同時段不得重複使用居家照顧服務。	區自立生活時所需的個人助理之人力協助。 2. 提供同儕支持員之經驗分享及情感支持。
	身心障礙者會所 提供一個場館，透過類似 Club House 環境規劃、支持人員安排，讓身心障礙者彼此支持。 精神障礙者會所之目的在提供過渡性支持，協助重獲信心和生產力。 心智障礙者會館在培養自我選擇、決定、負責的能力，與支持自我充權。	領有身心障礙證明、有自主安排個人生活需求或暫時無法進入團體性穩定型服務之身心障礙者。	1. 關懷訪視服務。 2. 藉由同儕之間的鼓勵和經驗分享，協助服務使用者參與會所服務。 3. 學習課程、成長團體、講座課程、社交休閒活動。 4. 職業探索、過渡性就業方案。 5. 發展友善社群與環境。 6. 自我倡議團體、自我充權計畫。 7. 生涯轉銜、社會資源連結。
	自我倡議團體 成長過程中依附家長缺乏自主性及個人網絡，生活經驗普遍缺乏是心智障礙領域特有的處境。部分組織以促進自我決策、為自己權益發聲及建構	成年心智障礙者。	1. 建構個人友誼支持網絡。 2. 促進個人自我倡導與自主能力。 3. 提升個人自我認同、自我肯定與價值。 4. 提升個人人際社交技巧。

表 9-1　現行各項社區型福利服務（續）

	服務項目	服務對象	服務內容
	個人網絡為目標，發展出「自我倡議團體」。代表性組織，如心路青年聯誼會、智青之友、臺東愛心彩虹家族、智總的心智障礙者自我倡導培力計畫等。		近年回應 CRPD 精神運用自立生活概念，各單位積極培力心智障礙青年認識個人基本權利、表達自己的意見。提供講師／地區領隊／記者／街頭藝人培育、CRPD 大使、夢想行動家等支持，幫助心智障礙者享有主導權，積極參與和自己相關的服務與支持。心智障礙者逐漸在支持下可自行運作社團、有能力實踐自己的想望、為自己的生活作決定如同一般的成人。
支持照顧者	照顧者支持性服務	身心障礙者在家照顧之家屬，經需求評估需要照顧訓練或支持需求者。	1. 臨時及短期照顧。 2. 個案服務。 3. 照顧技巧指導。 4. 心理協談。 5. 支持團體。 6. 紓壓活動。 7. 照顧者訓練研習。 8. 關懷訪視。
身心障礙者社區關懷	社區關懷據點	15 歲以上至 65 歲之身心障礙者，以中高齡、獨居、雙老家庭或弱勢家庭為主要對象。	電話問安及家庭關懷訪視服務、社區參與活動。
生活輔助器具服務	輔具資源中心	1. 領有身心障礙證明者。 2. 失能者。 3. 有輔具需求之一般民眾。	1. 專業諮詢服務。 2. 輔具評估建議。 3. 輔具維修服務。 4. 輔具回收及租借服務。 5. 輔具展示及資訊提供。

表 9-1　現行各項社區型福利服務（續）

	服務項目	服務對象	服務內容
社區居住與生活服務	社區居住 一般社區住宅房舍之非機構式居住服務，協助家庭生活管理、休閒規劃、使用社區資源及訓練自立生活能力，以適應社區獨立生活。	18 歲以上經需求評估建議使用之身心障礙者。	1. 生活支持規劃：針對將回歸家庭生活或自行於社區租屋居住之服務使用者，持續提供支持服務，扶持其維持自立生活。 2. 健康管理服務：提供健康照顧、行為、情緒管理及壓力調適等服務，以維持身心健康。 3. 日常生活活動支持：協助服務使用者自我照顧，培養獨立自主能力。 4. 強化親職功能：促進家人參與支持身心障礙者自立生活。 5. 休閒生活與社區參與：協助服務使用者自主規劃休閒生活，參與社區休閒娛樂及社團活動。
	身心障礙者雙老家庭支持整合服務	1. 身心障礙者 35 歲以上與主要照顧者 60 歲以上。 2. 居住於社區。 3. 以（併有）智能障礙、自閉症、精神障礙、腦性麻痺等障礙歷程較長者為優先服務對象。	1. 身心障礙者雙老家庭個案管理服務。 2. 提供照顧者支持服務（如紓壓團體、親職講座等）。 3. 辦理社區宣導講座，主動發掘潛在的雙老家庭。 4. 專業人員到宅服務。

表 9-1　現行各項社區型福利服務（續）

	服務項目	服務對象	服務內容
終身學習	社區樂活補給站	結束正規教育後暫無安置機會及有終身學習需求之心智障礙者。	1. 按期開課，每一年辦理數期、每期每個課程辦理十至十五次課程。 2. 配置支持人力協助心智障礙者順利學習。
	身心障礙成人教育及終身學習活動	年滿 18 歲，並領有身心障礙手冊，且未具各級學校學籍者。	1. 基本教育課程：指補習與進修教育或職業訓練法規所定以外，有助增進身心障礙成人就業知能或補充基本教育知能所開設之課程。 2. 陶冶身心課程或活動：指有助提升身心障礙成人生活知能、健康休閒、人際溝通、社會適應、人文素養、生涯規劃等生活品質所開設之課程或活動。

表列社區型相關服務，大多爲政府依法行政補助辦理之業務，社會工作人員可在每年年底依衛生福利部公告之當年度「推展社會福利補助作業要點暨申請補助項目及基準」提出申請計畫，經核定後即可據以承辦該項業務。目前社區型服務量能尚顯不足，社區支持網絡亦尚未能充分滿足身心障礙者正常生活所需；一個優質的組織必須能依據服務對象需求及服務趨勢，發揮非營利組織精神先於政府發展更多彌補性服務；例如：心路基金會發現心智障礙者離開學校後，幾乎沒有繼續學習的機會，以及想提供給暫時無法使用正式資源而留在家中照顧的成年心智障礙者一個團體生活的選擇，讓家長有一個固定時間的喘息機會。1996 年結合資源開始辦理「社區教育推廣課程」的方案，以事先培訓組織志工人力，用以支持心智

障礙者順利學習，以及擔任促進友誼互動、示範、協調的支持角色。後來更名爲「心路學苑」，每年約有 3,600 至 5,000 堂次學習課程在進行。每一個課程配置至少 3 位志工協助學習。鼎盛期日間、夜間，基金會本部、各服務分支據點均有開設課程。爲促使終身學習達到更好的社會共融效果，亦爭取成爲高雄市市民學苑、社區大學之分班，及倡議一般大眾有使用的學習機會，並開放部分名額予心智障礙者共同學習。「心路學苑」也擴充許多社團，及至今日已是場場報名秒殺、深受歡迎的服務，在「心智障礙者終身學習」占有重要的影響力。

第四節　方案規劃工作

社區型服務必須透過各種方案來落實，方案規劃是組織實踐使命、用以推動社會改變的具體作爲，也是組織爭取經費資源的重要手段，對社會工作來說也是專業服務實施與服務管理重要的方法。服務方案設計是否對內能達成組織期許的任務，成爲實務工作溝通與決策共識，對外能說服提供資源者認同，獲得支持以順利執行，有賴方案規劃人員深度理解服務對象處境，以及在投入到產出間的邏輯性思考與設計。依所處組織及所代表的身心障礙族群，提出具體可行的方案或計畫，是每一個實務社會工作人員應有的工作能力與責任。

方案是一系列有系統、有組織、有邏輯的介入過程，運用各種資源投入，執行各種相關、可行的活動來達成事先決定的目標，並透過界定需求、基本假設、策略規劃、執行運作、成效評鑑的循環，檢視影響改變的狀況。所以方案規劃是一套爲達成預訂目標和有效結果的工作過程，是輸入→執行→輸出→效果的系統化策劃過程。社會工作人員提送計畫書爭取補助資源之前務必進行思考，有關組織面的思考：提送計畫的目的？符合組織使命的任務？目標對象是誰？希望改善什麼處境？獲得什麼成果？如何證明計畫有效？以及對外部資源的確認，例如：對方補助重點？提送計畫的目的與補助方向和組織關注對象、工作方法、相對資源方面是否切合？資源方的要求組織是否有對應的能力？若有落差，如何縮短落差異中求同？如何進行說服？

方案規劃工作，可分為如下四個主要步驟：

一、構思

必須清楚界定服務對象與方案目標，釐清方案關注的是誰？是哪樣特質的哪一群人正在經歷什麼問題或處境？運用相關資料或論述確認組織是從什麼觀點來看這個問題或需求的。我們組織要做什麼？怎麼做？然後依這樣的發現去推演計畫的基本假設，與預設透過方案將造成什麼事情的改變；一定期間內這些改變是什麼？有沒有可能造成中長期的影響？據以形成方案具體的目標與預期成效。

二、細部設計

實際將構思結果依資源方要求的架構書寫下來，亦即是進一步將構思的預設作法進行內容的詳細規劃及設計，此設計須扣住前述假設與邏輯。另外，必須規劃成效評鑑的方式，確認方案成效的檢視指標，及如何在執行過程中蒐集資料。

三、執行

方案從書面設計轉化為實際的服務實務，亦即是基本假設的驗證過程，包含服務對象是否依訴求順利開發？服務內容、執行方式、想達到的目標與成效是否符合參與者的期望？

四、成效評鑑與檢討

採用的指標與規劃蒐集的資料，是否能正面導向成效？若無法達成預期效益，是否能有效分析掌握原因，以利修正？這些都是方案管理的範疇，也是組織管理、專業能力與資源運用的整體展現。

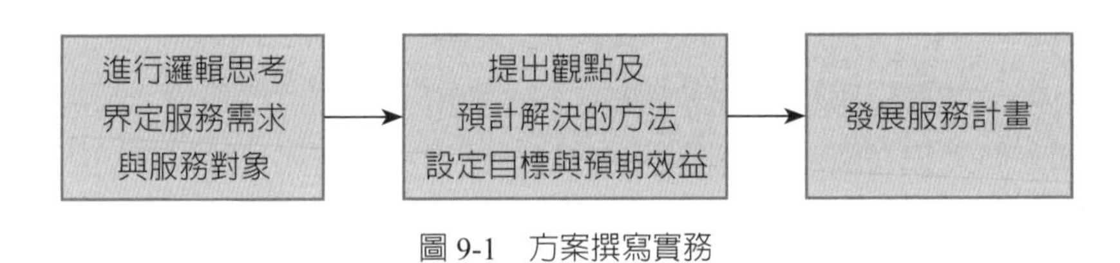

圖 9-1　方案撰寫實務

表 9-2　計畫書架構與重點表

背景說明與依據	善用過往經驗、統計及調查數據、引述小故事或證言，帶出方案之價值或必要性。
問題分析與需求評估	了解受問題困擾的目標群體及其特性，將這些目標群體的問題轉化為需求。 可從下列方向去描述：預期服務的範圍（地理區域、人口群）為何？該服務範圍的社區或族群有何特性？服務的執行希望解決的是哪些具體問題？其中受到上述問題影響所及的是哪些人？在哪些方面受到影響？該項問題與需求迫切性的具體實證為何？目標人口群需要什麼？需求量為何？現有的供需比例為何？現有資源的運用情形為何？考量組織的使命、專長與優勢，將這些資訊與服務內容預做連結，亦可引入與需求評估方向一致之專業論述來彰顯分析結果。
服務對象	敘明方案鎖定的主要服務對象、資格設定、服務的人數（服務量）。服務對象要切合補助相關規定，服務量要合理。
目標／目的	列出標的服務對象在這計畫期間內，將產生具體的改變。目標的設定宜具體明確、正向結果、具執行可能、可衡量。
指導／主／協辦單位	指導單位多為官方補助單位。協辦單位為贊助、提供資源或協力單位。

表 9-2　計畫書架構與重點表（續）

辦理時間或期程	計畫執行時間，通常為一段期間，補助案通常為期一年。可標出起訖日期，或輔以甘特圖呈現涵蓋提送計畫到執行、核銷等完整歷程。
辦理地點	符合方案執行之合法、安全處所。
計畫內容執行方式	策略確認後的服務設計，包含每一個作法的實施對象、人數、活動內容、團體主題、講座具體規劃、研習期程等。 服務規劃是方案的最關鍵所在，為了達成目標的具體策略、作法，這些作法要能回應計畫的基本論述，促成預期目標與效益。活動內容須緊扣欲解決的問題與需求。
預期效益	方案目標的預期達成程度，包括：量的成果與質的成效。展現在具體事實上的各種可觀察與可測量的改變或參與者的受益情形。焦點放在方案執行的結果，評量的依據是「清楚和明確的目標」。聚焦在服務造成的改變，例如：知識、能力、技巧、態度、行為、習慣、地位、處境或影響力的變化。（需同時規劃成效評鑑工具，留存可查詢、可分析的資料來源，以利進行績效考核。）
經費概算	包含項目、單位、數量、單價、預算數、申請補助金額及備註說明，透過概算表來整體呈現。經費來源列明全部經費內容及向各機關申請補助之項目、金額、補助與自籌比例。
方案管理記錄成效評量工具設計	擇定檢視成效的幾個關鍵指標，依據這些指標規劃能證明達到成效的實證資料，例如：前後測、態度／滿意度調查、焦點會談等。

方案是人群服務非常重要的工作，助人專業組織必須透過一連串服務方案的實施來落實組織使命，確保組織存在的價值。因此，每一個方案執行都是改變社會的歷程，執行結果可能如預期，也可能失敗。所以，每一個方案執行結果均應進行成效評鑑與檢討，形成方案成果報告，以利調整下一次方案的設計，確保服務能貼近服務使用者的需求，及形成組織決策的參考。此外，所有運用外部資源的方案，也必須提交成果以責信於大眾。好的方案成果也是非營利組織與社會溝通的利器，更能獲得正面形象廣結資源。

社區型的服務多屬方案性質，通常是組織外的任務性編組，不會另設主管來負責與管理，社會工作人員是方案的主責者自然成為任務窗口，雖無管理權卻須負起方案管理責任。任務型方案人員編組極少，方案若發生變化，工作人員也很難返回母組織任職，方案團隊如何能凝聚共識，回應實務現場的挑戰，甚至達成專業化發展，對社會工作人員來說是方案工作外須擴充的管理知能。另外，在權利觀點下方案的規劃也應調整，由專業規劃轉為參與者規劃，提醒規劃之初即須先設計要開放給服務使用者參與規劃的部分，並提供資源在過程中支持服務使用者達成自決。

臺灣的身心障礙服務組織除了申請政府方案、企業基金會、宗教廟宇贊助之外，在方案工作與中華社會福利聯合勸募協會有很深的連結。聯合勸募協會於1992年設立，早年為了支持公益團體提出有效解決社會問題、滿足社區需求，積極補助非營利組織進用社會工作人員。1998年更導入「以成效為導向的方案規劃與評估」，對臺灣非營利組織專業提升有很大的影響力，很多單位是透過聯合勸募的補助才開始認識社會工作專業的，至今聯合勸募協會仍是少數能提供社會工作人力與督導補助的重要資源。每年補助的方案中身心障礙領域總是占最大宗，實務工作者可善用此資源，掌握每年之提案申請說明會，學習成效評量與邏輯模式，以提升組織與個人之方案管理能力。

第五節　社區工作與社會融合

1994年起文建會推動「社區總體營造」，因為促進社區特色，貼近社區民眾需求，曾被高度重視。同期發展的社會福利社區化因為社區概念模糊定義不易，意識層面無法產生地緣性的共同歸屬感，社區工作在社會工作實務面其實是薄弱而無感的。社會工作早年的社區工作多僅止於與社區發展協會建立關係，關心弱勢村（里）民的照顧合作，以及延伸總體營造的社區終身學習活動。身心障礙領域與社區的關係因機構導向、特殊化與隔離式的方案，幾乎無所接觸而陌生、疑慮與緊張；及至今日身心障礙服務進駐社區時的「社會排斥」事件仍然時有所聞。西方社會在1970年代後對身心障礙者的觀點有了重要的改變，除了個體的限制，多了環境、社會面的反思。1992年聯合國呼籲世界各國政府制定身心障礙者「社區整合」、「正常化」的福利政策，促使身心障礙者能居住在自己的社區，參與正常人的生活。及至2006年聯合國通過《身心障礙者權利公約》（CRPD）促進、保障及確保身心障礙者完全及平等地享有所有人權及基本自由，促進固有尊嚴受到尊重，降低身心障礙者在社會之不利狀態，以使其得以享有公平機會參與社會。這樣的趨勢下身心障礙者是普世多元性的存在，是不同而非不能，是身處在障礙情境的個體。如今我們對身心障礙所提供的支持，不再僅是對個體的限制進行無止盡的治療、教育、訓練，環境友善的經營與調整更是重要。在「回歸主流」、能與「社區整合」、「包容於」社區的原則下，如何透過社區工作促進身心障礙者與一般人一樣自在的在社區生活，是現階段社會工作的重點。

以執行社區工作實務面來說，是否需有明確的社區定義？筆者認爲從生態觀點來看，身心障礙者居住地的生活圈、接受日間服務據點所在的生活圈，以及往返居住地與日間服務設施間的生活圈，即是應展開社區工作的場域。這些生活圈中的有意義的互動對象即是身心障礙者的重要他人，是身心障礙者日常生活中可能的自然支持系統。社區中有易讀、易懂、易用的通用設計，有完善的無障礙軟硬體，就是「能一般就不特別」的自然共融基礎。當身心障礙者正常生活在社區中，經常出入社區、使用社區正常設施，與社區就有了關係。社會工作人員以居間橋梁角色，協助溝通、促進正向互動；協助展開、發展、維繫家人以外的關係；幫助身心障礙者運用優勢貢獻與參與社區、幫助社區民眾理解人們存在「不同」、「差異」、「多樣性」的價值、願意友善，則正常共融就會自然發生。

社會工作人員進入身心障礙領域，投入各種不同類別的身心障礙代表組織，是最基礎的社區組織與社區資源。臺灣的身心障礙團體也呈現大者恆大、小者羸弱的兩極發展。社會工作人員應以專業知能協助組織發展與落實使命，提供有品質、符合服務對象所需的服務。在大型組織制度健全、資源豐沛、各司其職分工明確，社會工作人員能有深度的專業發展；在小型組織經常須面對組織、制度、經費不穩定帶來的挑戰，社會工作人員反而能歷練多元職能，強化個人應變與問題解決能力。不變的是支持所代表的障礙族群爲自己發聲，改善社區生活的困境，使其個人天賦能獲得發展，也能如一般人追求滿足個人想望、提升生活品質。

一、社區組織工作實務

社區組織工作是以身心障礙者需求爲中心，推動社區夥伴合作關係的動態過程，包含開發、招募、教育、組織運作、督導。社區組織工作實務包含：

1. 以服務使用者爲中心整合社區資源、建立自然支持系統。
2. 鼓勵社區中的各種設施參與提供社區照顧。
3. 組織社區志工提供補充性服務。
4. 建立服務對象與家長、家屬支持網絡、互助組織。
5. 發展服務使用者自我倡議組織，促進身心障礙者公民參與、爲自己發聲。
6. 幫助身心障礙者進入相關社區組織，參與決策。
7. 結合正式資源，幫助身心障礙者包容於一般性終身學習。

二、社區發展工作實務

社區發展工作是動員及加強社區本身的力量，以達成社區融合與友善支持。社區發展工作實務包含：

1. 幫助社區獲得知識、技術與信心，以改善正常融合關係。
2. 促進社區正常設施能符合身心障礙者生活所需。
3. 經營友善環境、提供正常化機會。
4.「不歧視」、「包容於」，正常共融的社會宣導教育。
5. 引導社區民眾參與促進正常共融的討論與設計。

6. 支持身心障礙者參與社區設計，促進有障礙的人與一般人均能友善使用的社區軟硬體環境、設施設備等通用設計。

臺灣的身心障礙福利推動去機構化、社區化迄今已二十餘年，「教養機構」跟隨政府政策不斷地在調整，減床、設專區、在地老化、機構小型化、社區融合等。尤其因應 CRPD 國際審查委員會建議我國逐步將住宿機構及其他特定居住安排予以退場，並推廣自立生活。衛生福利部 2020 年更推出〈身心障礙福利機構融合社區之調適計畫〉。相較於國際間「去機構化」強勢作爲，在臺灣身心障礙者安老模式至今仍擺盪在機構與社區間，每每發生相關社會事件，必會激起對立論戰。但這絕對不會是二擇一的選擇，社區支持資源不足才會讓家長無可奈何，讓機構成爲選項。政府須更積極重新分配資源，改善社區型服務量能，避免臺灣身障人權停留在 18 世紀。立基於長期照顧 2.0 的社區整體照顧目標，展望身心障礙服務能將「障礙者社區安老」納入規劃，廣爲布建社區及居家支持服務。機構教養很難落實生活正常化，如果不隔離在社會邊緣的機構中，就不用去強調社區適應與社會融合；讓社區民眾有機會正常接觸身心障礙者，更了解並接納身心障礙者爲社區的一分子，才有可能逐步達到社區共融的目的。

相對於「機構」的價值就是「社區與正常化」，身心障礙實務工作必須盡力去健全社區支持網絡，豐沛社區資源，同時經營社區讓社區更友善。身心障礙者越能自主自在的在社區中生活，照顧者就無須將身心障礙者送進機構。推動社區正常融合，促進身心障礙者社區生活的可能，是臺灣「去機構化」的寧靜革命，也是身心障礙社會工作最大的社區工作成果。

參考書目

中文部分

林萬億、劉燦宏等著。臺灣身心障礙者權益與福利。臺北：五南。

附　錄

《衛生福利部推展社會福利補助作業要點》及「衛生福利部推展社會福利補助經費申請補助項目及基準」

https://dep.mohw.gov.tw/DOSAASW/cp-529-64143-103.html

申請補助作業時程

前年度 12 月	公告
1 月	提送補助計畫。
4-6 月	完成核定發文。 單位掣據領款。
12 月初	提送成果，完成核銷作業。 受補助單位函報結案後須於三十日內進行衛福部「補助計畫申辦資訊網」登錄，並填報執行概況考核表函報建檔結案。
特別說明	同一個組織若有執行單位未及如期核銷，會影響同組織之各項方案於下一年度補助案申請。

申請應備文件

一、推展社會福利補助計畫申請表

二、計畫書

申請補助計畫書格式

〔單位名稱〕〔計畫名稱〕

（一）目的：

（二）主辦單位：

（三）協辦單位：

（四）時間（期程）：

（五）地點：

（六）參加對象、人數：

（七）內容：

（八）效益：

（九）過去服務績效（無者免填）：

（十）經費概算：

（十一）經費來源：（請註明是否對外收費及其基準）

三、法人登記證書或立案證書影本。

四、捐助或組織章程影本、所屬團體會員名冊。

五、建築物公共安全檢查合格證明文件〔使用建物樓層未達六層者，依住宅、集合住宅類（H2 類）免附〕、投保公共意外責任險契約、安全防護計畫（緊急狀況處理規定）、消防安檢相關證明文件及場地配置圖或空間規劃圖。

中華社會福利聯合勸募協會

http://www.unitedway.org.tw

第十章 機構服務

王文娟

說到身心障礙機構服務，你腦中會出現哪些畫面？是一群坐在椅子上發呆的身心障礙者？還是一群燦笑參與活動的身心障礙朋友？是蹙眉不悅的工作人員？抑或是笑容滿面的工作者？是充斥令人掩鼻皺眉的異味空間？還是明亮潔淨的安心環境？每個人對於身心障礙機構的想像與經驗不同，筆者曾訪談[1]成年智能障礙者的家屬，其中一位從未使用過機構服務的母親，對於機構的想像是：「白天都在那裡，晚上也在那裡，然後有點比較類似像集中式管理，就是有點類似像吃飯時間啊！什麼都是一群人一起這樣，就有點像是住在監獄裡的概念這樣，好像那種集中管理，像集中營一樣。」而另一位曾經使用機構服務的母親，則對於機構服務有著負面經驗：「之前那樣將近兩年的24小時，就全日托，那個階段對我來講，還是一個傷，還是一個很不好的記憶。」但也有一位母親，對於機構服務抱持著正向的態度：「我沒辦法陪伴、照顧他一輩子，那如果說兄弟姊妹不在身邊的時候，他終究要一個人面對他的人生對不對，那當然如果說有一個安全的一個環境機構，他可以住在那裡，我覺得也沒有什麼不好。」

依據《身心障礙福利機構設置標準》，身心障礙福利機構分為住宿式服務機構（全日型、夜間型）、日間式服務機構以及福利服務中心。本章討論的機構服務，僅限於住宿式及日間式服務機構，而這兩者服務機構依其業務屬性，又可分為生活重建機構與生活照顧機構。雖說機構服務似乎與去機構化之國際潮流相悖，然而，臺灣現階段或因社區式服務不足，或因身心障礙者本身或家屬對於照顧與支持有不同的期待，故，機構服務仍為身障服務選項之一。本章將先概述臺灣機構服務的現況，再說明機構服務之專業分工與社工角色，之後進一步討論機構服務過程中可能出現的重大議題事件，最後提出機構服務困境與因應。

[1] 科技部研究「使用社區居住服務之智能障礙者家屬觀點」（計畫編號：MOST 110-2410-H-320-007-；執行期間110年08月01日至111年07月31日）。

第一節　臺灣身心障礙機構服務現況

臺灣機構服務已行之多年，1951-1960 年，計有 6 家身障福利機構，到了 1997 年，已達 100 家，特別於 1981 年到 1997 年期間，機構數大量增加（周月清，2000）。截至 2022 年底，全臺計有 265 家身心障礙福利機構，從機構性質來看，全日型機構居冠，計 167 間，占 63%；依機構類型而言，九成以上爲生活照顧型態；核定安置人數部分，以全日型住宿最多，占 71%；至於服務使用者的特性，以第一類（神經系統構造及精神、心智功能者）最多，跨兩類別以上者次之；年齡部分則以 30 歲以上未滿 45 歲者最多。若進一步檢視臺灣 2001 年至 2022 年身心障礙福利機構數量的變化，則可發現近二十年身心障礙福利機構數量以及類型，並未因去機構化思維出現大幅變化，但服務使用人數有逐年下降的趨勢（衛生福利部統計處，2023）。

依據《身心障礙者權益保障法》，使用機構服務者須通過 ICF 需求評估。ICF 需求評估人員依據「身心障礙者福利與服務評估標準」評定核予日間或住宿式照顧服務，其中日間照顧服務的對象爲「在一般任務與需求或自我照顧活動能力偶爾、經常或全部有困難者」；住宿式照顧服務（全日型）的對象爲「在自我照顧活動能力經常或全部有困難者」；住宿式照顧服務（夜間照顧）的對象爲「在照料個人健康、照料個人安全、居家生活或家庭關係活動能力經常或全部有困難者」。截至 2022 年底，計有 48,959 人使用身心障礙者日間照顧及住宿式照顧補助，其中一般對象（依《身心障礙者日間照顧及住宿式照顧費用補助辦法》第 5 條而發給之補助對象）爲 7,500 人，特殊對象（依《身心障礙者日間照顧及住宿式照顧費用補助辦法》第 6 條而發給之補助對象：(1) 身心障礙者年滿 30 歲、(2) 身心障礙者成年，其父母之一方年齡在 65 歲以上、(3) 家庭中有 2 名以上身心障礙者）則爲 41,459 人（衛生福利部統計處，2023），由此數據可以看出，目前使用機構服務的家庭，其家庭人口組成相較處境不利。

近年來，爲進一步落實身心障礙者社會參與及社會融合的精神，2020 年衛福部提出「身心障礙福利機構融合社區之調適計畫」，促進使用身心障礙福利機構之服務對象能有回歸社區生活的可能，也透過「住宿式服務機構品質提升卓越計畫」以及「身心障礙福利機構改善公共安全設施設備費」等措施，希冀提升機構服務品質與服務使用者權益。此外，為確保機構服務品質，《身心障礙者權益保障法》第 64 條揭示，各級主管機關應定期輔導、查核及評鑑身心障礙福利機構，又依據《身心障礙福利機構輔導查核評鑑及獎勵辦法》第 3 條，各級主管機關應定期輔導轄內之身心障礙福利機構，每年至少辦理二次不預先通知查核，並得辦理聯合稽查。此外，《身心障礙福利機構輔導查核評鑑及獎勵辦法》第 4 條，各級主管機關應每四年舉辦一次身心障礙福利機構之評鑑，中央主管機關每八年舉辦一次全國身心障礙福利機構之評鑑，該法第 8 條提及評鑑項目基本包括：行政組織及經營管理、環境設施及安全維護、專業服務、權益保障、改進或創新等項目。簡而言之，政府單位透過平日輔導或稽查以及年度評鑑的方式，督考機構服務狀況，藉以引導機構提供專業化、人性化之服務，提升服務品質，確保機構服務使用者之權益。

第二節　機構服務的專業分工與社工角色

機構服務的特點在於提供跨專業、高密度支持的服務，透過設置各專業人力，提供團隊套裝式服務。機構服務的主體為服務使用者，如何讓服務使用者於使用服務期間得到優質的訓練或照顧，為機構服務的目標。因此，以院長（主任）為首的機構服務團隊，轄下之教保員、訓練員、生活服務員為「紅花」角色，餘者團隊成員（行政人員、社會工作人員、護理人員、其他專業人員）則為「綠葉」角色，而綠葉並不是代表可有可無，而是承擔畫龍點睛的必要。換言之，機構服務在提供訓練與照顧之際，需要不同專業人員予以生理、心理與社會層面的支援，方能讓服務使用者獲得個別化全人的服務，為達此目標，機構服務除了聘僱前述之人力外，亦常以專任或兼任的方式聘僱諸如治療師、營養師、藥劑師、醫師等專業人員，藉由跨專業的支持資源，訂立與執行適性個別化服務計畫，提升服務使用者生活品質。

有關機構服務內各專業之詳細人力配置要求，可查閱《身心障礙福利機構設置標準》，茲僅整理社會工作人員於各類身心障礙福利機構的基本人力配置規定，如表 10-1。

表 10-1 身心障礙福利機構社會工作人員任用規定

機構型態	任用規定
住宿生活重建機構	一般機構：應為專任；其與受服務人數比例，為 1 比 35。 小型機構：得以兼任方式進用；兼任者，其服務小型機構之總人數，不得超過 35 人。
住宿生活照顧機構	一般機構：應為專任；其與受服務人數比例，為 1 比 50。 小型機構：得以兼任方式進用；兼任者，其服務小型機構之總人數，不得超過 50 人。
夜間型住宿機構未收住需技術性護理照顧服務者	應置 1 人，並得以兼任方式進用。
日間生活重建機構	一般機構：應為專任；其與受服務人數比例，為 1 比 35。 小型機構：得以兼任方式進用；兼任者，其服務小型機構之總人數，不得超過 35 人。
日間生活照顧機構	一般機構：應為專任；其與受服務人數比例，為 1 比 50。 小型機構：得以兼任方式進用；兼任者，其服務小型機構之總人數，不得超過 50 人。

在不同的身心障礙模式下，社會工作人員於機構服務中的角色定位有所不同。在醫療模式的年代，社會工作人員扮演專家角色，主導服務使用者的規劃與決定，但於現今強調社會模式與人權模式的世代，社會工作人員轉為支持與倡議的角色，協助服務使用者擁有主體性。換言之，現階段機構服務的社會工作人員的核心宗旨在於支持服務使用者，確保與提升其生活品質，工作任務包括：

一、需求評估與介入

從服務使用前的資格諮詢、資格審查以及審查流程的協助，到開案後了解服務使用者及其家庭的需求，並據此與工作團隊共同訂定個別化服務計畫並執行，並針對特殊行爲個案進行輔導，或視服務使用者需求提供轉銜服務。

二、權益保障

CRPD 強調 “Nothing about us without us” 的原則，應落實於機構服務。Niedbalski（2022）指出，在機構式照顧中，主體性的概念是需要工作人員與服務使用者不斷的協商，工作人員可以創造支持的環境給服務使用者，使其擁有自主與獨立。而 Matérne & Holmefur（2022）也指出，合併多重障礙的成年重度智能障礙者，很少有親密的朋友或親戚可以代理決策。因此，工作人員往往成爲其代言人。因此，工作人員必須具備與服務使用者溝通的技巧，幫助其參與討論與決定；再者，工作人員也於合作網絡中扮演重要的角色，協調不同的專業共同支持服務使用者。而上述文獻提及的工作人員，雖未特定指涉哪種專業人員，但社會工作人員本具爲弱勢群體發聲的使命。因此，機構社會工作人員在執行權益保障的工作上，責無旁貸。此外，除了透過溝通協調確保權益外，當服務使用者權益受到侵害時，例如：受到機構內工作人員不當對待、家長（屬）未盡關心之責，抑或是家屬失聯或服務對象失依，社會工作人員也應支持服務使用者自己發聲，或是代爲發聲，以確保服務使用者的權益。

三、家庭支持

機構社工服務的對象除了服務使用者之外，亦包括服務使用者的家庭成員，社會工作人員須維繫與支持服務使用者與其家庭的關係，包括：透過電訪、家訪，或其他方式，定期或不定期與家長（屬）互動，評估家庭需求，擬定家庭服務計畫，提供家庭支持。再者，也可透過辦理相關講座、團體、活動，增進家庭與服務使用者連結的密度。此外，社會工作人員除了關心與協助家庭主要聯繫者外，亦應關切服務使用者的其他家庭成員，特別是未來可能承接照顧與支持角色的家庭成員。

四、資源開發與連結

除針對服務使用者的困難與需求連結相關資源外，社會工作人員亦應以預防或發展的角度，主動開發與連結資源，例如：連結社區資源或志工資源，讓服務使用者能有機會接觸更多不同人、事、物，促進其社區參與及融合。

除了上述常規重點工作之外，社會工作人員依據服務單位的屬性與期待，往往有多元的承擔，例如：特殊事件處理、參訪接待、管理志工、督導實習生、募集資源、編撰刊物、經營社區關係與社群媒體等。總體而言，機構服務中社會工作人員的任務多元，運用直接與間接服務的方法，提供服務使用者、家庭、機構、社區、社會大眾服務。

第三節　機構重大議題事件

經營管理身心障礙福利機構並非易事，牽涉到諸多軟硬體的規劃與運作，以及突發事件的因應，特別是機構服務場域屬於人口聚集處，因此對於傳染疾病的預防與控制尤爲重要，以機構面對 COVID-19 疫情爲例，包括：防疫物資整備、人員進出控管與分流、配合政策進行快篩與施打疫苗，甚而因應服務使用者無法到機構接受服務轉而採取視訊服務等，再再都考驗著機構面對重大事件的處理能力。再者，機構服務對象屬於易受傷害群體。因此，若工作人員未盡專業職責與分際，機構內部便可能發生負面事件，以下將略述機構服務中較常被關注的「性」與「暴力」議題。

機構服務中，有關服務使用者的性議題，是工作人員無法逃避的課題。然而，華人文化對於性的隱諱，增加機構應對此議題時的難度。Chou 等（2016）認為，傳統的性別價值觀和對性取向的態度，使得臺灣成年智能障礙者的「性健康權」並未受到家長、專業人員以及社會的認可。Chou 等（2015）表示，智能障礙者很少有機會發展戀愛關係和健康性別認同。Chrastina & Večeřová（2020）亦指出，智能障礙者通常不被鼓勵探索與發展性需求（引自 Correa et al., 2022）。但如同 Chou 等（2015）與 Chou 等（2016）主張，對於智障者而言，性權利意識很重要，父母與專業人員必須關注此議題。

在臺灣，從幼兒園階段開始，便藉由課程內容傳遞性知識，這樣的知識灌輸延續至服務使用者使用機構服務之際。目前在機構服務中，均已安排性教育相關課程或團體，然而陳伯偉等（2018）認為，教育現場對於智能障礙者的性需求，強調灌輸「正確」的性觀念，智能障礙者學習到的是「恐性」與「忌性」。以自慰行為為例，Kaeser（1996）表示，智能障礙者自慰行為是最常見的性行為方式，但 Kijak（2011）指出，有關自慰行為被提及的機率很低，這可能是因為在文化中，自慰是件隱諱的事（引自 Wit et al., 2022）。Niedbalski（2022）也指出，機構往往基於健康的因素，試圖阻止未受控制的性行為產生，機構通常透過提供各種形式的身體活動以及藥物治療，藉以消除服務使用者的性行為（自慰）。而 Wit 等（2022）也認為，性教育的主題似乎都集中在性的技術層面，例如：生物學、如何進行性行為、生育事宜和如何約會，他們回顧四十五個在不同國家進行的智能障礙者性議題研究，發現智能障礙者對性具有不同的期盼，而透過輔助溝通，智能障礙者似乎能夠表達其對性的渴望、需求和態度，進而有助於改善對智能障礙者的支持和教育。換言之，機構在面對服務使用者性議題時，多著重在行為層面的處理，較忽略情感層面的因應，而這部分與工作人員對於性議題的態度有關。因此，機構服務中有關性教育的對象，應包括工作人員。Cuskelly & Gilmore（2007）指出，成年智障者的重要他人（家人、工作人員）對性的態度，對成年智障者有很大的影響，而這些態度似乎也取決於社區的整體態度（引自 Correa et al.,

2022）。Correa 等（2022）分析 33 篇有關成年智障者性態度的研究，研究對象包括：工作人員、家庭成員、社區民眾以及成年智障者，分析顯示成年智能障礙者對親密關係感興趣，但卻感受到他人對此態度較爲保守。此外，當成年智障者缺乏適當的知識和支持的親密關係，可能導致不滿意的或具傷害性的親密互動。因此建議，應提供適當的支持，使成年智障者擁有健康的人際關係和性生活。而 Chinn & Kramer（2014）也建議採用「價值澄清」的策略取代傳統的性教育方式，例如：引導父母或專業團體，針對被視爲理所當然的價值觀進行反思和討論（引自 Chou et al., 2016）。

而性教育議題的延伸討論，便是有關（疑似）性侵害的事件。近年來機構內發生性侵害或疑似性侵害事件偶有所聞，爲此，衛福部除修正「重大性侵害事件檢討及策進實施計畫」外，亦委託財團法人第一社會福利基金會製作「執行機構性侵害事件三級防治之教育與支持措施」，引導機構預防性侵害事件的發生，以及面對事件發生的通報與處理。此外，爲提升工作人員對性議題的敏感度與應變度，工作人員均被要求接受性教育、性別平等教育、性騷擾與性侵害預防與處理的相關訓練，希冀藉此降低機構內發生（疑似）性侵害事件的機率。

除了性議題外，亦不可忽視機構內的暴力議題。Rossiter & Rinaldi（2019）將機構內的暴力分爲冷暴力（cold violence）、暖暴力（warm violence）、熱暴力（hot violence）與象徵性暴力（symbolic violence）四種類型。所謂的冷暴力，是指機構內存在的非人性化照顧，此種暴力並非有意爲之，而是在照顧和管理中無意間產生的暴力，這些行爲往往被視爲是實務現場中之合法行爲，例如：否決個別化，以公開、侮辱性的方式提供照顧，剝奪主導權與尊嚴；暖暴力，是指在照顧過程中，爲執行行爲修正而對服務使用者進行懲罰，此種故意爲之的目標取向暴力，某種程度上得到機構的許可；熱暴力，指的是工作人員爲了自身或快感而對服務使用者施以暴力行爲；象徵性暴力，是指工作人員未尊嚴的對待往生服務使用者的大體。依據統計，臺灣 2021 年計有 52 名身心障礙者遭受機構人員不當對待（衛生福利部，2022），這個數據顯示的僅是前述的熱暴力型態，然而，暖暴力與冷暴力型態也常常出現在機構服務中，例如：陳伯偉等（2018）認爲，在封閉式的機構中，工作人員與服務使用者之間充斥著權控關係。Niedbalski（2022）指出，身心障礙者因其自主能力受限，致受到機構工作人員管理（控制）。而王育瑜（2023）也直指，機構服務讓身心障礙者較少選擇機會，且因人力、軟硬體空間、安全性等因素考量，致使身心障礙者的自主與隱私性較低。

要杜絕機構內的暴力情事，除可透過外部力量落實機構稽查與評鑑，以及建立周全吹哨者制度外，更需要從內部建立服務的核心價值，猶如Rossiter & Rinaldi（2019）所指，若機構的服務理念著重效率管理、非人性化，那麼該機構本質上便是屬於某種型態的暴力，其會將機構內出現的暴力視爲是合理的行爲，甚而暴力將成爲機構的文化。因此，在機構運作中，應透過限制冷暴力，減少機構內出現暴力升溫的情形。再者，機構服務對象中，不乏有行爲情緒困擾之服務使用者，機構應針對有行爲情緒支持需求的服務使用者，提供正向行爲支持（positive behavior support, PBS），藉由行爲觀察及支持策略、團隊式支持，以及連結相關專業提供諮詢，降低或避免對服務使用者進行身體約束、活動限制、隔離，甚或安排住院等作爲。

《身心障礙者權利公約》第16條宣示，國家應採取所有適當之立法、行政、社會、教育與其他措施，保障身心障礙者免於剝削、暴力及虐待。然而陳伯偉等（2018）指出，機構經營存在管理與機構存續之利益的議題，因此，當機構出現負面事件（例如：暴力、性議題）時，機構往往選擇隱匿處理，讓服務使用者受到不平等的對待與傷害。臺灣現階段有關機構內的性議題或是暴力議題，從前端的預防作爲到後端的應變處理，不論是法源、規範、措施或是機構處理流程，雖然均已有所建置，但機構對於服務的理念與立場方是重要關鍵。若機構能遵循CRPD的精神，重視服務使用者的權益，提供適性的支持，定可減少或消弭機構內性或暴力事件的發生。再者，各級主管機關對於機構管理的積極度也很重要，透過定期的督考或不定期地稽查訪視，藉由平日的見微知著，逐步輔導修正或鼓勵支持機構，亦能減少機構發生不當對待之弊端，或降低機構發生重大事件的可能。

第四節　機構服務困境與因應

半個多世紀以來，臺灣機構服務歷經服務思維的改變，在服務態樣上，從早期立基的管控照顧，轉變爲強調支持照顧。而近年來，機構服務更在社會結構與服務人口群的變遷下，面臨數個挑戰。

一、專業人力短缺

機構工作人員處於工作地位低與薪資低的雙重困境（Matérne & Holmefur, 2022）。在臺灣，機構工作人員的勞動條件並不誘人，再加上近年政府大量擴充長期照顧服務的量能，在薪資與工作型態的雙重誘因下，不少原本服務於身心障礙福利機構的照顧人力轉職至長照體系，致許多身心障礙福利機構面臨照顧人力招募與運用的困境，而機構除了招聘教保員與生活服務員困難外，招募人才的困境也同步出現於社會工作職缺上。長期以來，身心障礙領域相較於其他社會工作服務領域，在招募人才上便屬不易，再加上長照與社安網大量擴編社工人力，致使身心障礙福利機構在社工專業人力的攬才與留才上，更爲艱困。

機構服務人力的缺位，使得機構即便有服務缺額（空床），但因爲應配置之人力不符合《身心障礙福利機構設置標準》，形成無法收案服務的窘境，這樣的景況不僅衝擊機構營運，也影響候位者的權益。其次，工作人員的減少可能使得服務使用者與工作人員之間出現權力失衡（Treanor, 2020）。因此，爲避免因工作人力配置不足無法提供服務，甚或出現前述冷暴力的情形，當務之急便是維持工作人力的質與量，減少工作人員的流動與流失。目前，政府雖透過長照服務發展基金挹注身心障礙福利機構資源，藉以回應身心障礙福利機構人員招聘困難以及薪資偏低的苦境，然而效果似不顯著。故，除了提供薪資誘因之外，應同步營造友善工作職場，讓工作人員於工作中有成就感，降低過勞（burn out），以解決機構內專業人力短缺的困境。

二、服務使用者的身心變化

（一）合併嚴重情緒行爲的服務使用者增加

機構工作人員面對嚴重情緒行爲的服務使用者，往往承擔許多的照顧壓力，雖說目前長照服務發展基金編列嚴重行爲問題身心障礙者加強照顧服務費，藉以增加機構照顧嚴重情緒行爲的服務使用者的意願。但不可諱言，照顧工作帶給工作人員的高壓與因高壓而離職的狀況，使得機構管理者面對困難服務個案時，往往選擇將服務使用者轉介到其他單位（篩案）。誠然，照顧服務費用的挹注對機構而言具有鼓勵與誘因，但根本之道，應是協助工作人員有能力因應嚴重行爲問題的服務使用者。監察委員便直指，雖然衛福部訂有「嚴重情緒行爲身心障礙者精神醫療就醫障礙改善計畫」、「身心障礙者嚴重情緒行爲正向支持整合模式試辦計畫」及「培力身心障礙福利機構嚴重情緒行爲正向支持服務模式計畫」等計畫，也設置兩處嚴重情緒行爲支持中心，但服務量能不足（王幼玲等，2023）。因此，應持續擴充專責服務單位，增加巡迴輔導資源，藉以降低機構工作人員面對嚴重情緒行爲服務使用者的壓力，並使合併嚴重情緒行爲的服務使用者能得到妥適的支持照顧。

（二）服務使用者老化狀況越趨明顯

隨著身心障礙者平均餘命的增加，身心障礙福利機構服務使用者老化的議題也浮上檯面。對於身心障礙福利機構而言，服務對象的老化不僅牽涉個案的支持服務計畫，更牽動資源配置。近年，長照服務發展基金編列預算，鼓勵機構針對空間或設施設備進行改善，但面對服務使用者老化，除了硬體層面的提升外，更重要的是軟體的升級，包括：人力安排與服務規劃，使機構有能力可以針對服務使用者個別狀況提出適性支持計畫，增加服務使用者在地（機構）老化的可能。另一方面，針對評估過後確定無法在地（機構）老化的服務使用者，則應思考與啟動轉銜服務，目前衛福部社家署已建置機構空床位查詢系統，期待透過系統定期更新，藉以減輕機構社會工作人員執行轉銜業務時，找尋轉出單位的困難。

再者，Heller（2019）指出，越來越多的成年智障者可能需要長期照顧服務與支持，包括：居住在機構的智能障礙者（Morantz & Ross, 2022），而在長期照顧服務的尾端，可能面對臨終議題。Watson等（2017）指出，支持網絡在臨終照顧決策上扮演承認、解釋與表述障礙者的意願與喜好的角色；Adam等（2020）指出，對於多重障礙之重度智障者而言，由其重要他人組成支持網絡以協助臨終事宜是重要的（引自Voss et al., 2022）。Wicki & Hättich（2017）也提出，工作人員應記錄智能障礙者有關臨終決定的想法期待與價值觀，以評估其決策能力。Botsford（2000）則建議機構應自評臨終照顧的能力，發展與執行相關支持方案。Wagemans等（2010）也建議應制定和實務指引，以支持政策制定者和實務工作者面對心智障礙者的臨終事宜。目前臺灣的長照機構已積極推動機構安寧照顧，這樣的觀念與作爲亦應推展至身心障礙福利機構，機構社工應協助服務使用者與其重要他人思考與面對臨終議題之相關決策，並倡議機構提供臨終照顧服務。

第五節　結論

依循著國際潮流趨勢，政府戮力推動去機構化，藉由積極布建社區式服務資源，力促身心障礙者能從機構轉銜回歸至社區生活，然而，不可諱言的是，現有社區資源的建置之可及性、可近性、可負擔性，尚無法全面滿足所有身心障礙者及其家長（屬）對於生活支持的期待，因此，現階段身心障礙福利機構仍有存在的必要。當今，臺灣雖尚無法達到全面關閉機構的去機構化境界，然在實務運作上，已如黃源協（2004）與王育瑜（2004）所言，朝向避免存在不夠人性化的機構式空間與管理方式的方向前進。循此，社會工作人員身爲機構服務團隊的一員，除了扮演權益保障的守門員角色，防杜與處理機構服務時出現的侵權事件外，更應扮演權益推動的前鋒角色，敏感察覺服務使用者及其家庭的需求，連結或倡議相關資源，讓所有使用機構服務者，均能在有尊嚴的前提下享有適性支持服務。

參考書目

中文部分

王幼玲、蘇麗瓊、葉大華、王美玉（2023）。情緒行為問題障礙者社區融合及自立生活案調查報告。取自 https://www.cy.gov.tw/CyBsBoxContent2.aspx?n=718&s=28197

王育瑜（2004）。障礙者與社區照顧：議題與觀點。社區發展季刊，106，230-236。

王育瑜（2023）。身心障礙者人權議題：自主、倡議與社會工作。臺北：五南。

周月清（2000）。障礙福利與社會工作。臺北：五南。

陳伯偉、周月清、陳俊賢、張恆豪（2018 年 07 月 10 日）。智能障礙、性／別歧視以及隔離式機構共謀下的集體性侵。巷仔口社會學。https://twstreetcorner.org/2018/07/10/chenchouchenchang/

黃源協（2004）。從「全控機構」到「最佳價值」—— 英國社區照顧發展的脈絡與省思。社區發展季刊，106，308-330。

衛生福利部（2022）。我國回應身心障礙者權利公約（CRPD）第二次國家報告之問題清單之內容。取自 https://crpd.sfaa.gov.tw/BulletinCtrl?func=getBulletin&p=b_2&c=D&bulletinId=1673

衛生福利部統計處（2023）。身心障礙統計專區。取自 https://dep.mohw.gov.tw/DOS/cp-5224-62359-113.html

英文部分

Botsford, A. L. (2000). Integrating end of life care into services for people with an intellectual disability. *Social Work in Health Care*, *31*(1), 35-48.

Chou, Y. C., Lu, Z. Y. J., & Lin, C. J. (2016). Comparison of attitudes to the sexual health of men and women with intellectual disability among parents, professionals, and university students. *Journal of Intellectual & Developmental Disability*, *43*, 164-173.

Chou, Y. C., Lu, Z. Y. J., & Pu, C. Y. (2015). Attitudes toward male and female sexuality among men and women with intellectual disabilities. *Women Health*, *55*, 663-678.

Correa, A. B., Castro, Á., & Barrada, J. R. (2022). Attitudes towards the sexuality of adults with intellectual disabilities: A systematic review. *Sexuality and Disability*, *40*, 261-297.

Matérne, M., & Holmefur, M. (2022). Residential care staff are the key to quality of health care for adults with profound intellectual and multiple disabilities in Sweden. *BMC Health Services Research*, *22*, 228-236.

Morantz, A., & Ross, L. (2022). Intermediate care facilities for individuals with intellectual disabilities: Does ownership type affect quality of care? *Intellectual and Developmental Disabilities*, *60*(3), 212-225.

Niedbalski, J. (2022). The institutional conditions of the life of people with intellectual disabilities (ID) in a residential care facility. *Przegląd Socjologii Jakościowej*, *18*(2), 72-88.

Rossiter, K., & Rinaldi, J. (2019). *Institutional violence and disability: Punishing conditions*. NY: Routledge.

Treanor, D. P. (2020). *Intellectual disability and social policies of inclusion: Invading consciousness without permeability*. Palgrave Macmillan: Singapore.

Voss, H., Watson, J., & Bloomer, M. J. (2022). End-of-life issues and support needs of people with profound intellectual and multiple disability. In R. J. Stancliffe, M. Y. Wiese, P. McCallion, & M. McCarron (Eds.). *End of life and people with intellectual and developmental disability: Contemporary Issues, challenges, experiences and practice*. Switzerland: Palgrave Macmillan.

Wagemans, A., Lantman-de-Valk, H. v. S., Tuffrey-Wijne, I., Widdershoven, G., & Curfs, L. (2010). End-of-life decisions: An important theme in the care for people with intellectual disabilities. *Journal of Intellectual Disability Research*, *54*(6), 516-524.

Wicki, M. T., & Hättich, A. (2017). End-of-life decisions for people with intellectual disability: A Swiss survey. *International Journal of Developmental Disabilities*, *63*(1), 2-7.

Wit, W. de., Oorsouw, W. M. W. J. v., & Embregts, P. J. C. M. (2022). Attitudes towards sexuality and related caregiver support of people with intellectual disabilities: A systematic review on the perspectives of people with intellectual disabilities. *Journal of Applied Research in Intellectual Disabilities*, *35*, 75-87.

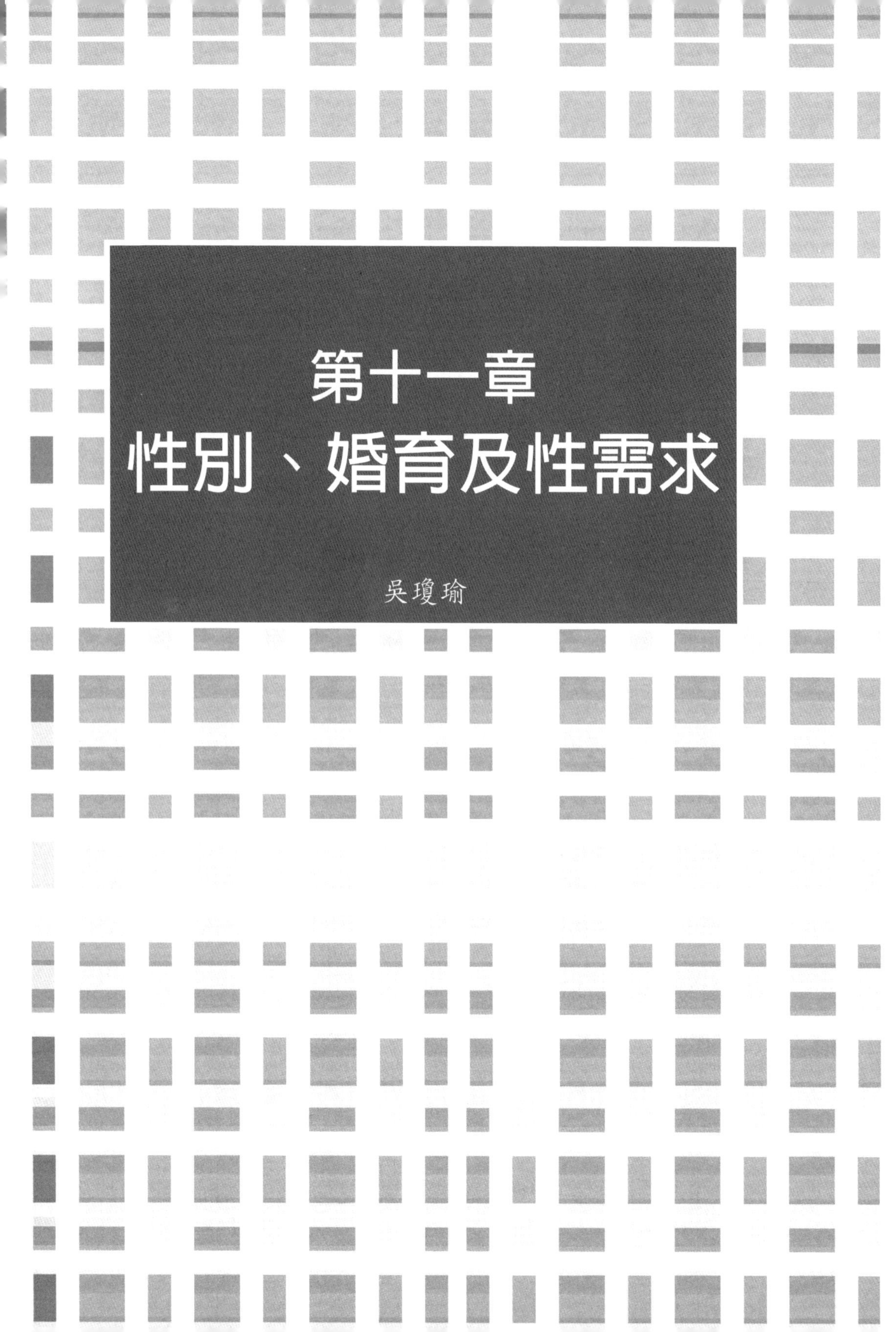

第十一章
性別、婚育及性需求

吳瓊瑜

第一節 對身心障礙者「性」的迷思

擁有一個正常而充足的生活是普世價值，也是基本權利。性不能與人格、生活分割，當然是每個人的共同權利。然而「性」在我們傳統的觀念與文化中常是不被認爲可公開討論的話題，即便是在教學、教養過程需要的對話，也是充滿隱晦，點到爲止。再者，除上述外，一般的性教育很少關注到身心障礙者不同的需求，「性」對於身心障礙者來說更是被忽視、緘默與迴避的禁忌。在身心障礙的服務中，「性的需求」總是遠遠的落在社會排斥、職業重建、社會重建、心理重建、經濟救援等議題之後，低估其性與愛的優先性。一如《性義工》作者河合香織所觀察到的「太多的主張都說：性是一個不能碰觸的問題，不能揭開的封印，身心障礙者只要能夠生存，只要活著就是上天的恩寵了。」（河合香織，2007，頁 249），對於身心障礙者「性的需求」總視爲好好活著以外的「奢侈」。社會對於身心障礙者的情慾也抱持著錯誤的概念，例如：身心障礙者不是「無慾」就是「性慾過強」、部分肢體障礙者不能也不需要性生活、男性心智障礙者容易被視爲具有性的侵略性，易侵犯一般女性、女性心智障礙者不會懂得性愛、性知識是開啟情慾的鎖鑰，如同打開潘朵拉的盒子應予避免、身心障礙女性被視爲容易生下同樣障礙的下一代……，這些迷思下「性議題」自然被拒絕與漠視。

第一類心智障礙者、慢性精神疾患者常被認爲具有性威脅，事實上心智障礙者的某些被界定爲具有「性意圖」的行爲，常源自於沒有被教導「隱私」的觀念，個人的情慾表現未被尊重，或不知道該如何修飾與表達。除了因爲性生理成熟而有的生理反應之外，也有可能是不合適、不舒服的內衣褲、天氣悶熱、因爲被忽略而太無聊、或藥物副作用而引起；只是這樣的「行爲」可能在公開場合發生而令人難堪、緊張。這些世人視爲不宜公開的行爲若未被關照，及時提供支持調整，亦可能反覆發生演變成自我刺激的習性，更容易導致誤解。有些身心障礙者與人親近的行爲令人無法接受，可能源自於從小因爲需要被照顧，在身體接觸、個人隱私方面都累積不正確的經驗而形成錯誤的認知、缺乏人我界線的觀念。也有部分身心障礙者人際互動上較爲熱情，例如：唐氏症者在幼年時期與家人常有較多的身體親密互動，到了成年階段若未隨著生理年齡的成長逐步調整修正，使用與幼年時相同的「身體親密互動行爲」容易造成相處對象的驚嚇與不舒服。對「成年心智障礙者親密感的追求與性需要」是否能和對「一般成人或其他子女」持相同的標準，給予平等的機會去經驗、成長，一直是心智障礙者生活最大的挑戰與障礙。

第二節　身心障礙者的性需求與性權

1999年世界性學學會（World Association for Sexology）定義性權爲「建立在所有人類的基本自由、尊嚴和平等上之普世人權」，同時揭示性平等權爲「人應該免於所有形式（例如：性、性別、性傾向、年齡、種族、階級、宗教、身體障礙、以及情感障礙）的歧視」（見文末註1）。說明了任何人包括身心障礙者都應享有性平等權。臺灣的家庭、文化風俗習慣以禁忌或是迴避的方式面對性議題，導致身心障礙者沒有機會一窺性的世界，針對這些影響如何能發展出對應支持以正常合宜的滿足其需求？迴避只凸顯了身心障礙者「性權」被無視的處境，而身爲一個人的性需求始終存在。身心障礙者「性權」若未被看見與尊重，就更難談性需求的滿足了。

一般社會大眾容易直覺性的將肢體障礙者身體上的不便，視爲生病的個體，認爲重度、極重度的身體更是失功能的，因而理所當然的誤認身體上困難的嚴重程度等同性的失功能程度，而認爲重度、極重度的身心障礙者是無性需求的。事實上人類最重要的性器官是大腦，所有的性知覺包含情慾、性衝動、性高潮、親密渴望，都是大腦發出來的訊號。臺大醫院醫師呂立表示「只要沒有腦死，性慾望與性需求就是無可否認的存在，縱使是下半身癱瘓、性器官失去知覺，也不代表沒有性慾或不能達致性高潮。」所以在尊重性權的前提下，一般人即便是高齡者性激素已經退化，仍被鼓勵「活力老化」，經營遲暮之年的「性福」。依據性功能障礙患者的需要設有「性健康友善門診」，透過正式的系統提供支持來改善性生活，但面對身心障礙者的「性議題」卻常常採取不看、不聽、不講的迴避態度。政府部門、支持團體也不敢去碰觸，因爲會衍生很多挑戰與麻煩難以負責，以致身心障礙者的「性需求」與「性權」在臺灣因無視而消失了。

美國在 1980 年代開始設置性代理（sex surrogate）來幫助身心障礙者處理性相關問題。荷蘭有 36 個政府部門提供失能者性愛費用的福利補助。日本有白手套組織（White Hands）等團體來服務重度身心障礙者的「性」需求。Kulick & Rydström（2015）訪談 98 位瑞典、丹麥居住在團體之家的身心障礙者及其父母、主管性與身心障礙性工作者的機關、個人助理及團體之家的工作人員，有關身心障礙者的性表現與認知，由身心障礙者自己及擔任照顧或一起工作的人們，表達到底是被阻擾或激發身心障礙者的性表現。作者提到丹麥的受訪者表示：「照顧者既然可以協助我洗澡、上廁所，協助灌食、抽痰、引流等，爲什麼不能協助我從事性行爲呢？」對丹麥的照顧者來說，協助身心障礙者從事性行爲是工作項目之一。「協助身心障礙者從事性行爲」指的是：照顧者協助身心障礙者進行性行爲，包括：協助其完成自我撫慰的準備，例如：爲身心障礙者脫衣服、準備情趣用品、爲身心障礙者布置環境氣氛等。

臺灣有關身心障礙者「性議題」的法源爲 2015 年的《身心障礙者個人照顧服務辦法》第 6 章第 42 條到第 44 條婚姻及生育輔導服務。但至今仍未針對身心障礙者不同的處境而具體發展出相關支持，各地方政府大多委由家庭教育中心兼辦提供宣導教育及諮詢爲主。民間方面則是 2013 年成立「手天使」組織，以幫助重度肢體障礙及視障者提供協助自慰的支持服務。「手天使」組織成立時引發社會高度的關注，似乎撼動了社會對身心障礙者「性權」的看見，達到爲身心障礙者倡議的作用，但因爲初期參與社會運動及提供服務的義務工作者多爲同性戀者，導致同志與身心障礙者身分被雙重汙名，而遭致更多的異議，模糊了該組織成立目的與焦點，令人甚感遺憾。

心智障礙者不是無慾就是性慾過強？性慾對人來說是常態現象，沒有表現出來不代表就是無慾，表現過度也可能是情意追求缺乏合宜的技巧，或情慾表達不懂得要包裝修飾。事實上，心智障礙者也並非無情無慾，隨著年齡增長，性荷爾蒙的激增，看著手足的婚嫁與生育，大腦性中樞一樣有著滿滿的羨慕與想望，這些想望難免也會有一些缺乏掩飾的冒進行為，只是很少是具有「意圖」故意去傷害他人來獲得滿足的。心智障礙者對異性的好奇是否就要直接跳入性的考量？想要交男朋友就要恐懼其結婚生子？這些偏見與不安導致心智障礙成年人不僅無法透過「性」來愉悅、探索自己，連一般兩性交往互動、為了經營親密關係應有的學習，與透過互相歸屬的關係去感受愛與被愛的權利也都失去了。

在性權方面，心智障礙女性更是弱勢。筆者實務經驗中常見照顧者為了照顧的考量或保護她們的安全，總是剪去她們的長髮，令她們穿上中性服裝來弱化她們的女性象徵。在環境上也盡可能的要求不要接觸異性或在嚴密監控下始得接觸，也不要提供性的資訊與性教育，期望不要去打開「潘朵拉的盒子」；比較被接受的性教育是自我保護的相關課程。除了環境控制，照顧者也監管她們的身體，甚至評估除去生育器官來防止生育的發生。這個具爭議的「保護措施」，在實務中仍然經常被提出，抑或退而求其次在不告知的情形下採行其他節育措施，嚴重干預她們的性權。只是，一再強調保護其安全、加強防堵，不讓身心障礙者去發現及累積處理性議題能力的結果，會不會在真的面對風險時，令其反而沒有一點防護力？如果她沒有機會去領會正常接觸、親密、情感表達、愉悅、溫柔及愛戀的慾望，她又如何去區辨什麼是不正常的接觸、什麼是侵犯？

「性」這個本能是否因為極力防堵控制的結果，反而激發更嚴重的渴望、衝動行為？電影 *Dora or the Sexual Neuroses of our Parents*（臺灣翻譯為《少女性愛官能症》），18 歲智能障礙少女朵拉（Dora）的母親堅持停止她精神治療的藥物後，朵拉彷彿從沉睡中甦醒。她開始對自己的身體、感官甚至性進行探索。對異性好奇的她尾隨陌生男子進入公廁，從被「性侵害」中獲得性的啟蒙，不懷好意的侵犯者反而被朵拉視為性的伴侶。之後，朵拉的種種「性自主」讓父母坐立難安，雖然為她裝了避孕器，但朵拉挖出了避孕器，還是懷孕了……。劇情最後朵拉被無奈地安置進機構。實務中，經常發現女性心智障礙者主動發起對異性的追求與探索，而這樣的行為幾乎無法被其家屬肯認，直接、間接拒絕所需的輔導，採用更高強度的隔離、監控其與異性接觸機會。心智障礙女性「性權」被以照顧之名剝奪、壓抑，是否潛藏更大的危機值得愼思。

性權是人權！身心障礙者是不是眞的擁有這個基本人權，我們討論的不單純只是「性」和「慾望」，而是一個「權利」與「機會」。身心障礙者是不是能夠有機會追求親密關係或擁有一個好的性生活，在身心障礙社會工作實務上仍是一條漫漫且崎嶇的長路。

第三節　性議題的種種挑戰

身心障礙者的性權可以衍生到社會接納、人際關係、情慾、戀愛、個人的隱私、消費及無障礙空間，都與性議題有相互的影響，探討身心障礙者的性議題就必須理解其所遭遇的種種挑戰。

一、內外在的困難與社會評價的承受

身心障礙者伴隨著不同程度的損傷，要面對個人、家庭、環境、社會文化等多重複雜的挑戰，已是應付不暇，加上對自我形象的觀點影響，在追求親密關係上顯得無助無奈。就個體而言，身體的限制、扭曲的體態、笨重冰冷的支架、無法自主控制的身體與動作、難以交流的溝通困難……，常導致身心障礙者缺乏自我認同與信心。身心障礙女性不同於一般女性的身體形象，容易自認爲是被社會貶低、醜陋的，不認爲自己能成爲異性戀慕追求的對象。這些生心理層面的內在障礙，常讓身心障礙者在兩性互動中消極被動與退卻，很難進展關係。社會大眾缺乏正常化互動的機會，長期因偏見而對身心障礙者也保持一定的距離。人們往往願意將身心障礙者視爲工作夥伴或泛泛之交的朋友，卻不會是約會或結婚的對象。交往的對象如果是身心障礙者，通常這種關係都會面臨親友家族反對或直接、間接的排拒。對於身心障礙者而言，是否能承受壓力據理力爭？只是交往、談戀愛，就已經是重重挑戰，很難展開追求和維繫浪漫關係，更遑論「滿意的性生活」。

二、性的隱私障礙

部分身心障礙者長期需要被照顧，爲了照顧或看管上的方便，常以最大的照顧需求考量去改變環境，或長期與照顧者、家屬共用生活空間，甚至到了成年都還和父母親共用一個房間，「隱私」成爲身心障礙者「性」的另一課題。實務中有很多「撞見」親密行爲誘發好奇的例子，以及一直將身心障礙者當成「孩子」的心理下，毫無界線的生活日常與自由進出的照顧，身心障礙者在失去隱私的時空裡，「性」變得更遙不可及。

三、性的環境障礙

許多身心障礙者沒辦法自己出門，即使是能夠自行出門，也要面對充滿障礙的環境，一些發展戀情、情侶間常有的約會、調情的營業場所，身心障礙者常不得其門而入。多數旅館並沒有建置房間內的無障礙環境；就算進得了無障礙旅館，店家礙於法規也難以協助提供服務。即便有合法的性交易機會，性工作者也不知道該如何幫助這群特別的客人。身心障礙者性的議題在極度不友善的環境下，更是障礙重重。

四、性知能匱乏與性教育不足

性的隱私與不公開性，使一般人獲得性知識來源多是檯面下的春光流動與充滿聲色暗示的資訊刺激，一知半解，只能在實際的生活經驗中去逐一理解。身心障礙者身心受限，生活經驗貧瘠，性知能更顯匱乏。一般性教育的設計很難回應身心障礙者特別的處境，教育內容也顯得狹隘，側重於認識身體、性器官、青春期、人際關係、生育、自我保護、性相關法規、性騷擾、性侵害防治等，有關性發展、性取向、性價值觀、性行爲及避孕知識等介入較少。其他如與異性相處、明白性與愛的分別、建立自我形象等建立開明健康的性態度，以及要能了解行爲後果、承擔責任的重要與經營婚姻家庭的認識等，也是性教育相對不足的部分。身心障礙者受限於本身障礙或認知能力的影響，較一般人更不易理解這些內容，機會也相對不足。部分身心障礙者也會因為缺乏彈性或感官知覺異常而難以在一般生活情境中類化，因此容易出現類似性騷擾或性侵犯的行為，而觸犯性別平等相關法規。是故需要更加強進行身心障礙者性教育，也加強一般大眾對此類行為的理解，才能有真正的性別平等。

五、避免性侵害與被害支持的困窘

如前所述身心障礙者可能因認知、感官知覺異常、性教育不足，而造成某些不具侵犯意圖的疑似性侵犯觸法行為；相對的心智障礙者也因為這些特質易成為遭受性侵害的高風險群，尤其特定的情境如機構、就業場所或身邊「熟悉的陌生人」，2011 年「臺南啟聰學校集體性侵事件」[1] 就是令人沉痛的記憶。不管是迫於威權、偽善騙誘或利益交換，加害人利用障礙者心智薄弱，以「成年人兩情合意」或以「照顧」之名包裝，讓這類的案件處理結果很難對加害人達懲戒以儆效尤功能。社會工作專業在對智能障礙被害者及其家庭提供支持時，缺乏充足的知能技術去因應，壓力造成經常性的人員流動，讓支持功能無法貫徹，身心障礙權益支撐力不足。

六、家長的控制與擔心

家長反對身心障礙者接觸、追求情慾，通常來自於三個原因：一是性的難以啟齒，不知如何談起；二是照顧與支持的疑慮，視性為額外的難堪

---

[1] 國立臺南大學附屬啟聰學校（前臺南啟聰學校），自 2004 年起至 2012 年 1 月 15 日，疑似發生 164 件性侵害及性騷擾事件，造成 92 名學生身心嚴重受創。其中 157 件為校園性侵害及性騷擾事件，發生地點遍及該校學生宿舍、校車、校園及校外等處，被害人及加害人各約 90 位，監察院於 2012 年 7 月 16 日通過彈劾 16 名官員、校長與教職員。

的照顧內容，不如不要碰；三是性帶來的後果的考量，過度縱慾、生育、侵犯行爲、被侵犯……。一個障礙的孩子就夠操心了，擔心子女沒有能力再爲他人負責，也不相信他們有能力經營維持一個家庭。家長最常採行嚴格控制、不接觸策略，眞正面對性的相關徵兆時就迴避哄騙，對認知功能較好的子女就直接要求忍耐、勸戒，常導致身心障礙者自我認同問題。有些家長反而爲了照顧及傳宗接代，逕自爲身心障礙者買賣一樁婚姻，期望將照顧移轉。但家長如何做到完全的監控？又如何期待無能力維持婚姻的狀況，會因爲有了異國婚姻就會自動轉變？對於性，家長的擔心與矛盾未有停歇。

七、機構中的性

身心障礙領域的另一個獨特性是約有一成身心障礙者「安置」在教養機構，其中以第一類的精神障礙者與泛智能障礙者爲主。一般機構爲了減少兩性互動擦槍走火發生令人擔心的情慾，通常採性別隔離的環境控制措施，機構內若發生情慾流動，不論是有意識的表現或是生理基本需求的自然反應，大都以禁止或轉移注意的方式處理。少數的機構會提供性別平等教育，但鮮少提供教導發展戀情與情慾的相關教學；進入機構終其一生，可能都無緣窺探性的面貌。某些障別如精神障礙者、視聽語障礙者進入機構後，其原來的正常性權遭到嚴重的箝制；有些機構生活過於封閉不夠正常化、機構環境無法提供個人隱私空間、專業人員配置與支持不足、溝通不良導致在機構中的情緒暴衝風險也是反覆發生。縱使機構有較開放的態度，但機構是否容許性工作者進入？對服務使用者的隱私保護與支持能否周全？仍是挑戰。

八、專業服務的困頓

許多專業服務只專注於障礙的狀態據以進行復健治療與日常支持，對於身心障礙者情慾需求及衍生的複雜行爲往往無力回應，若再加上家長的嚴重干預或對立觀點、機構生態、管理者觀點與管理壓力，也常緊箍住專業人員的實務決策。面對如此多元的挑戰，若社會工作人員又較年輕，尙缺乏人生經驗底蘊，常形成專業服務的壓力與疑慮，甚至認爲終究無法爲服務對象尋求一位性伴侶，所以就不要有開始。期許組織層級能正視此議題，願意尊重身心障礙者、回應身心障礙者性的需求，在環境及服務上進行實質的改善與規劃。社會工作人員能以更正向的觀點和態度去爲服務對象倡議及提供協助，還給他們消失已久的性權。

第四節　專業人員應有的性價值觀

個人成長受原生家庭背景及生命歷程經驗的影響，在面對同一事件的看法及選擇的價值觀也不盡相同，而行爲通常受價值觀左右，所以處理身心障礙者的性議題，社會工作人員必須覺察自己對性的觀點與感受，檢視自己的性價值觀，調整自己面對性議題的態度，回歸到人的基本權利思考。依筆者的觀點，回應身心障礙者性議題須有下列基本價值：

1. 身心障礙者的性需求與性權，是正常的存在。
2. 性是基本人權與生活，不會因爲身心障礙而不同。
3. 身心障礙者性議題遭受忽視與不合理的壓抑，是須要積極正視提供支持改善的。
4. 在身心障礙相關限制下，個人有權利採行多元模式進行性的滿足。
5. 情慾與性是可以溝通、討論的，且必須支持服務對象有機會去探索、經驗的。
6. 身心障礙者情慾也是處在各種障礙的情境。
7. 同理對身心障礙者性需求的支持。
8.「性」的友善環境可落實支持身心障礙者平等參與。

有了正向的性價值觀，面對身心障礙者性的議題，自然能正常看待。提醒專業人員處理身心障礙者性議題前要先安頓自己的情緒，若有困難建議進行減敏感訓練，避免因個人過度敏感而影響專業判斷。但也提醒身爲助人專業者並非要全盤接受，被服務對象性騷擾或不當對待時也應該要嚴正表現拒絕的態度，尤其對智能障礙者正是把握機會教育，幫助其學習尊重與守法的重要時機。明確的表達自己的感受，才能眞正落實性別平等精神，更重要的是必須進一步去了解原因，尋求更多元的策略協助其理解以免觸犯法律。

第五節　社會工作實務

我國有關身心障礙者性權之法規有 2007 年修正之《身心障礙者權益保障法》，清楚揭示身心障礙者社會參與平等的公民權利與身心障礙者個人需求應被保障。第 50 條提供身心障礙者獲得所需之個人支持及照顧，促進其生活品質、社會參與及自立生活；並依第 51 條第 2 項訂定《身心障礙者個人照顧服務辦法》明訂身心障礙者個人照顧的各項服務，應依需求評估結果，由主管機關自行或結合民間單位提供服務，並對婚姻及生育相關輔導用詞做清楚定義。婚姻及生育輔導：指由專業人員應用專業知能及技巧，提供身心障礙者兩性交往、性教育、性諮詢、婚姻諮商、生育保健及親職等諮商輔導及協助服務。性教育：指提供身心障礙者性生理與性心理知識及認知、親密關係及身體接觸、人身安全之維護，促進性別平等及尊重。性諮詢：指提供 18 歲以上之身心障礙者身體探索及了解、建立性自尊、性行爲模式、性伴侶關係之諮詢服務。在身心障礙者婚姻及生育輔導服務內容，也清楚揭示四大方向：(1) 兩性交往、性教育及性諮詢之諮商輔導。(2) 親職、婚前與婚姻教育及諮詢輔導措施。(3) 提供生育諮詢、產前、產期、產後及嬰幼兒健康服務之必要協助。(4) 提供生育保健措施。提供服務單位須建立完備資源網絡，提供婚姻及生育輔導適當之資源與支持，及協助費用之減免或補助。

《身心障礙者權利公約》（CRPD）第23條尊重家居與家庭。明訂國家應採取有效及適當措施，在與其他人平等基礎上，於涉及婚姻、家庭、父母身分及家屬關係之所有事項中，消除對身心障礙者之歧視，以確保所有適婚年齡之身心障礙者，基於當事人雙方自由與充分之同意，其結婚與組成家庭之權利，獲得承認。身心障礙者得自由且負責任地決定子女人數及生育間隔，近用適齡資訊、生育及家庭計畫教育之權利獲得承認，並提供必要措施使身心障礙者得以行使該等權利。身心障礙者，包括：身心障礙兒童，應當在與其他人平等的基礎上，保留其生育力。據此身心障礙者在婚育權利與支持要項，有了清晰的方向，亦即是社會工作人員可介入的部分。目前各縣市辦理的模式不一，有以專案委託、成立身障資源中心辦理，有直接交由家庭教育中心或衛生相關單位服務辦理，主要重點爲生育保健諮詢與兩性教育。婚姻與生育輔導內容雖明訂含括兩性交往、性教育及性諮詢，各縣市對於性的輔導仍缺乏積極、具體規劃，然實務中開案的身心障礙者大多數有性的相關困擾。個人申請者以個人情慾、交往、婚姻想望爲主要議題，家屬申請者以不知如何回應身心障礙者性探索、性衝動、性騷擾爲多，開案後常被納入「嚴重行爲輔導」處理，眞是令人無奈，現階段仍處在專業人員配置與專業知能不足處境。處理身心障礙者性相關之需求，建議社會工作人員仍可運用下列專業工作技術提供支持。

一、個案工作

性需求評估時首重對各類身心障礙者特性的掌握，心智障礙者可以對應性發展階段的相關行爲樣態來檢視其發展程度，以此提醒須將個人的損傷程度與限制納入考量，尊重個人情慾的想望，依其需求探討行動計畫及所需服務。社會工作人員應重視身心障礙者個人生命經驗，理解在其情境中形成困難的脈絡。在陪伴身心障礙者釐清需求到行動計畫的過程，身心障礙者被正向支持的感受會對新的問題產生不同的體認，有助於達成在性議題上的充權與減壓作用，身心障礙者可能得以有信心改變自己，進一步影響環境的改變。個別化服務的目標有可能是協助身心障礙者與照顧者溝通，獲得較爲開放、被尊重的「允許」或「妥協」、支持身心障礙者自決、啟動與使用資源。另一個工作重點是促進跨專業團隊的合作；性衍生的議題常須結合心理諮商、治療師評估或相關法律支持。社會工作人員需以身心障礙者爲中心依個別化的需要協調整合，促進各專業資源間合作順利，使服務使用者能獲得處境的改善與個人的滿意。

二、團體工作

除了可以運用會心團體、成長團體、支持團體等藉由團體學習、團體動力，協助整理、釐清相關課題及建立支持網絡；亦可協助辦理性別聯誼、促進社交機會的相關活動，彌補身心障礙者交友機會的不足。

三、社區工作與社會倡議

人在情境中，個體的處境與其生活的社區息息相關，筆者認爲在臺灣的社區就是居住及日間活動的生活圈總和。在微視層級，依個體不同的障礙類別和不同程度的障礙狀況，提供滿足性需求所需的支持。因應對身心障礙者處境的理解，針對居間層級的重要他人、社區的設施、措施、消費場所，保持經常的溝通、倡議，促進社區友善、降低障礙情境。機構型的服務要思考如何影響機構改變，關心與支持性教育的進行，及促成機構因應身心障礙者性需求的服務調整與空間規劃。鉅視層級除依法行政的落實，提供實務經驗促成政策面的再修正，都是不斷要倡議的工作過程。落實 ICF 精神，排除環境障礙，最重要的工作就是讓環境日漸友善，以促進身心障礙者社會參與、社會融合，此亦是社區工作的重要核心。

四、照顧者與家庭支持

照顧者是身心障礙者生活最關鍵的影響者，處理性議題務必要能與照顧者共同工作，同理接納照顧者的價值觀，也要爲身心障礙者代言並協助照顧者理解身心障礙者的需要。照顧者尚未能接受、正視也要尊重及理解，可以先尋求介入的方向提供協助，例如：關切成人期的隱私、個人的隱私空間安排、性風險的保護措施等，再依需要協助連結資源，漸漸協助其降低敏感；發生性風險事件時陪伴關懷，協助找到處理策略。此外，針對家庭成員間教養觀點不同的衝突、家長管教上的焦慮、親子關係緊張或高衝突、負面的問題處理習慣等提供輔導與支持。

五、婚育輔導與代親支持

無論是社區型的支持或機構照顧，可思考用更開放的態度來回應身心障礙者的交友、戀愛與婚姻期待，陪伴協助服務對象經營情感與婚姻，提供支持以減低風險。針對結婚的身心障礙者依據其限制結合資源，協助克服婚姻中的相關困難，如婆媳關係、家務管理等。必要時爲有生養子女的身心障礙者提供親職功能的輔助支持，讓身心障礙者能擁有正常成人的完整發展。

六、性安全的三級預防與通報

衛生福利部參考本土案例與國際經驗，建置三級性侵害防治團隊運作模式，發展以初級預防、二級風險篩檢、三級處遇及風險管理爲架構之支持措施，並委託財團法人第一社會福利基金會制定「性安全支持需求分級篩檢表」，社會工作人員可據以評估服務對象性安全方面的風險，並依分級提供處遇與資源。服務屬機構或據點模式者，須積極結合協力單位建置三級支持系統，建置初級一般性教育及開放、友善的環境，爲服務對象提供性和關係的支持，以利及早發現與控制風險因子。二級預防主要是及早對具有高風險行爲者的風險覺察，及早發現、即時介入，善用正向行爲支持技術、情境調整與後果增強等策略來協助潛在加害者／受害者提升自我管理／自我保護能力，並依需要增加外在規範的提醒，以降低性騷擾或其他不當的性相關行爲產生機率。對於三級處遇及風險管理爲針對曾有性侵害相關經驗之加害者／受害者，提供跨專業團隊之支持服務，保障受害者的安全，避免受害事件重演。若加害人是心智障礙者，提醒勿太快涉入價值判斷，須同時提供加害者／受害者心理支持，提供案件偵辦過程的各種協助。

依據《性侵害犯罪防治法》第 11 條第 1 款，於執行職務時得知有疑似性侵害犯罪情事者，應於 24 小時內通報當地直轄市、縣（市）主管機關。社會工作人員也必須掌握社會安全網並整合保護系統，進行性侵害案件通報。

第六節　反思與挑戰

性是一般人的日常，卻是身心障礙者最深沉的挑戰。情慾表達及性慾的議題已成爲身心障礙者的人權議題，身心障礙者不該被剝奪生理或心理的性關係及擔任父母親職角色的機會。他們所要的性，不僅是性關係與性行爲過程，更希望是一個生命的歸屬，是一個來自人與人的相伴，但大部分無法達成。臺灣目前雖已有手天使提供性義工的服務，該服務無收費對價關係，也無涉及公開場所公然猥褻，因此目前尚無違法疑義。但此形式的性支持是否屬遊走法律邊緣？對於服務提供的組織及志願工作者似也潛藏危機？該透過什麼樣的機制設計讓這樣的基本人權獲得保障與正當性？社會面又有什麼機會及如何看見身心障礙者的處境，在回應身心障礙者基本性權時表現更多的理解與友善？

智能障礙者之自我決策被大力宣導，性自主權是否也被視爲基本人權而可以加以倡導？智能障礙者能否有性自主？其性自主又如何被認定？是否也涉及性侵害犯罪之實務認定？由於智能表現，行爲能力要件、性自主能力，各具有不同的內涵，以心智年齡或行爲能力年齡來認定智能障礙者性自主的作法，是否能解決實務上的困境？智能障礙者結婚，其婚姻效力如何？生育保健是健全主義下避免先天異常兒發生之作爲，身心障礙者既爲人類多樣圖像的重要存在，是否需要透過激進手段來中止？系統是否能發揮支持功能來支撐照顧者的沉重壓力，不須以控制生產來避免照顧負擔？想要支持智障者的性愛權利，不應該迴避議題討論，而是讓他們的需求被聽見、被看見、被理解，更進一步想辦法去幫助他們降低風險、跨越危險，爲他們思考相關支持對策才對。

在 CRPD 的趨勢下，唯有認同「性權」是身心障礙者基本權利，宣導排除身心障礙者性慾、婚育的負面印象，進而鼓勵社會大眾關懷身心障礙者人權。政府須積極支持並協助與非營利組織協力，促成更多元的相關服務及配套措施，才能使身心障礙者眞正自主、自在、正常地融入社會，讓性自由。

參考書目

中文部分

河合香織（2007）。性義工。郭玉梅譯。臺北：八方。

英文部分

Kulick, D., & Rydström, J. (2015). *Loneliness and its opposite: Sex, disability, and the ethics of engagement*. Duke University Press, Durham, NC, and London.

網絡資料

社會安全網—關懷 e 起來。取自 https://ecare.mohw.gov.tw/

手天使：推動臺灣身障性權。取自 http://www.handangel.org/

心路基金會性別研究發展團隊（GRD）。取自 https://www.syinlu.org.tw/

註 1：【性權宣言】

1999 年世界性學學會（World Association for Sexology）

性（Sexuality）是每個人人格的基本成分；性的完全滿足有賴於滿足人類其他的基本需求，如對接觸、親密、情感表達、愉悅、溫柔及愛戀的慾望。同時，性也是由個人和社會結構之間的互動所建構的；性的完整發展對個人、人際、社會的健全而言都是不可或缺的。

性權是普世人權，建立在所有人類的基本自由、尊嚴和平等之上。由於健康也是基本人權，因此性的健康和健全發展也是基本人權。由於性的健康只能來自一個認知、尊重、執行這些基本性權的社會環境，因此爲了保障人類及其社會能夠發展健康的性，所有的社會都應該盡其所能的去認識、推動、尊重，並維護下列性權：

1. **性自由權：**性自由涵蓋了個人表達其全部性潛能的所有可能。但是，性自由也排除任何時間、任何情況、任何形式的性強制、性剝削和性虐待。
2. **性自主權、性完整權、性身體安全權：**人有權利自主的在其個人及社會道德的脈絡中決定如何進行其性生活。人也有權掌握並享受自己的身體，免於任何形式的虐待、殘傷和暴力。
3. **性隱私權：**只要不侵犯他人的權利，個人有權對其個人有關親密關係的決定和行爲保持隱密。
4. **性平等權：**人應該免於所有形式（例如：性、性別、性傾向、年齡、種族、階級、宗教、身體障礙，以及情感障礙）的歧視。
5. **性愉悅權：**性愉悅（包括：自慰）是個人身體、心理、智力和靈性完滿成熟的來源。
6. **性表達權：**性表達的範疇遠超過性愉悅或性行爲。個人有權利透過溝通、碰觸，情感表達以及愛戀來表達其情慾。
7. **性的自由結合權：**人有權利選擇結婚、不婚、離婚，或者建立任何其他有責任感的連結關係。
8. **生育自由權：**個人有權決定是否生育、何時生育、如何生育，也有權享受所有調節生育的措施和資源。

9. **性資訊權**：不受阻礙、合於科學精神的性探究可以生產性資訊，並經由適當的方式傳播於社會的所有階層。
10. **全面性教育權**：性教育應該涵蓋從出生到生命的各個階段，並且動員所有的社會建制。
11. **性健康照顧權**：所有的人都應該可以享受性的健康照顧，以預防並治療所有因性而生的關切、問題及失調。

【2000.09.02　中央大學性／別研究室翻譯】

第十二章
悲傷輔導

張如杏

人類是群體的動物，透過與他人的相處及獲得照顧，才能從無助的嬰幼兒階段慢慢長大，發展的過程除了生理上明顯可見長大，心理上形成與照顧者依附關係（attachment）、信任關係，心智與情感也更成熟穩定。

人有喜怒哀樂，情感情緒的發展也會隨著年齡改變，年幼時肚子餓、身體不舒服、或是想要被關注都會哭。社會化之後學習用適當的方式表達情緒、溝通需求，情緒變得更複雜：悲喜交加、喜極而泣、大悲無言……，情緒發展與年齡、認知有關。隨著年齡、社會化、認知發展，情感表現更多元，適度情感表達可以紓解壓力，有益健康。

過去身心障礙者平均壽命較短，發展歷程也可能無法到成熟或老年，或是與社會隔離而較少參與事物，不了解人生悲歡離合。隨著醫療科技發展，身心障礙者生命延長，各項法規例如：CRPD 強調促進、保障身心障礙者充分、平等享有所有人權及基本自由，並促進對身心障礙者固有尊嚴之尊重。鼓勵身心障礙者融入社區、自立生活，身心障礙者有機會參與各種社會與生活，體驗各種人生悲歡離合，身心障礙者自有其情緒經驗的主體性，同樣需要被看見。

第一節　認識失落與悲傷

何謂悲傷（grief）？Moralez（2019）認爲：「悲傷是一種經驗，個人重要失落（loss）發生後產生的經驗，或當個人與有強烈情感緊密的人或深愛的人分開時，會有的情感反應。」悲傷是多面向的，有內在和外在的反應，包括：情感、行爲、心理和生理反應，當個人感受到失落可能出現的反應。

身心障礙者因爲其生心理的特徵影響其社會發展，有些身心障礙者終其一生需要依賴他人協助與照顧，無法獨力生活或自我照顧，與家人或照顧者形成緊密的依賴關係。當家人老化、死亡無法繼續居家照顧，身心障礙者面臨轉換環境或照顧者時，一方面來自與緊密連結的家人分離（或喪親），另方面要離開熟悉的生活環境，或作息照顧被迫改變。近來，雙老議題受到關注，也衍生出障礙者需要面對喪親（bereavement）及生活重大改變，許多心智障礙者（intellectual disability）沒有語言表達能力，導致其情感失落與悲傷常被忽略，或誤認爲他們不了解親人離故與悲傷。

喪親或悲傷經驗會有一段哀悼（mourning）期，身心障礙者在經歷喪親時，常是缺乏準備，或缺乏協助處理，這樣的悲傷會持續在身心障礙者的情緒和行爲，甚至變成問題或疾病，影響健康。透過了解身心障礙者的悲傷、悲傷反應，才能協助身心障礙者調適喪親悲傷。

重視身心障礙者人權，提供全人照顧，要認識身心障礙者悲傷與失落，了解接納悲傷衍生的情緒行爲，進而適切處理因應，對於失去至親的身心障礙者是重要的課題。

第二節　障礙者的悲傷失落經驗

根據衛福部 2021 年《身心障礙者生活狀況及需求調查報告》顯示，身心障礙者目前的居住地點以「家宅」所占比率最高，占 91.89%。15 歲以上身心障礙者有 25.89% 未婚，其中自閉症者 99.44%、智能障礙者 83.46%、其他障礙 79.81%、罕見疾病 72.65%、頑性癲癇 50.47%、慢性精神疾病 46.06%，未婚比率較高。

隨著醫療科技的發達，身心障礙者生命延長，經歷人生的各種歷程：父母終老、親人或照顧者自然或各種因素死亡、照顧者或環境（家庭、學校、機構、不同機構）轉變，或是寵物死亡、失去重要物品、搬家、結束關係等。每個人的發展歷程會有不同的關係起始與結束，小時候從家庭到幼兒園、學校、工作或社區，會認識鄰居、同學、朋友、老師等，不同的關係與情感連結，交織人生的喜怒哀樂。障礙者除了上述關係還有其他照顧者，如特教教師、教保員、或其他障礙同學等，這些親近的陌生人也是障礙者的重要照顧者。如同非障礙者一樣，體認人生的喜怒哀樂也是身心障礙者「正常化」生活的一部分。

喪親對大部分的人是最沉重的悲傷，心智障礙者從小與父母建立密切情感依附，成長歷程即使上學或入住機構，父母家人還是給予持續不斷的情感及生活支持，因此喪親對心智障礙者的失落與悲傷，影響更大。心智障礙者因爲心智發展受限，障礙影響其語言、情緒表達與理解、生活照顧等，失去父母必須重新適應生活與照顧者，也失去信任及了解其需求的人，無法掌握習以爲常的生活。

父母、照顧者的死亡，對心智障礙者會有情感上重大失落與悲傷，當其他家人忙於處理喪事，忽略或排除心智障礙者參與事件的過程，造成心智障礙者「被剝奪悲傷的權利（disenfranchised grief）」或「仁慈的排除（benevolent exclusion）」，這種經驗在心智障礙者家庭處理喪親時，考量障礙者心智能力有限，或擔心其參與喪事處理可能會害怕、干擾、不理解喪事習俗，包括：瞻仰遺容、參加喪禮、或觀看安葬、灑骨灰等儀式，障礙者被排除在外，無法與家人共同經歷喪親悲傷歷程，對其他家人，這是難以兼顧的困難，喪親與喪事的繁瑣，實在無法關注障礙者的需求（Dodd, Dowling, & Hollins, 2005; Doody, 2014; University of Hertfordshire Intellectual disability and Health, 2016）。

第三節　障礙者的悲傷反應與影響

心智障礙者受限於身體心智功能限制，對於悲傷與失落的感受，無法如一般人表達或被忽略。對於障礙者被剝奪悲傷權利所衍生的行爲、情緒、睡眠等問題，由於溝通能力、語言表達的限制，需要透過對其家人或照顧者提供訓練，才能盡早發現與介入處理。另外，也透過障礙者周遭支持網絡的連結，尋找其可信任且具安全感的陪伴者，協助對其悲傷反應與失落情緒作適當回應。

首先認識一般人的悲傷反應，說明如下：

一、悲傷歷程

Moralez（2019）引述 Kubler-Ross（1969）《論死亡與臨終》（*On Death and Dying*）所發展出來的悲傷五階段（Five Stages of Grief）：

階段 1.　否認：不會吧！這件事不可能發生在我身上。
階段 2.　憤怒：爲什麼是我，這太不公平了！他怎麼可以這樣離開我？太過分了！
階段 3.　討價還價：如果我乖一點，是不是就不會這樣？求求你，再給我一次機會，我會表現更好。
階段 4.　壓抑：我不想活了，活著還有什麼意義？我什麼都不想要了。
階段 5.　接受：好吧！既然事實無法改變，就讓他去吧！我還是繼續我的生活。

悲傷的反應並不是每個人所經歷的每個階段長短都一樣，有些人否認與憤怒耗掉很長的時間，無法進入到討價還價，或是過於壓抑或沮喪，出現嚴重的喪失創傷，影響健康，也影響生活。通常是因與失去的親人關係深遠，或是失去的工作影響生活重大，或是失去的感情刻骨銘心；也就是，走不出喪親的悲痛。總之，悲傷調適需要時間，也要不斷反思整理，即使無法回到從前，至少適應新的生活。

二、喪親哀悼

喪親的哀悼對悲傷情緒的抒發是重要的，哀悼歷程的任務如下：

（一）接受失落是事實

否認不幸是自我防衛機制的一種，但是若持續否認，就會形成病態反應。因此確認死亡是事實且是終局（finality）、不可逆（irreversibility），也就是相信這是事實，親友死亡不會再回來了。

（二）對悲傷痛苦的經驗

情感上呈現悲傷、痛苦的經驗是對死亡與失落的眞實感受，體認因爲失去摯愛而感到痛苦是面對現實必要的，否則會延長哀悼歷程；允許障礙者表達悲傷情感是必要的。對於無法言語表達的悲傷者，要注意如何覺察其悲傷並協助表達與宣洩。

（三）調整環境

失去父母或照顧者，等同障礙者失去信任的依靠，因此環境調整時，盡快安排其他照顧者接手，重新與障礙者建立新的合作模式是重要的介入。在不得已下改變，障礙者需要更多時間調整，及適應新環境，照顧者需要更大耐心協助障礙者建立新生活。

（四）建立新的照顧關係

有些障礙者因爲父母或主要照顧者過世，必須離開熟悉的生活環境，同時面臨親人照顧者離開、更換照顧者或必須從家庭轉到機構，與新的照顧系統建立信任關係，這對障礙者是多重困難。由於語言理解與溝通認知等障礙，因此，要協助其表達悲傷，避免殘留太多「未解決的悲傷（unresolved grief）」，而對未來的生活造成不利的影響。其他熟悉的家人或照顧者需要協助心智障礙者以個人期待的方式，表達或處理對逝者的情感與道別。

三、障礙者的悲傷反應

障礙者與家庭的關係密切，障礙影響其發展，部分障礙者無法離開家庭或照顧體系，長期與家人或照顧者緊密相處。然而，失去重要他人的失落悲傷、對環境改變理解困難，在多重壓力下障礙者行爲、情緒、睡眠、飲食等出現異常，或是出現自我傷害、攻擊、破壞等行爲，均需要了解其適應的困難所在。

心智障礙者的悲傷表現，受限於本身能力，有些在認知上不能理解外界，不知道發生什麼事，或是無法表達疑問、困惑，無法適切表達對失去親人的悲傷。他們在情感上：悲傷、憤怒、孤單、懷疑自己做錯事、沮喪、困惑。思考上：無法專注、覺得困惑、不容易做決定。可能會想：這不是眞的，怎麼會是我？我覺得害怕孤單，這種感覺何時會結束？

在行爲上：想要一個人獨處、失去有興趣的事或活動、食慾變差、睡眠變差、或作惡夢、容易對他人生氣、常哭泣、吃很多、睡很多。身體上：會頭痛、身體疼痛、不舒服、無法呼吸、覺得疲倦，甚至有些會有尿床、拔毛或是自我抓傷等不當自我刺激的儀式行爲等，這些伴隨悲傷情緒下會出現的外顯行爲表現，需要被眞正的理解。Gulbenkoglu（2007）在簡短的書中，透過圖畫讓心智障礙者閱讀了解各種行爲情緒都是正常反應，以及如何調整及透過運動改變悲傷。

四、障礙者悲傷研究

對於心智障礙者面臨喪親悲傷反應的研究近期越來越多，就心智障礙者何謂「正常（normal）」悲傷反應？何謂「病態（pathological）」悲傷反應？比較居家照顧或機構、護理之家等，或來自障礙者回答、照顧者觀察等進行比較，對於心智障礙者的悲傷反應，區別其正常或病態確實有困難。

障礙者的悲傷反應可能演變成疾病症狀，或是正常悲傷反應卻被不適當的治療，例如：失眠、哭泣、害怕、情緒低落、脾氣暴躁、固執、儀式性行爲、尋找逝去之親人（不相信親人過世）、害怕與人分離、生活作息模式改變、自言自語等，這些看似精神疾病的症狀，出現在障礙者的喪親悲傷反應。Nader & Fletcher（2014）、Dodd 等人以 DSM-5「持續複雜喪親相關疾患（Persistent complex bereavement-related disorder, PCBD）」進行研究，PCBD 是指嚴重持續悲傷、哀悼反應，作者將 PCBD 區分成在親密家人、朋友過世後一年內，有 (1) 分離性苦惱、(2) 創傷性苦惱、(3)

因爲悲傷反應影響其功能表現。研究發現 PCBD 者會出現：(1) 持續渴求和懷念逝者（兒童會出現在遊戲或行爲表現上）、(2) 嚴重悲傷及情感痛苦、(3) 專注在逝者相關的事務（兒童會出現在遊戲或行爲表現上），上述反應持續超過文化或習俗的常態，導致個人功能受影響（Dodd et al., 2021）。然而智能障礙者對於「喪親」的反應，是因爲情感上依附關係的失落，或是生活上固定模式被打破造成的不習慣而反應在情緒行爲。

Dodd 等人（2021）透過障礙者及其家人的調查，有喪親的障礙者比對照組在以下症狀出現之比率比較高：(1) 聽到討論逝者會覺得悲傷；(2) 在從事活動時會想念逝者；(3) 對於逝者死亡感到憤怒；(4) 看到逝者經過；(5) 覺得逝者會再回來。來自障礙者自述的比率也比照顧者的高，顯示照顧者對障礙者的情感覺察不夠敏感。對障礙者悲傷與喪親研究，提供我們對於心智障礙者或重度障礙者的悲傷與喪親更多的認識。

針對障礙者喪親悲傷的精神疾病討論，憂鬱症（Depression）（Hammen, et al., 2014）、創傷後壓力症候群（Post-traumatic stress disorder, PTSD）（Nader & Fletcher, 2014），兒童期的憂鬱症、PTSD 和個人生活中的壓力事件、早期負面經驗有關。當外在環境的壓力事件長期未解除，可能形成慢性的情緒行爲反應，尤其對心智障礙者與兒童，其成熟度比較低，當重要他人突然離開或死亡，生活節律無預警改變，目睹災難或暴力等重大壓力事件，對於其情緒行爲影響很大，持續負面的情緒或認知，將造成心理衛生問題。例如：兒童期輕型憂鬱症（Dysthymia, persistent depressive disorder）出現嗜睡、食量過度、體重增加、動作變慢、沒體力、反應變遲鈍等，和傳統憂鬱症會有失眠、食慾變差、體重減輕等，還有身體疼痛、覺得無望無助、自殺意念或企圖等，都會出現在憂鬱症的患者身上，心智障礙者面臨重大壓力事件，卻無法被了解或協助，也會有類似表現。

Dodd & Hollins（2005）整理喪親智能障礙者的反應，不論是機構內的障礙者或居家照顧的障礙者，在情感、精神疾病、行爲上都確實增加憂鬱症、焦慮症的表現。部分機構照顧者的調查則出現喪親對障礙者沒有差別反應，與障礙者能力受限不了解死亡、不會表達悲傷情緒、延遲悲傷（delayed grief）有關，無法用非障礙者的標準來衡量。作者也認爲部分喪親障礙者出現類似憂鬱症、焦慮反應時，容易被歸爲正常的悲傷反應，忽略醫療介入的必要性。

Brickell & Munir（2008）、Dodd & Hollins（2005）對於智能障礙者喪親的悲傷反應，另一種解釋是智能障礙者由於認知理解語言能力明顯較差，因此透過量表或口語訪談得到的結果可能無法呈現眞實感受，不了解喪親的意義，對智能障礙者是保護。一般人對喪親的悲傷哀慟，來自依附關係斷裂，失去被愛；智能障礙者感受可能是環境或照顧者改變，而感到不適應，出現情緒行爲反應。

上述幾個研究發現，重度障礙者的悲傷反應不容易區別。其次，障礙者出現憂鬱或情緒行爲異常表現，與精神疾病症狀相近，精神疾病診斷需要照顧者提供資訊，缺少障礙者主觀感受陳述。照顧者容易低估智能障礙者呈現悲傷反應，即使智障者「說出」傷心難過，照顧者會認爲那是正常反應，不須特別處理。近期對智能障礙者喪親悲傷研究改以「行爲觀察」，觀察喪親之後障礙者的日常生活功能是否退化、變差，釐清喪親對智能障礙者的影響，例如：出現與過去不同的情緒行爲或睡眠、飲食等，對於無法以語言文字表達的障礙者，可以補強評估資料，以協助無力表達情感的障礙者，盡早得到協助度過難關

第四節　案例介紹——心智障礙者的喪親或關係失落的經驗

A是將近40多歲的智能障礙者，從小接受特殊教育，特殊學校畢業前經轉銜就業至今十多年，與父母同住，手足已經結婚成家，平常會回家探視父母與A。大約一年前母親發現罹癌開始接受治療，家人並沒有告知A關於母親的病症，期間A出現睡眠問題，晚上睡不著，或是經常無故跑到母親房間查看，在工作場所與同事摩擦增加。母親生命末期，家人告知「媽媽快要死掉，要有心理準備」，家人問A「知不知道什麼是死

亡？」A說「知道」，A很擔心媽媽，但是家人忙於照顧媽媽，只是提醒A要乖一點，不要干擾家人照顧媽媽。

母親過世時A跟著大家哭泣、進行儀式，A堅持早晚拜飯、念經：「因爲念經可以迴向給媽媽」。A配合家裡儀式做七，每天看到母親牌位就哭泣，家人勸說不要再哭了，再哭眼睛會瞎。A不敢在家人面前哭泣，就躲在房間內哭泣，晚上哭到很晚或是想媽媽睡不著。在工作場所常常流淚，同事安慰後可以暫時不哭，空閒時就哭。放假就去媽媽的墳「看媽媽」。因爲睡眠及哭泣問題，家人認爲A可能是憂鬱症，安排精神科治療。A對於心情的陳述比較有限：「我很難過，我想媽媽，我就是想哭……。」來自家人觀察，A食慾變差、活動變慢、表情愁苦、容易發呆哭泣，家人詢問A是否需要藥物協助？

B是30多歲在日間照護機構上班的障礙者，從特殊學校畢業後就在該機構服務。一年前有位資深員工因病退休，後來聽說該員工病逝，之後B遇到人就說「某某阿姨死掉了，我很想她」，詢問B關於阿姨的事，他重複「某某阿姨死掉了，我很想她」，邊說邊搖頭嘆氣。問他阿姨怎麼死掉？B說生病，人死掉就不會再回來。之後與熟悉的人見面，第一句話「某某阿姨死掉了，我很想她」，這成了他跟人互動的發語詞。B顯得焦躁，只有簡單的「很難過，會想她，畢竟我認識她很久了，人死掉就不會回來了。」B從機構下課後會特別繞去阿姨常走的路，也會重複詢問「人死掉了就不會回來？」經常搖頭嘆氣。

C是20多歲特殊學校畢業幾年的男性智能障礙者，與母親同住，曾經做過幾個工作，都沒有辦法持續。母親安排到朋友的店裡工作，C與店長發生衝突後就離開，白天自己在家無所事事。後來在身障就業系統認識一位比他年長的障礙女性，他們互相喜歡對方，兩人會出去約會聊天，或是一起去買零食吃。兩人家屬得知後不贊成他們繼續交往，不准他們聯絡，直接將手機中的通訊刪除。之後幾個月C都在家中沒出門：整天多是在睡覺（晚上睡不著）、對媽媽發脾氣、容易與人發生衝突，覺得很想念對方，會趁家人不注意去對方的家或可能出現的地方等待。對於媽媽的舉動，非常生氣，但是媽媽與C勸說時，C不會回應媽媽，只會摔東西。C是被迫中斷一段關係，兩邊家屬均擔心兩個身心障礙者無法互相照顧，因此強硬不准來往，C 無力改變，也無法陳述心情感受，透過攻擊、破壞來宣洩其憤怒。

第五節　障礙者失落悲傷輔導

人生有悲歡離合、生老病死，這些歷程常常讓人感到失落與悲傷。每個社會對於這些必經歷程透過習俗、宗教與儀式，讓人得以紓解痛苦、悲傷。這些經驗有很大個別差異，有人對於久病家人離開感到痛苦不捨，也有人對於脫離病痛給予祝福。有人失去寵物感覺如喪考妣，有人難以走出失戀痛苦從此不再相信愛情。

對於心智障礙者或重度障礙者的悲傷或喪親輔導，可以有不同層面與方法進行。

一、推動特殊教育與生命教育

每個人對失落的定義與因應不同，近來教育部（2021）推動「生命教育」（life education），其基本理念是探索生命的根本課題，包括：人生目的與意義的探尋、美好價值的思辨與追求、自我的認識與提升、靈性的覺察與人格的統整，藉此引領學生在生命實踐上知行合一，追求幸福人生與至善境界，其實施乃全人教育理念得以落實之關鍵。生命教育的五大核心素養為：哲學思考、人學探索、終極關懷、價值思辨、靈性休養等。

過去特殊教育以提供適性教育為宗旨，未來要將身心障礙者生命教育融入特殊教育，讓身心障礙者從教育學習認識生命、終極關懷。學習了解生命教育，當面臨父母親友過世離去，如何改變生活環境及照顧者，繼續穩定生活。近期許多家長開始思考如何幫障礙孩子面對父母離去（李亞璇，2018.04.14），希望預先準備讓孩子（身心障礙者）減低失去至親的衝擊。部分身障機構也開始在機構內進行類似課程。

以 A 為例，媽媽在過世前一年罹患癌症，家人忙於醫療，無暇讓 A

參與，到最後的時間媽媽病痛加劇情緒不穩，A很想幫忙，家人不希望她「增加麻煩」。還好在媽媽過世後宗教儀式A都參與親力親爲，透過這些行爲拉近A對媽媽過世的眞實感。即使有失眠或哭泣等問題，親友陪伴、藥物改善睡眠，A漸漸恢復日常功能。

B與過世的阿姨有多年情誼，阿姨生病後辦理退休，在阿姨過世後才被告知，B不清楚阿姨生病死亡歷程，難以表達他的感受。家人或是相關人員對於智能障礙者事後說明，通常是告知死亡是什麼（認識死亡的意義），對其感受和疑問，比較忽略。B的能力只有簡單的辭彙表達心情，死亡缺乏眞實感，試圖從阿姨經常走的路去找尋阿姨。

至於C因爲親屬意見，被迫結束重要關係，與失去至親不同，造成的傷痛更無言以對。家人好意的決定，否定兩個障礙者的愛情，C的憤怒更大於失去愛情，也無法跟家人表達情緒，無法讓悲傷有出口。其反映在行爲情緒上，是憤怒，實際上是對自己被否定的悲傷。障礙者對親友死亡情感失落，可以得到同理，家人對障礙者自主的矛盾、顧慮擔心，造成障礙者的痛苦失落，無法表達的複雜情緒影響情緒穩定，這類失落悲傷常被忽略。障礙者的愛情常常不被祝福，障礙者對感情失落的痛苦需要協助，卻很難被同理。

二、陪伴、參與親人死亡歷程

面對至親死亡，任何人都是震撼驚恐，尤其是不預期的死亡，「爲什麼？發生什麼事？怎麼會這樣？」透過說明與了解，建構死亡歷程與脈絡，慢慢理解死亡是眞實的，從瞻仰亡者遺容或陪伴亡者，念經、禱告等宗教儀式，讓死亡具象化，是接受親人死亡的必要歷程，大部分人從震驚、否認，透過參與死亡後的活動接納死亡。許多家庭考量心智障礙者能力無法理解死亡，或擔心不能配合儀式，而將他們排除在參與親人死亡歷程之外，讓障礙者無法完整參與親人死亡歷程，對於死亡就更難接受與了解。因此，協助障礙者參與親人死亡或喪禮、宗教儀式等，是必要的，過程中的解釋可以減少害怕和誤解。

需要注意各種喪禮儀式，例如：繁複喪禮、家屬跪拜、瞻仰遺容、火葬等，兒童或心智障礙者可能對現場氣氛、聲音、畫面感到害怕。如果有繪本或是影片，可減少直接在現場的情緒反應。

三、運用繪本或影片媒體

繪本是生命教育的工具，對心智障礙者或年幼兒童可以運用繪本認識親人死亡，理解死亡的意義，對於可預期的死亡（疾病末期），提早以繪本進行討論，減輕害怕、焦慮。參考書目中的繪本，適合兒童與心智障礙者，即使無法表達心得，也可以知道：自己不是唯一有困擾的人。有些繪本針對不同關係之親人過世，讓障礙者或兒童可以討論、釐清對親人死亡的疑問。

根據 Hollins（2018）「幫助智能障礙者較好的處理悲傷（Managing Grief Better: People with Intellectual Disabilities）」及「智能障礙者悲傷（When Persons with Intellectual Disabilities Grieve）」對於協助智能障礙者處理悲傷，可以這麼做：

1. 誠實的告知親人死亡的訊息，詳細說明。
2. 傾聽喪親者說出感受或疑問，陪伴抒發情緒。
3. 運用生命課程教導調適行為，當寵物死亡、好友搬家、名人過世，常是生命課程教導的好時機。
4. 智能障礙者也是家庭群組的成員，可以用較簡單的話告知死亡，讓他知道宗教習俗作法，例如：瞻仰遺容、火化等。
5. 鼓勵智能障礙者參與死亡歷程、去醫院探病或陪伴親人過世、進行禱告等，告知相關事項，尊重他們選擇是否參與。
6. 協助表達情緒，如果沒有語言可以運用圖卡。
7. 透過照片讓他們對逝者進行懷念，記得逝者的愛。
8. 盡量不要改變障礙者的例行生活、居住或職業。
9. 注意是否出現悲傷的生理反應，例如：頭痛、肚子痛、作夢、退縮、飲食習慣改變等。

10. 運用社區支持，如醫師、社工協助處理悲傷問題。
11. 不要催促悲傷歷程，每個人進度不同。忌日時可以共同懷念逝者，不要遺忘逝者。
12. 如果喪親後悲傷情緒持續很長，可尋求專業協助。
13. 網路上有些喪禮的故事影片，透過觀賞影片一起討論，也是可以解除障礙者焦慮不安的作法。

四、社會工作人員的悲傷輔導

面對至親死亡沒有人是專家，每個人都要學習面對生命中的失落悲傷，學習表達悲傷情緒與至親告別，透過宗教習俗讓悲傷得以宣洩與沉澱，在失去至親後重新開始新的生活。障礙者的能力受限，需要協助了解死亡、表達悲傷、失落痛苦、調整喪親後生活，重新建立穩定生活。

針對障礙者的悲傷輔導，需要是障礙者熟悉的專業人員，社會工作人員應先與障礙者建立熟悉、信任關係，觀察障礙者經歷悲傷事件後的日常作息、行爲，陪伴或鼓勵表達情緒或陪伴追念逝者，溫暖的回應障礙者的情緒，鼓勵適度轉移或投入有興趣的活動，或是在家庭宗教儀式的過程與大家一起參與，在生活中繼續感受與逝者情感關愛。讓障礙者用自己的方式表達對逝者的懷念，接受悲傷是情緒的一部分，重新開始新的生活，轉化悲傷爲正向意義。善用各類社會支持網絡，替代照顧的親友團、半專業志工人力，或障礙者的支持資源等在地陪伴關係。對於家人無法處理的部分也可以求助心理衛生專業團隊協助，陪伴並減輕其痛苦，安心地繼續新生活。

參考書目

中文部分

李亞璇（2018.04.14）。我如果走了，要怎麼跟孩子說？陽明教養院首創心智障礙者生命教育易讀繪本。取自風傳媒 https://www.storm.mg/article/424315

教育部（2021）。教育部生命教育全球資訊網。取自 https://life.edu.tw/zhTW2/

衛生福利部（2023）。110 年身心障礙者生活狀況及需求調查報告。臺北：衛生福利部。

英文部分

Brickell, C., & Munir, K. (2008). Grief and its complications in individuals with intellectual disability. *Harvard Review of Psychiatry*, *16*(1), 1-12.

Dodd, P., Dowling, S., & Hollins, S. (2005). A review of the emotional, psychiatric and behavioural responses to bereavement in people with intellectual disabilities. *Journal of Intellectual Disability Research*, *49*(7), 537-543.

Dodd, P., McEvoy, J., Lockhart, K., Burke, T., O'Keeffe, L., & Guerin, S. (2021). An exploratory study of self-reported complicated grief symptoms in parentally bereaved adults with intellectual disability. *Journal of Intellectual Disability Research*, *65*(4), 297-305.

Doody, O. (2014). *Loss and grief within intellectual disability*. https://www.researchgate.net/publication/283010367_Loss_and_grief_within_intellectual_disability

Gulbenkoglu, H. (2007). *Supporting people with disabilities coping with grief and loss: An easy-to-read booklet.*

Hammen, C. L., Rudolph, K. D., & Abaied, J. L. (2014). Child and adolescent depression. In Mash, E. J., & Barkley, R. A. (Eds.), *Child psychopathology* (pp. 225-263). New York: The Guilford Press.

Hollins, S. (2018). Managing grief better: People with intellectual disabilities. *Retrieved from The Habilitative Mental Healthcare Newsletter*, May/June 1995, Vol. 14, No.3. http://www.intellectualdisability.info/mental-health/articles/managing-grief-better-people-with-intellectual-disabilities

Moralez, A. (2019). Grief among individuals with developmental disabilities. Continuum of care. https://coc.unm.edu/common/manual/grief.pdf

Nader, K., & Fletcher, K. E. (2014). Childhood posttraumatic stress disorder. In Mash, E. J., & Barkley, R. A. (Eds.), *Child psychopathology* (pp. 476-528). New York: The Guilford Press.

University of Hertfordshire Intellectual Disability and Health (2016). Bereavement in the lives of people with intellectual disabilities. http://www.intellectualdisability.info/life-stages/articles/bereavement-in-the-lives-of-people-with-intellectual-disabilities

第十三章
社會倡議

林幸君、翁亞寧

維護身心障礙者的權益是身心障礙社會工作實務的核心理念，也是回應政策潮流趨勢的重點事項。隨著服務使用者[1]自我倡議理念的蓬勃，強調以個人為中心及重視自我充權（self empowerment）的概念，因此服務單位開始成立權益委員會，也將自我倡議納入為服務內容中，改變了過去由專業主導或家屬代言的合作關係與服務模式。

由於多數身心障礙者的生活處境中，礙於資訊理解與運用或溝通與互動經驗的侷限，加上家屬或專業人員等照顧者長期保護與代為決定，以及社會大眾從媒體報導中累積對身心障礙者的刻板印象，因此長期以來身心障礙者的意見較少獲得重視。然而，無論是身心障礙者自我決策或集體行動的倡議本身，就是一種落實平權參與的實踐機會。本章將針對倡議對身心障礙者的意義，以及專業人員所扮演支持者的執行原則，進而分享民間單位推動自我倡議的經驗與省思，作為第一線工作者建立夥伴關係的參考。

---

[1] 服務使用者（service user）是有別於傳統社會工作的案主（client）或商業使用的顧客（customer）的概念。顧客通常指從公司行號購買產品或服務的人。案主是指從專業工作者或組織取得或購買服務的人。法律界譯為當事人。顧客與案主的差別在於顧客購買（消費）商品，案主購買或獲得忠告與問題解決。另，案主購買或取得該項服務的期程通常較長，例如：一樁法律服務往往耗時數個月到好幾年。社會工作服務也不太容易一次會談就解決所有問題。就社會工作而言，將服務對象稱為案主，雖然已經擺脫了醫療模式的病人（patient）概念。但是，還是存在專家（社會工作者）與聽從專家意見的人（案主）的對應立場，因而仍是複製醫療模式的思維。服務使用者通常泛指接受各種公共服務（社會福利、健康、大眾運輸、水電、電信等）的人們，其地位相對於國家、社會、服務提供單位是不平等與被動的，其接受服務的期間也較長期，自稱服務使用者的人們共享身分認同與分享被服務經驗。因此，形成一種強有力與集體發聲的行動，試圖促進服務提供者改善服務內容與品質，以符合其需求。

第一節　權益倡導對服務使用者的重要性

一、社會倡議的核心價值

對於社會工作者來說，社會倡議（social advocacy）由來已久。在美國，桃樂絲・狄克思女士（Dorothea L. Dix, 1802-1877）展現了早期社會工作者爲精神病患倡議的勇氣。1841 年起，狄克思女士三年內奔波超過 6 萬英里路，爲被監禁或收容在監獄、濟貧院（almshouse）、習藝所（workhouse）的精神病患的人權而奔走，上書州議會、各大市政府、總統，爲往後精神醫院、獨立的精神病人照護體系樹立了進步的里程碑（林萬億、鄭如君，2014）。另外，在 1883 年英國的大學睦鄰（University Settlement）運動，所發展出來的湯恩比館（Toynbee Hall）的工作內容即有「覺醒社會大眾有關社會與健康問題，並爲社會改革與社會立法辯護」這一項，是往後社會工作中社區行動與社會倡議的起源（林萬億，2021）。

而近代社會工作者積極參與社會倡議，應屬美國 1960 年代的公民權利運動（Civil Rights Movement）、1970 年代的女權運動（Women's Rights Movement）、性別權利運動（LGBTQ Rights Movement）等。據此，美國社會工作者協會（The National Association of Social Workers, NASW）的社會工作倫理守則將倡議納入成爲社會工作專業的核心支柱，彰顯爲服務使用者爭取最佳利益的意涵。

從過去單一聚焦於探討案主成長歷程所衍生解決問題的個人缺陷觀點，逐步發展到看見社會環境下的文化、階級或生活情境的壓迫，所可能導致的個人無力、無助感與社會邊緣化現象。1960 年代隨著經濟弱勢者無法獲得適足的生活維持而發起的福利權利運動（Welfare Rights Movement）潮流，充權（empowerment）[2] 概念被提出，建議社會工作的

[2] 充權是一種培養人民權力（power）的過程，在自己的生活、社區及社會中，藉由

介入需要雙管齊下，以增進案主的自我內在效能與進行外在社會改革爲目標。1990 年代後，助人專業又面臨強調自助（self help）、優勢觀點（strength perspective）、復原力（resilience）等新一波強調平權主義的影響，改變了專業人員與服務對象間的合作模式，回歸以服務使用者爲中心的工作取向。

（一）倡議觀點的特色

傳統社會工作習慣從病理歸因取向來評估服務對象的生活狀況，以治療問題爲焦點，重視童年經驗對問題影響的因果關係，希望能改變個人與家庭的失能狀態或恢復生活功能，因此專業人員扮演了問題解決的專家角色，且主導處遇計畫的執行。倡權觀點則強調找出服務使用者的優勢特質，期待透過共同解決問題的過程，動員外在與內在資源及能量，目標在於發展個人的價值與認同歸屬感，建立自我概念。

（二）核心價值理念

整理相關學者對於倡議觀點所強調的核心價值，主要有以下幾項：

1. 恢復權力主導角色，以保障個人基本權益的參與機會。透過提升意識覺醒，建立自我認同感，進而重拾自尊心；並降低疏離、孤立與無力感，培力服務對象成爲掌握自己命運的主導者。
2. 重視生命經驗的累積，從陪伴支持中共同解決問題。從服務對象

行動來界定自己認爲重要的議題（Page & Czuba, 1999）。充權的相反狀態是無力感（powerlessness）、被摧毀（defeat）、被消權（disempowered）。亦即因權力被剝奪、被壓迫、被歧視、被排除、被限制參與等，導致個人與社區缺乏資源、失去自信、低自尊、懷疑自己有能力、不能掌控自己的命運、不敢做決定、不安全感等。據此，關鍵在權力感的消失，而非能力的有無。因此，透過培養正向思考、自信、自我肯定、參與改變的行動，找回權力感，即爲自我充權（self-empowerment）。而透過社區集體力量，結合處於相對不利地位的人們，激發社區意識、改變社區條件、重建社區榮耀，讓社區居民能掌控自己的命運，即爲社區充權（community empowerment）。

的關切事項與想望目標中採取多元觀點，透過對話討論方式找到共同合作努力的目標，以發展出平權關係與提供支持導向的原則，啟動服務。

3. 爭取群體合作，以取得改革社會行動的實踐機會。建立同儕交流互助平臺，透過集體的意識覺醒共同脫離悲情，並鼓勵投入社會服務爭取公平對待，伸張社會正義。

整體而言，倡議的基礎是協助服務對象透過排除個人因素的障礙或社會環境的障礙過程中，取得自主決定權及行動權，是一種反壓迫與反歧視的觀點，直接協助被消權（disempowered）的服務使用者回復權力，進而間接透過倡議、公民參與、集體行動等行動實踐機會提升意識覺醒，匯集成改變社會環境的力量，以達成增進個人自決或團體充權的實踐，保障服務對象的基本權益，減少歧視與不公平現象，以確保在生活中享有公平正義與平等參與機會的目標。

二、身心障礙者權益倡議的重要性

依據保障身心障礙者基本人權的考量，Marshall（1950）有關權利的經典論述，提出人的基本三權：公民權、政治權與社會權。《身心障礙者權益保障法》（1997）也闡明爲維護身心障礙者之權益，保障其平等參與社會、政治、經濟、文化等之機會，促進其自立及發展，特制定本法。《身心障礙者權利公約》（CRPD）強調國家應承諾確保並促進充分實現身心障礙者之所有人權與基本自由，使其不受任何基於對身心障礙之歧視，在平等參與機會中實踐公民角色。

（一）國家行政體系的職責

爲落實身心障礙者生存、生命與生活等權益的維護，國家必須採取多元措施展開積極性的權益促進行動，以及防止不當對待與權益受損的規範。例如：《身心障礙者權益保障法》第 75 條明列對身心障礙者不得有下列行為：遺棄、身心虐待、限制其自由、留置無生活自理能力之身心障礙者於易發生危險或傷害之環境、利用身心障礙者行乞或供人參觀、強迫或誘騙身心障礙者結婚、其他對身心障礙者或利用身心障礙者為犯罪或不正當之行為。並於第 10 條提出政府單位應遴聘（派）身心障礙者參與 (1) 整合規劃、研究、諮詢、協調推動促進身心障礙者權益保障相關事宜。(2) 受理身心障礙者權益受損協調事宜。(3) 其他促進身心障礙者權益及福利保障相關事宜。另外，《身心障礙者權利公約》第 5 條平等不歧視、第 12 條法律平等，以及第 13 條司法保護，皆強調了身心障礙者於生而平等的基礎上應該獲得以下的保障：

1. 為確保平等與消極歧視，應提供合理的對待。
2. 確保身心障礙者在與其他人平等的基礎上，切實獲得司法保護。
3. 提供程序便利和適齡的措施，以便利他們在所有法律訴訟程序中。
4. 在調查和其他初步階段中，切實發揮直接和間接參與者及證人的作用。
5. 確保身心障礙者有效獲得司法保護，締約各國應當促進司法領域工作人員對身心障礙者的認識與提供訓練。

（二）如何促進社會參與機會的公平性

倡議是服務潮流發展趨勢，以及回應政策規劃核心理念的重要基礎，因此社會工作人員除了在服務體系中需要了解倡議策略外，也須考量到多數身心障礙者的社會參與經驗往往因為外在或內在因素的影響，以至於生活經驗與社會支持系統較單一。因此如何豐富感知經驗以擴展對於生活權益的認識與覺察，並善用支持策略協助服務對象表達出自己的意見與想法，進而付諸行動進行倡議，也是進行身心障礙倡議工作中需要考量的核心元素。因此，進行權益倡議時須建立以下促進支持決策的核心價值：

1. 相信所有個人的照顧支持服務，都要依據促進個人自立生活發展的原則。
2. 要尊重每一位身心障礙者自己的想法。

3. 要注意服務對象的安全及健康。
4. 要鼓勵身心障礙者為自己做決定及對自己的決定負責。
5. 要提供足夠的資訊給身心障礙者參考。
6. 要提供必要的個別服務。

另外，爲了充分讓身心障礙者透過生活參與體驗機會與豐富感知，進而理解生活權益的意義，因此，當面對有些身心障礙者無法清楚表達自己的期待或想法時，須運用較容易理解的用詞進行溝通、鼓勵表達。因此，各單位辦理各項活動時建議考量以下事項，以支持身心障礙者的參與：

1. 活動地點是否有清楚指引或指標，及搭配所在位置地圖或動線方向的指引。
2. 活動資訊應依參與者的需求，提供多元版本，如電子檔、放大字體版、易讀版等。
3. 提供的資訊以簡單明確爲主，避免編排上過度使用複雜色彩或艱深文字，圖片與照片或符號等皆可交替輔助使用。
4. 盡可能透過在安全且信任的情境或人力協助下，給予身心障礙者較長的反應時間，鼓勵以口語或非口語方式多元化表達，表情亦是溝通方式之一。

CRPD 精神在於保障一般公民基本生存的權益，增加對生活權益的感知與覺察，在自我決定的行動過程中提供適當支持或個別化協助。因此，身心障礙服務體系也須反思是否慣於將服務對象視爲特殊或弱勢者，形成了服務提供端或照顧者的保護心態，進而影響到服務對象平等參與機會。

第二節　社會倡議行動的實踐

從身障社會工作人員的觀點來看，運用倡議理論的核心精神，最須改變的是傳統助人專業習慣標籤化或病理化服務使用者，作爲對弱勢問題的診斷評估依據。因此，必須改以減少專業主導或避免產生彼此的抗拒與不信任感，鼓勵並尊重服務對象提出對於待解決事項的自主想望與期待。因此，社會倡議不僅止於方法策略的運用，須要對於服務對象的需求主體性更多元的認識，以能適時協助其捍衛基本權利，進而於服務過程中依合理公平對待原則，適切調整與溝通協調，並構思行動策略付諸實現，以達成權益爭取目標或權益維護的共識建立。

一、實務工作者的任務

隨著強調以服務使用者爲中心的服務潮流，以及發展夥伴關係的工作導向，充權取向的社會工作模式必須改變過去專業主導的模式，開始回應服務使用者認定的需求、鼓勵參與同儕互助團體（mutual aid groups），以及強調工作重心在於改變的工作取向。因此，社會工作的服務重點除了協助處理與解決問題外，也須和服務對象共同克服生活處境的挑戰，從而逐步充權服務對象解決問題的能量與運用資源的技巧，以提升對於生活決策的自主掌控權。

（一）社會工作人員的倡議重點

1. 保障易受傷害的群體免於受壓迫。
2. 建立支持網絡以增強生活功能。
3. 促進訴求及倡議的實現。
4. 自我概念的認同及自我掌握的發展。

（二）社會工作人員的任務

服務的倡議需要回應服務對象的需求，以及考量資源體系的條件，採取多元角色模式進行服務的提供。一般而言，會以諮詢者、支持者與使能者等角色，和服務對象以夥伴關係執行以下幾項任務：

1. 依據服務對象個別需求反映，並進行次級分析，透過資源連結機會滿足問題的處理。

2. 居間協助進行服務資源的協調，以協助服務使用者或重要成員進行與專業人員、重要影響人物的對話。
3. 動員服務使用者及其家庭能量，逐步支持培力服務使用者發展出解決問題的能量。
4. 從微視或鉅視面進行權益說明或教育宣導。

整體而言，充權是一個多面向且多層次的歷程，可以發生在社會、經濟、政治與心理面向，也可能透過運用個案、團體與社區工作等多層次方法促成改變。主要以服務使用者爲主體，發展對於自我概念的正向看法；其次是爲了建構對於所處環境的批判思考，同時培養對於個人或集體改變所需的資源策動能力。

二、執行策略與方法

倡議的形式有不同之分類，大分類爲兩種：個案倡議（case advocacy）、成因倡議（cause advocacy）。細分爲七類：(1) 個案倡議、(2) 自我倡議（self advocacy）、(3) 同儕倡議（peer advocacy）、(4) 付費獨立倡議（paid independent advocacy）、(5) 公民倡議（citizen advocacy）、(6) 成因倡議、(7) 法定倡議（statutory advocacy）（Sage, 2022）。

個案倡議或個別倡議（individual advocacy），是指協力服務對象，進行調解、協商的過程，旨在爭取個人權益，保障個人福祉。個案倡議之議題較單純，期間也較短，涉入者也較少。

自我倡議是自認受到不公平對待或權益受損的人們，集結在一起爲自己的權益發聲。例如：學校的學習障礙者及其家長集結在一起，爭取符合其需求的特殊教育機會。

同儕倡議是指共享某種經驗或處在相似處境的人們，相互支援一起爲改善不公平的制度、相對不利的處境，或受損的權益等而努力。倡議者不一定在同一單位或社區，但因處境相似而最能相互了解共同的痛苦，支持對方。例如：不同學校或機構的身心障礙者，相互支持抗議被壓迫或被疏忽的處境，而聲援對方的倡議議題。

獨立的倡議者本來是可以不收費的，因很多團體或個人屬非營利組織的成員，倡議屬志願工作性質。但是，有時因倡議個案負荷量大，而必須收取部分費用，並不影響其倡議的精神。通常，獨立的倡議者會結合個案倡議、公民倡議，有時也會出手協助自我倡議者的行動。

公民倡議是指參與倡議的夥伴來自具長期交往或支持關係的人們，發現某些議題值得站出來一起爭取，例如：反身體（年齡、性別）歧視、無障礙環境、社區治安、反性騷擾、友善外籍人士等。公民倡議通常是志願行動、共享價值、相互信任、共同決策、一致行動。

成因倡議又稱爲集體倡議或系統倡議（systems advocacy），係透過集體力量進行社會改革，來確保相對參與機會不足或資源匱乏者的公民權。之所以稱爲成因倡議是指解決問題必須回到造成問題的根本原因，而不是依個案需求一個一個的改善，故須評估產生問題的歧視結構、環境或政策，採取集體行動改善。

法定倡議是指在某種法定權利被侵犯時，依法規定人民擁有倡議權，當事人、監護人、法定代理人、公民倡議團體、或政府的獨立監察單位（人）或政府委託的倡議組織，可以據此規定採取行動爲那些權益受損人們，爭取應得的權益。例如：英國 2005 年的《心智能力法》（Mental Capacity Act）明文規定誰可以代理被認定爲心智能力不足的人們，進行決策行爲。當被認定爲心智能力不足的人們因無家屬或朋友時，則由獨立的心智能力倡議者（Independent Mental Capacity Advocate, IMCA）代爲履行關係其生活權益的決策。另，2007 年的《精神衛生法》（Mental Health Act）規定獨立的精神衛生倡議者（Mental Health Advocates, IMHA）可代表精神病人倡議。

不論哪一種形式的倡議，都有基本的過程，涉及越多個人或單位，議題越複雜，程序會較冗長。以下將針對執行倡議的準備與歷程，以及實務運用經驗進行說明與案例分享。

（一）發展歷程

倡議工作的啟動須回歸界定需求議題的背景分析，因此須先針對想改革的現象進行事件成因的脈絡分析，了解面對的處境、過往曾經處理的方式及解決問題的結果，透過專業客觀的說明，進行行動前準備。其次，透過結盟、集結聚會或跨單位間的服務串聯，進行決策者與倡議者共識形成，以朝向全體利益為目標。過程中可以輔以案例訴說方式，減輕決策者解決問題的壓力，採取多元方式達到中立訴求、聯盟串聯與敵對批判的交互進行。

（二）選擇策略

當資源存在不正義或不足的狀況下，捍衛服務使用權的倡議便須展開。因此，依據待改革的事項擬定合適的行動策略，實務界常見的倡議策略包括：舉辦記者會、廣納民意的公聽會、主動提案表達意見、進行研究遊說、發動聯盟支持等。策略的選擇可以透過直接性、強制性或間接性、對話性原則，採取積極性與消極性行動進行，例如：透過請願或抗議行動引發衝突或抗爭，以製造出受壓迫的話題與議題，進而引發媒體、社會大眾或政策制定者的關注。也可能透過先採取抗拒不合作、不配合的立場，以正式陳情請願、召開協調或公聽會、安排對話拜會等方式進行協商，找到暫時性的協商共識，進而間接性促成問題的解決或改變。此外，運用多元化服務策略及資源合作模式，同時採用優勢觀點重視服務使用者在服務過程中的參與角色，以夥伴關係共同展開生活處境的解決，並在調適的歷程中培養出解決問題的能力，進而成為或發揮種子志工的角色，從充權服務使用者的能量到使其成為支持者或助人者，乃為實務工作所訴求的重要目標。

（三）執行原則

選擇倡議方法與進行相關策略時，除了需要考慮到組織訴求的目標與預計投入資源條件外，也需要衡量議題發展性的配搭時機，例如：倡議議題是否具備即時性或流行性，以及所進行的倡議議題是首創性或延續性。

此外，發動集體行動的時間點是偶發性或延續性，皆將影響到議題探討的成熟度。較常見的執行原則主要有兩大方式：

1. 支持性訴求：可透過刊物宣導或寄發宣導，以及郵件群組、票選、媒體投書、臉書文章或直播方式等多管道進行倡議表達。近年來民間團體也嘗試以線上募款或專題討論方式，進行意見倡議。
2. 影響性行動：藉由拜會、陳情、參加社區活動、辦理記者會或公聽會等方式積極凝聚群眾共識。

（四）影響與回顧

不論是家長團體、障礙者權益組織、障礙者團體在倡議過程中的成功關鍵，都是當事者的參與及自我發聲。影響倡議的重要因素除了掌握脈絡時機與選擇合宜策略外，也必須同時集結專業人員與服務使用者代表的力量才能相輔相成，尤其支持服務對象表述並自我發聲，是必要的培力歷程，有助於改變過去從專業發聲與家長代言的訴求，落實回歸服務使用者自我倡議、責任承擔、自主決策的精神。筆者分析家長組織倡議能量的參與經驗，多數參與者分享心得包括：堅持抱持捍衛權益的使命、學習尊重彼此角色並巧妙分工、能展現自信心、繼續點燃熱情、找到了歸屬感、學會要付諸行動才有機會、培養願意服務公眾的意願、體認團結就是力量、敏察社會議題掌握時機等。

筆者多年在倡議團體工作的經驗中，從服務對象所處情境中看見了許多生命的韌性與價值，也透過權益訴求的諮詢教育機會，協助服務使用者覺察到自己與社會的關聯相依性。雖然倡議的成果不必然是成功的或有具體的立即改變及影響，但對於服務對象主體與相關相對人都是啟動對話的機會，激盪出更多社工專業的動能，也在彼此支持激勵過程中找到了更多集體力量的發揮。

第三節　支持身心障礙者自我發聲

每個人都是自己生命的主人，都擁有掌握自己人生的權利，身心障礙者也是，但現實生活中往往有某些原因影響心智障礙者爲自己做決定，如：不清楚自己有什麼選擇機會、資訊內容太複雜以致不理解意義、過去生命經驗中曾有不愉快的經驗以致不敢表達想法、長期身爲被照顧者的角色以致沒有機會爲自己發聲、不相信自己有發聲的能力等。這些負面經驗往往是因身心障礙者將無力感與無助感內化成爲認知、思考、行爲的一部分。因此，主要照顧者與專業工作者經常成爲心智障礙者表達意見或契約簽訂過程中的代言人；服務系統中的專業工作者，也容易和心智障礙者形成主導的關係。

因此工作者的服務價値需要從專業主導轉變爲支持，以服務使用者爲中心，提供從自我覺察到自我發聲的一系列協助，使心智障礙者能掌握自己的生活、安排自己的想望、提升主動參與、承擔責任、學習發展與他人正向社交互動的關係。

一、自我倡議——我要讓別人知道我在想什麼

自我倡議是個人能爲自己發聲、表達意見，並選擇和決定自己日常生活事務；能爲自己的決定負責或集結有相同經驗的群體共同發聲、表達所需、爭取權益的行動。任何人都能自我倡議，包含被認爲認知與表達能量最弱勢的智能障礙者。

（一）協助服務使用者認識自我倡議的意涵

協助服務使用者自我倡議的關鍵角色是支持者（supporter）。支持者在協助身心障礙者自我倡議時，除了保持信任與開放的態度外，如何觀察與適時提供需要、想要的支持也非常重要。成立超過五十年，透過多元的方式貫徹心智障礙者自我倡議精神爲主的國際融合組織（Inclusion

International, I.I）於 2016 年出版的《自我倡議全球報告》（Global Report on Self Advocacy）中，調查了自我倡議者（心智障礙者）自己所希望得到的支持，包括：

1. 傾聽、尊重。
2. 提供指導和建議。
3. 和我一起做，而不是替我做。
4. 不要替我做選擇。
5. 支持我的決定。
6. 了解我的需要。
7. 符合當下情境。
8. 充權我、幫助我發展新技能。

由國際融合組織的報告中，可以發現支持心智障礙者自我倡議時，並非完全不能提供建議，只是必須思考所提出的建議是否眞的以自我倡議者的觀點出發，而不是以支持者自身利益或方便與否所提出。

（二）支持策略的導入

自我倡議的核心元素包括：增加感知、鼓勵表達、學習做決定及勇敢承擔責任。可以透過團體或個別支持方式，如下：

1. 運用團體方式培力自我倡議

鼓勵表達出自己的成長經驗中，在實踐基本生活權利時遇到的困難與成功經驗（受到的委屈／做到的事／……）。探索、找到自己可以做的事、設定目標，試著去做做看。支持結交新朋友、幫助別人，也在自己需要別人的時候，向別人求助。學習表達需要，也學習支持別人。此外，鼓勵服務使用者透過互動觀摩機會，學習多元解決問題的方式。

支持者與身心障礙者必須建立在有需要時，可以找到信任或願意分享、聽我們說話的人的信任關係上；也願意向家人反映自己想做的事。進而逐步培養出主動向提供服務或身心障礙權利維護的單位，去反映自己對服務的想法。

另外，也提醒團體帶領者或支持者以陪伴支持的角色鼓勵服務對象多表達，盡可能不要過度指揮要如何做、不代爲決定、不說太多，減少打斷服務對象發言的機會，尊重每個人都有表達意見的權利。

2. 提供個別化的支持

支持者在實務現場中盡可能以支持導向，了解替代性決策與支持性決策的適用性與特色；以多元方式提供資訊，增進理解後才做出決定；運用支持輔助，協助溝通表達。例如：輔具、翻譯；進行環境調整或改善，增進參與的機會。提供正式或非正式資源的支持協助，例如：服務連結、助理人力、同儕諮詢，鼓勵一起討論、一起行動、一起分享成果。

另外，支持身心障礙者做決定時，建議先列出可能的選項，一起討論並分析優劣條件，朝向個別化調整修正，並提供日常生活或情境下反覆練習的機會。另外，支持者需要建立起雙方同理、信任的關係，鼓勵服務對象有自信表達想法。互動討論的過程中建議以清楚明確、具體簡要的方式說明，而且提供的內容也必須是容易閱讀及簡單理解，沒有隱喻意涵的資訊。

做好擔任支持者的準備，一起迎接生活的挑戰，抱持相信的態度協助身心障礙者了解自己的潛能，如果專業工作人員可以信任他們，他們就更能信任自己。另外，也給予正向、建設性的回應，並提供、創造支持的環境，最後請支持者預留足夠的時間認識他們，分享你的經驗與想法，發掘他們所想的、所要的，盡可能地探索不同的想法與作法。

二、專業工作者擔任支持者的角色與態度

支持身心障礙者自我倡議的任何人，都可以稱爲是支持者。支持者可以是正式服務系統內的專業工作者、非正式支持系統的家長、手足、朋友、志工等。此外，身心障礙者本人也能擔任同儕支持者。最重要的是，支持者必須認同身心障礙者的主體性，不能操縱、替代，更不應安排或主導身心障礙者的想法。

（一）支持者的態度

支持者的態度必須相信自主決策是身心障礙者的基本權利，也需要時間與經驗醞釀，有些權利意識可以透過教育訓練或同儕經驗的分享來自我覺察，不用急於立刻要完成所有的任務。另外，支持者也須提供心智障礙者具體的示範與說明。在生活情境中，盡可能透過個別支持、團體活動、社區適應，創造多元豐富參與機會。

當支持者爲正式服務系統內的專業工作者時，面臨的挑戰主要是專業服務關係與夥伴關係的轉換。通常支持者易陷入指導者、訓練者或治療者的盲點，在「教與被教」、「訓練與被訓練」的關係中，容易出現專業主導的角色。身爲支持者，首要目標須先脫去專業主義的外衣，放下專業指導的角色關係，回到平等夥伴關係，才能正視身心障礙者的需要，提供必要的資訊轉譯、行動示範、鼓勵等支持。另外，支持者須時常保持自覺與反思，必要時與督導討論運用個別或小組進行案例分析分享彼此成功的支持經驗。支持者自身也是需要持續累積專業知能，並得到鼓勵與支持。

（二）支持者的任務

由於身心障礙者過往較少有機會表達自己的想法，因此促成夥伴關係的經營過程中，都需要提供更多的鼓勵與支持，例如：針對心智障礙者要放慢速度、說清楚、講明白，也盡量避免使用成語或文言文。另外，由於心智障礙者對於資訊的吸收需要多些時間，因此建議多給一點時間，耐心等待，而且不要一次講太多。用熟悉、常用的語言進行溝通，討論過程中也可以適時提供輔助表達的溝通圖卡、動作示範或者手語翻譯。最重要的是能自由交談，有些人個性比較害羞，更需要有耐心等待，慢慢表達。

總的來說，支持者所具備的角色任務包含：

1. 兼顧教育者與引領者的雙重身分。
2. 提供足夠資訊與風險分析。
3. 支持嘗試並鼓勵學習承擔責任。
4. 可適時挑戰想法的可行性。

5. 保持對心智障礙者福祉與生活權益的關切與興趣。

6. 尊重每個人與生俱來的差異與特性。

7. 能開放回應需要，能認同心智障礙者的表達價值。

三、國內自我倡議服務模式範例

1990年代中期，國內民間組織開始陸續發展心智障礙者自我倡議（王育瑜、林惠芳，2017），以智障者家長總會（簡稱智總）爲例，智總從2008年開始推動自我倡議，當時嘗試以國外發展自我倡議的主要方式：會議運作的形式先進行試辦（自我倡議會議平臺）。會議中，心智障礙青年（簡稱智青）在支持者協助下，針對就學經驗、工作經驗、金錢管理、人際交流等生活相關議題開始討論，一步一腳印累積自主性與自我意見表達的能力。

自我倡議會議平臺逐年進行調整與改善，至2011年正式發展出智總特有的一套自我倡議支持服務模式。當時與全臺近20個心智障礙服務單位共同合作，並且從合作經驗中觀察到更多需求的浮現，包含參與計畫多年的智青，其獨立性已逐漸提升，需要更進一步培力；支持者也需要持續累積支持的知能和實務技巧。因此，後來除了持續運作自我倡議會議之外，另發展出全由智青組成、無支持者參與的會議，強化學習獨立自主，同時也組成支持者知能成長團體，討論在不同服務場域支持不同特性的智青所需的實務策略，增加專業支持能力。

自我倡議除了以會議運作的模式外，也可透過許多不同的作法實踐，以下將整理智總自我倡議其他的服務運作模式：

（一）自立生活學習營

自2009年起，每年舉行超過百人的心智障礙者自立生活學習營隊，輪流邀請各地單位擔任協辦，並共同辦理營隊。歷年學習營依照主題與活動內容規劃，主要可分爲下列幾項主軸（見表13-1）：

表 13-1　推動自立學習活動的發展歷程

發展階段	目標設定	執行重點
第一階段 2008-2010 年	促進自我認識、培養人際社交	學習營創始期，首先從自我認識與交友議題開始，目的是促進智青對於自我、生活、人際的覺察，建立自立生活的概念與認識。
第二階段 2010-2015 年	學習各項生活適應能力、就業準備	此時期開始重視培力智青自立生活所需能力，而達成自立生活的重點之一為穩定的工作，因此也加入就業相關主題。於生活適應方面，關注焦點有合宜的裝扮、如何維持健康生活、簡易的餐點料理等。就業準備方面，則著重於工作服裝搭配技巧、面試與履歷準備，以及職場體驗。
第三階段 2015-2016 年	學習籌辦研討會	多年下來，智青在學習營的籌劃參與方面，越來越深入，責任也隨之增加。在 2015、2016 年分別辦理以智青為主體的研討會，從主持人、報告人，到分組工作人員，皆由智青擔任。
第四階段 2017-2023 年	認識障礙權利	2017 年開始，活動則著重提升社會參與、文化平權的意識。這幾年來，智青至臺灣各縣市，包含臺南、宜蘭、臺東及高雄等著名旅遊景點、藝文場館等空間觀察無障礙設計與服務。智青透過活動設計，了解無障礙環境、文化平權的重要性，並透過實際觀察與使用後提出建議。

（二）CRPD培力工作坊

《身心障礙者權利公約施行法》上路後，爲了促進智青接觸與學習障礙相關權利的機會，2017-2021 年間，智總籌組了以學習CRPD精神意涵、了解公約與心智障礙者生活各層面的關聯性爲目標的讀書會及培力工作坊，協助智青認識 CRPD 及與自身生活相關的各項權益。

（三）自我倡議者生命經驗巡迴分享

培力智青學習擔任生命經驗講師，進行全臺巡迴演講，分享題材包含對於生活的想望、就學與就業、文化參與、隱私保護、就醫經歷、參與易讀資訊製作的經驗、曾遇過的法律問題等。智青除了分享親身經歷外，也會提出建議，像是其中一場聽眾爲特殊教育系學生的演講場合中，智青透過分享自己就學時期的經驗，並提出希望學生未來擔任特教老師時，可以加強留意特殊學生不同的學習需求與人際關係，以減少障礙者在就學時期高比率的歧視與霸凌問題。透過智青的現身說法，讓社會大眾有機會認識智青更眞實的生活樣貌。

（四）海外自我倡議交流

隨著自我倡議服務逐漸多元，也增加了智青參與和表達的機會與廣度。在促進智青國際交流方面，2010 年結合臺灣智青之友協會及育成友誼社至香港參與「第六屆華人社區啟智服務研討會」。更有智青代表參加 2014 年於斯里蘭卡舉行的亞洲智能障礙者聯盟（The Asian Federation on Intellectual Disabilities, AFID）及 2016 年於美國舉行的國際融合組織（Inclusion International）等國際研討會，並擔任發表人。2018 年則有 9 位智青至香港、澳門，與自我倡議組織進行以自我倡議爲主題的交流。2020 年以後，因新冠肺炎疫情肆虐全球，智青仍持續學習並以線上的方式，持續參與各項國際自我倡議活動。

此外，自我倡議不僅是單一服務方案的形式，自我倡議也可以很生活化的存在於現有身心障礙服務中。社區式日間服務單位可以讓服務使用者共同討論每天作息表的安排、環境清潔的分工；社區居住的智青可以自己決定出門及返家時間、安排自己每天的三餐菜色等；機構的服務對象則可以增加對於個人生活參與的選擇與決定機會，擴展多元的生活經驗。因此，自我倡議是很生活的、自然的，讓無論身在何種服務場域、接受各種不同服務的智青都可以自我倡議。智總推動自我倡議的過程中，有來自住宿機構、社區式日間作業設施（小作所）、社區居住、庇護工場與一般職場就業的智青共同參與。透過觀察互動，發現自我倡議或多或少對於智青的生活都有不同層面的改變。

智總曾經訪談過幾名參與各項自我倡議培力方案多年的智青，分享自己接觸自我倡議培力後，生活變化之處。其中有人認爲改變最多的是人際關係的改善，包含獲得更多的友伴、人際互動能力變佳，也學習到觀察他人的需要，並運用自己具備的能力和優勢提供協助。另外，也有智青開始對於自己的生活有了更多感知並產生主導意識，曾有智青提及：「我跟媽媽說，其實讓我們講出自己想法的地方，並不多，你可以讓我自己決定，我想要穿什麼衣服、自己決定要吃什麼，給我一個生活自理的開始，媽媽就決定，讓我自己從決定穿什麼、吃什麼開始。」自我倡議除了自我選擇、決定與意見表達的精神之外，亦強調對自我行動的負責，有智青即從中了解自己在作決定之前需要先考慮清楚，必要的時候也可以找人一同討論。更有智青曾在自我倡議交流平臺聽到其他智青夥伴分享租屋要注意的事，這場分享啟動了他對於自己現在的生活有了不同的想法，他開始認眞思考搬出機構獨立居住的可能性，並化爲行動。幾年過後，這個夢想不再是夢想，現在這位智青已經租了一個房子，實現了獨立居住。

透過回顧、整理、推動自我倡議的歷程中，多數智能障礙者更廣泛認識自己、表達想法、了解與障礙者相關的公共議題，並思考社會上所存在的障礙者集體性議題，也讓智能障礙者能眞正代表自己、說出自己眞正的意見、眞正關心的事情。而身邊陪伴的照顧者也回顧一開始陪伴孩子自我倡議時，都是經歷「開始出現了很多意見，以前都不會這樣，現在開始會回嘴了，我們的親子關係開始變得緊張了！」但是當認知到孩子轉大人的權利與看見參與會議時的認眞堅持態度，加上遇到服務單位主動商量討論，以及建立起共識、默契，甚至透過搭建起家長間的互助交流平臺後，多數的照顧者也樂於成爲支持者，也有更多父母受到孩子的激勵開始投入公眾服務的行列。衷心希望透過智總開啟臺灣智能障礙者自我倡議的大門、凝聚相關民間組織對自我倡議融入服務之共識，並達到拋磚引玉之效，未來能有更多資源投入協助培力智能障礙自我倡議者，讓智能障礙者也能爲政府的施政盡一份心力。

第四節　結語：我們看見的改變

推動自我倡議的全面行動，須要社會環境體系的支持回應、身邊重要他人的行動實踐與服務使用者的全面參與。多年來我們感受到服務使用者開始從習慣的生活中，架構出生活參與的支持需求，學習表達與選擇。照顧者願意從陪伴成長的過程中放手，給予嘗試判斷與作決定機會，賦予責任感。專業人員也從安排指導角色中，學習與智青發展夥伴關係。最重要的是，持續贊助支持的志工或社群也逐步從慈善禮讓的相處經驗中，傳遞出對待「成人」的社會互動模式。

儘管自我倡議是一種權利，也是一份責任。然而在投入推動自我倡議的歷程中，我們深刻感受到從態度影響、模式分享與行動策略不可或缺的重要性，期許未來能有更多夥伴一起將學習「相互合作尊重」、表達「自我選擇與決定」與嘗試「為決定負責」，導入服務現場的互動支持夥伴關係中。也同步關注從服務使用者、照顧者、專業者及社會大眾四方面繼續努力，一方面增加服務使用者的表達自信與自主決定機會，改變照顧者的互動習慣與擔心不安心情，也需要適度鬆綁專業者的主導安排與服務彈性，以及擴充社群的思維印象與社會應對的多元性，才能建立起更多元友善的支持環境。

參考書目

中文部分

王育瑜、林惠芳（2019）。障礙研究與社會政策。臺北：巨流。

林萬億、鄭如君（2014）。社會工作名人傳。臺北：五南。

林萬億（2021）。當代社會工作——理論與方法（第四版）。臺北：五南。

英文部分

Inclusion International (2018). Empower Us: Good support. https://www.selfadvocacyportal.com/howto-guides

Inclusion International (2016). Self-advocacy for inclusion: A global report. https://inclusion-international.org/selfadvocacyforinclusion/

Marshall, T. H. (1950). *Citizenship and social class: And other essays.* Cambridge, Eng.: Cambridge University Press.

Page, N., & Czuba, C. E. (1999). Empowerment: What is it? *Journal of Extension, 37*(5), 1-5.

Sage (2022). *Understanding social work*. SAGE Publication.

國家圖書館出版品預行編目資料

身心障礙社會工作實務手冊／王文娟，吳瓊瑜，林幸君，林惠芳，林萬億，翁亞寧，張如杏，黃宜苑，黃錦鳳，葉琇姍，謝東儒，藍介洲合著；林萬億，林惠芳主編．——初版．——臺北市：五南圖書出版股份有限公司，2024.03
面；　公分
ISBN 978-626-393-113-8（平裝）

1.CST：身心障礙者　2.CST：社會工作

548.2　　113002204

1J1G

身心障礙社會工作實務手冊

主　　編 — 林萬億、林惠芳
作　　者 — 王文娟、吳瓊瑜、林幸君、林惠芳、林萬億
翁亞寧、張如杏、黃宜苑、黃錦鳳、葉琇姍
謝東儒、藍介洲
發 行 人 — 楊榮川
總 經 理 — 楊士清
總 編 輯 — 楊秀麗
副總編輯 — 李貴年
責任編輯 — 陳俐君、何富珊
封面設計 — 姚孝慈
出 版 者 — 五南圖書出版股份有限公司
地　　址：106臺北市大安區和平東路二段339號4樓
電　　話：(02)2705-5066　　傳　　真：(02)2706-6100
網　　址：https://www.wunan.com.tw
電子郵件：wunan@wunan.com.tw
劃撥帳號：01068953
戶　　名：五南圖書出版股份有限公司

法律顧問　林勝安律師

出版日期　2024年 3 月初版一刷
定　　價　新臺幣400元

經典永恆・名著常在

五十週年的獻禮——經典名著文庫

五南，五十年了，半個世紀，人生旅程的一大半，走過來了。
思索著，邁向百年的未來歷程，能為知識界、文化學術界作些什麼？
在速食文化的生態下，有什麼值得讓人雋永品味的？

歷代經典・當今名著，經過時間的洗禮，千錘百鍊，流傳至今，光芒耀人；
不僅使我們能領悟前人的智慧，同時也增深加廣我們思考的深度與視野。
我們決心投入巨資，有計畫的系統梳選，成立「經典名著文庫」，
希望收入古今中外思想性的、充滿睿智與獨見的經典、名著。
這是一項理想性的、永續性的巨大出版工程。
不在意讀者的眾寡，只考慮它的學術價值，力求完整展現先哲思想的軌跡；
為知識界開啟一片智慧之窗，營造一座百花綻放的世界文明公園，
任君遨遊、取菁吸蜜、嘉惠學子！